प्रतिनिधि कहानियाँ

ममता कालि

सम्पादक
मधुरेश

राजकमल पेपरबैक्स

राजकमल पेपरबैक्स में
पहला संस्करण : 2014
छठा संस्करण : 2026

राजकमल पेपरबैक्स : उत्कृष्ट साहित्य के जनसुलभ संस्करण

राजकमल प्रकाशन प्रा. लि.
1-बी, नेताजी सुभाष मार्ग, दरियागंज
नई दिल्ली-110 002
द्वारा प्रकाशित

शाखाएँ : अशोक राजपथ, साइंस कॉलेज के सामने, पटना-800 006
पहली मंजिल, दरबारी बिल्डिंग, महात्मा गांधी मार्ग, प्रयागराज-211 001
1, अनमोल सोराबजी सन्तुक लेन, धोबी तालाव, मरीन लाइंस, मुम्बई-400 002

वेबसाइट : www.rajkamalprakashan.com
ई-मेल : info@rajkamalprakashan.com

बी.के. ऑफसेट
नवीन शाहदरा, दिल्ली-110 032
द्वारा मुद्रित

मूल्य : ₹199

PRATINIDHI KAHANIYAN
Representative Stories of Mamta Kalia
Edited by Madhuresh

ISBN : 978-81-267-2650-9

भूमिका

ममता कालिया ने अपने लेखन की शुरुआत बेशक ममता अग्रवाल के रूप में कविता से की थी। 1967 में प्रकाशित उनकी कहानियों के पहले संग्रह 'छुटकारा' से पूर्व उनकी कविताओं के दो संग्रह छप चुके थे और उनकी कविताएँ 'प्रारम्भ' में भी शामिल थीं जो तब की बदली और बदलती हुई कविता की दृष्टि से एक उल्लेखनीय संकलन था–प्राय: ढाई दशक पूर्व अज्ञेय द्वारा सम्पादित 'तार सप्तक' की तरह ही। सातवें दशक में जब ममता ने कहानियाँ लिखनी शुरू कीं, नई कहानी का आन्दोलन पूरी तरह समाप्त हो चुका था और उसके बाद की पीढ़ी कहानी में अपनी पहचान बना चुकी थी। कहानी में ममता कालिया के लिए एक ओर यदि नई कहानी की स्त्री कहानीकारों की त्रयी–कृष्णा सोबती, मन्नू भंडारी और उषा प्रियंवदा–थी तो उससे भी पहले, यदि बंग–महिला की बात फिलहाल छोड़ भी दी जाए, चन्द्रकिरण सोनरेक्सा जैसी कहानीकार हाल तक सक्रिय थीं जिन्होंने गहरी वर्ग–चेतना वाली कहानियाँ लिखकर एक व्यापक सन्दर्भों वाले भारतीय समाज को अपनी कहानियों की अन्तर्वस्तु के रूप में बुना और ढाला था। ममता कालिया की आरम्भिक कहानियाँ पढ़कर–'छुटकारा' और 'सीट नम्बर छह' में संकलित–यह अनुमान लगाना मुश्किल है कि उनके आगे कहानी की ऐसी समृद्ध और सुविकसित परम्परा थी। इसमें पचास के दशक में प्रकाशित चन्द्रकिरण सोनरेक्सा के संग्रह 'आदमखोर' के अतिरिक्त 'छोटे कमीन, बड़े कमीन', 'बर्थ डे', 'साइकिल' आदि कहानियाँ थीं। इन कहानियों में मध्य और निम्न–मध्य वर्ग की विडम्बनाओं, हताशा और पाखंड को गहरी संवेदनात्मक अन्तर्दृष्टि के साथ अंकित किया गया था। कहानी से पूर्व कविता से अपनी शुरुआत करनेवाली ममता कालिया की कहानियाँ भाषा एवं काव्योपकरणों के उपयोग के स्तर पर नई कहानी वाली चित्रात्मकता और निर्मल वर्मा की कहानियों के प्रसंग में चर्चा में आई संगीतपूर्ण भाषा के उपयोग का कोई साक्ष्य नहीं होतीं। वे उस प्रतीक–विधान और बिम्ब–बहुलता से भी बचती हैं जिसके अतिरेक की चर्चा देवीशंकर अवस्थी ने राजेन्द्र यादव की कहानियों के प्रसंग में की थी। उनकी कहानियाँ प्राय: ही छोटे-छोटे घटना–प्रसंगों की कहानियाँ हैं, जिन्हें कभी चेखव की कहानियों के प्रसंग में 'स्लाइस ऑफ लाइफ' के रूप में पहचाना गया था। भाषा के स्तर पर उनमें विट और

चुस्त जुमलेबाज़ी है लेकिन वे प्रायः उतनी ही और वैसी ही हैं जितनी बाहर से दिखाई देती हैं। विश्लेषण, विचार और मूल्यांकन के लिए वे अधिक जगह नहीं बनातीं। वे वैसी और उतनी सुविधा भी प्रायः नहीं देतीं जैसी उसी दौर के ज्ञानरंजन, दूधनाथ सिंह, रवीन्द्र कालिया, काशीनाथ सिंह आदि की कहानियाँ देती हैं।

ममता कालिया की आरम्भिक कहानियाँ अपने अनुभव के सँकरेपन में कैद हैं। लेकिन इनमें जहाँ–तहाँ वह बेचैनी और छटपटाहट ज़रूर है जो कहानी को बड़े लक्ष्यों और आशयों से जोड़ती है। अपनी अन्तर्वस्तु के लिए ये कहानियाँ बाहर की ओर कम देखती हैं। यह अकारण नहीं है कि इन कहानियों में एक लड़की विभिन्न कथा-स्थितियों एवं प्रसंगों में बार–बार आती है। यह प्रेम को विवाह में बदलने में सफल हुई लड़की है, जो अपनी इस सफलता पर जब–तब इतराती भी देखी जाती है। 'बड़े दिन की पूर्व साँझ', 'उसी शहर में', 'दो जरूरी चेहरे' आदि कहानियों में यह लड़की 'प्रेम के ताप' और उसकी 'थरथराहट' को सम्पूर्णता में 'फील' करना चाहती है और करती भी है। 'छुटकारा' का बत्रा ढाई महीने बाद मिलने पर भी प्रेमिका से इस बीच उसके क्या कुछ नया पढ़ने और दिल्ली की पीली धूल की ही चर्चा करता रहता है। लड़की को प्रेमी के इस ठंडेपन में अपनी उपेक्षा लगती है–प्रेम की एक खास चमक और ताप का अभाव। उसे लगता है कि उसे चिढ़ाया जा रहा है, 'मुझे कोई चिढ़ाए तो मैं एकदम चिढ़ जाती हूँ।'

अपने खिलन्दरे अन्दाज में प्रेम, विवाह और नई गृहस्थी में लैला–मजनूँ की तरह रमे इस जोड़ेवाली अपनी विशिष्ट अन्तर्वस्तु का अतिक्रमण ममता कालिया कैसे करती हैं, इसके लिए विभिन्न दौरों में लिखी उनकी कहानियों में 'बीमारी', 'लड़के', और 'काली साड़ी' का उल्लेख किया जा सकता है। 'बीमारी' सामाजिक स्थितियों एवं पारिवारिक रिश्तों में संवेदना के क्षरण की कहानो है। उनकी 'लड़के' पढ़ते हुए लगातार परसाई और अमरकान्त याद आते हैं। बेरोजगारी बढ़ानेवाली और जीवन से पूरी तरह कटी शिक्षा–व्यवस्था में युवाओं की ऊर्जा के अनुपयोग के संकट से लेकर समूची प्रशासन–व्यवस्था की परतें कहानी में परत–दर–परत खुलती चलती हैं–बहुत बेबाक होने पर भी पूरी तरह खिलन्दरे अन्दाज में। इसी तरह 'काली साड़ी' छोटी-छोटी निम्न–मध्यवर्गीय ख्वाहिशों की असमाप्त मरीचिका को गहरी विडम्बना के रूप में अंकित करती है।

ममता कालिया की परवर्ती कहानियों में स्त्री अपने पूरे सामाजिक परिप्रेक्ष्य में अंकित है। चालू और फैशनेबुल स्त्री–विमर्श के नाम पर स्त्री की आजादी को वे न तो सिर्फ देह के स्तर पर उतारकर देखती हैं और न ही परिवार को स्त्री के लिए एक पिंजरा मानती हैं जिसे तोड़कर स्वच्छन्द विचरने में ही उसकी मुक्ति है। सातवें दशक में ऊँच–नीच सोचने–समझने के नाम पर, परिवार के आरम्भिक विरोध के बीच ममता अग्रवाल ने अन्तर्जातीय प्रेम–विवाह किया। उनकी आरम्भिक कहानियाँ इस प्रेम के

अतिरेक में डूबी हैं। लेकिन उन कहानियों का एक विशिष्ट एवं उल्लेखनीय पक्ष यह है कि वे प्रेम को विवाह में ढाल और बदलकर भी किसी मोहभंग का शिकार नहीं होतीं। पुरुष–वर्चस्व वाले समाज में प्रेम की सामान्य परिणति प्रायः यही होती है। वे पति और परिवार के निषेध तक भी नहीं जातीं। उनके यहाँ पति, खासतौर से नौकरीपेशा स्त्री के सन्दर्भ में, सब कहीं मित्र, प्रेमी और सहयोगी है। और वह अन्त तक ऐसा ही बना रहता है। यहाँ पति और प्रेमी के लिए पूरी तरह समर्पित युवती, अपने खिलन्दर अन्दाज में मन–बहलाव के लिए फ्लर्ट भी कर सकती है। 'लगभग प्रेमिका' की वाचिका–मैं–देर से इस विचार के दिमाग में आने पर अपने को धिक्कारती है। लड़कियों के जिस हॉस्टल में वह रहती है, शाम को प्रायः सभी लड़कियाँ अपने मित्रों एवं प्रेमियों के संग बाहर जाती हैं। कुमार दिल्ली में है। वह बम्बई में नौकरी करती है। इतनी जानकारी उसे है कि साहित्य में जिन स्त्रियों को अमरता प्राप्त है–अन्ना कैरेनिना, मैडम बोवेरी, लेडी शैटर्लो, मीराबाई आदि–वे सब पति से बाहर प्रेम तलाशती हैं। समाज इसे एक वर्जित फल के रूप में देखता है। वह पर्याप्त वैज्ञानिक ढंग से इस पर सोचने का दावा करती है। वह नहीं चाहती कि कोई शोहदे किस्म का प्रेमी उसके पल्ले पड़ जाए जिसके कारण उसका पारिवारिक जीवन ही संकटग्रस्त हो जाए। वह अपने लिए एक सीधा–सादा, सुरक्षित और संक्षिप्त प्रेम–प्रसंग चाहती है। फिर एक ऐसे ही प्रेम–प्रसंग के बाद जल्दी ही वह उससे बाहर भी आ जाती है।

'पच्चीस साल की लड़की' स्टेशन डायरेक्टर की स्टेनो है जिसकी पत्नी उसे शक की निगाह से देखती है। अपने पति का हिसाब वह उस लड़की के चेहरे पर पढ़ने की कोशिश करती है। उस लड़की को सच्चरित्रों में दुश्चरित्र और दुश्चरित्रों में सच्चरित्र समझा जाता है। एक स्मार्ट, जवान और तेज समझी जानेवाली लड़की का आकलन समाज कैसे करता है, इन प्रतिक्रियाओं से ही कहानी बुनी गई है।

ममता कालिया की इन कहानियों में अपने लिए सम्भावना तलाशती युवतियाँ हैं जो अपनी तलाश में कभी सफल होती हैं, कभी नहीं भी होतीं। 'वे तीन और वह' में प्रयाग की बहन है जैसे सीढ़ियाँ उतरकर वह सम्भावना से बाहर जा रही हो। 'खिड़की' में रेल के डिब्बे की खिड़की भले ही अन्त तक न खुलती हो, लेकिन कंचन को लगता है, खिड़की खुल गई है।

स्त्री की सुरक्षा और सम्मान की दृष्टि से भारतीय समाज बेहद असुरक्षित समाज है। थियेटर रोड के कौवों की तरह पुरुष सब कहीं स्त्री के प्रति आक्रामक और लोभी है। सत्ताईस साल की बेला अपनी सुरक्षा स्वयं करती है और इसी तर्क से वह सैकत की उसे अकेला छोड़ने की आशंकाओं को निरस्त करती है। एक जमाने में कौवे सिर्फ गलित मांस खाते थे, अब जिन्दा मांस खाने लगे हैं। पुरुष–वर्चस्व और यौन–शुचिता के आतंक वाली इस सामाजिक संरचना में लड़कियों को सद्भाव और सहानुभूति

से देखने-समझने के बजाय सब कहीं आशंकाओं तथा तोहमतों के काँटे उगे हैं-उनके व्यक्तित्व और आत्मविश्वास को चींथते हुए।

इन कहानियों में स्त्री समूचे सामाजिक परिप्रेक्ष्य में उपस्थित है-बहन, बेटी, पत्नी, माँ, बहू आदि विभिन्न रिश्तों के बीच और साथ। 'रायेवाली' में कालिन्दी मथुरा के पास के एक गाँव से ब्याहकर आई बहू है जो अपने गाँव राये के कारण ही रायेवाली है। पूरे परिवार की सेवा-टहल के बावजूद पति मोहन को उसे डाँटकर लगता है कि वह सही जगह अपनी मर्दानगी का इस्तेमाल कर रहा है। स्त्री चाहे पढ़ी-लिखी और नौकरीपेशा हो या बेपढ़ी-लिखी-इस सामाजिक संरचना में उत्पीड़न, अपमान और जिल्लत ही जैसे उसकी नियति है।

जीवन और कलावाद की शाश्वत बहस में ममता कालिया किसके साथ हैं, इसे उनकी कहानी 'सेमिनार' से देखा जा सकता है। अपने रचनात्मक सरोकारों की दृष्टि से पाखी के मन में कहीं कोई दुविधा नहीं है। कहानी में सीमित और सुरक्षित अनुभव वाली जिन लेखिकाओं की कहानियों का उल्लेख हुआ है, ममता उन्हें कलावाद से जोड़कर देखती हैं। अनुभव की विपन्नता को कलात्मक चमत्कारों से भरकर वे वस्तुतः कहानी की मुख्यधारा से ही कटी हुई हैं। बाजार से खरीदी गई कलात्मक झाड़ भी एंटीक पीस नहीं, रोजमर्रा के उपयोग की चीज ही है जिससे चौकीदार कमरे में घुस आए चमगादड़ को बाहर निकालता है। उसके बाद वह उसे नाली के पास रख देता है जो उसकी सही जगह है। भले ही सेमिनार में आई लेखिकाओं की कलाभिरुचि को इससे धक्का लगता हो।

'काके दी हट्टी' में आक्रमण दोहरा है। एक ओर कॉल सेंटर पर काम करनेवाली आधुनिक और शोख पत्नी है, दूसरी ओर नए बनते विशाल सुन्दर स्टोर की उड़ती धूल से हट्टी का बैठता हुआ भट्ठा है। गैरेज के फाटक पर लटकी स्लेट में 'काके दी हट्टी' सिर्फ रंगीन चॉक की लिखावट में ही रह जाती है।

संरचना की दृष्टि से ममता कालिया की कहानियाँ उस औपन्यासिक विस्तार से मुक्त हैं जिसके कारण ही कृष्णा सोबती की अनेक कहानियों को आसानी से उपन्यास मान लिया जाता है। काव्योपकरणों के उपयोग में भी ये पर्याप्त संगत कहानियों के उदाहरण हैं। यह अकारण नहीं है कि उनकी भाषा में एक खास तरह की तुर्शी है जिसकी मदद से वे सामाजिक विद्रूपताओं पर व्यंग्य का बहुत सधा और सीधा उपयोग करती हैं। नई कहानी के जिन लेखकों को ममता कालिया अपने बहुत निकट और आत्मीय पाती हैं, इसे फिर दोहराया जा सकता है, वे परसाई और अमरकान्त ही हैं।

-मधुरेश

अनुक्रम

छुटकारा

मेरी समझ में नहीं आ रहा था मैं क्या बात करूँ। मैंने अपने नाख़ूनों का विस्तार से निरीक्षण शुरू कर दिया। बढ़े हुए नाख़ून बत्रा का ख़ून उबालने के लिए पर्याप्त कारण रहे हैं। वह निगाह टमाटर के रस पर जमाए रहा। मेरे मुँह के एकदम सामने पेडेस्टल पंखा चल रहा था और मेरे छोटे-छोटे बाल बराबर बगावत कर रहे थे। यह वैन्गार्ज की विशेषता थी कि विश्वविद्यालय वाली उसकी शाखा में कुर्सियाँ हमेशा टूटी, मेजें लँगड़ी और पंखे शरारती होते थे। गर्मियों की छुट्टियों में एक खास छात्र वर्ग की भीड़ होती, जो एम.ए. प्रीवियस के बाद फाइनल की घोषणा तीस अप्रैल से ही शुरू करने में विश्वास रखती या जिन्हें और कहीं मिलने-मिलाने की सुविधा न होती, शायद लड़की के माँ-बाप अतिरिक्त अनुशासनप्रिय और लड़के के साथ उसके कमरे में कोई पार्टनर।

मुझे बत्रा के साथ यहाँ आना अजीब लगा था। पहले नहीं लगता था। अब इन दोनों वर्गों से हम बाहर थे। पिछले दिनों मेरे अनुसार हम पहली श्रेणी और उसके अनुसार दूसरी श्रेणी के छात्रों में गिने जाते थे।

बत्रा ने तीसरी बार वही पूछा, 'और क्या किया वहाँ!' मुझे लगा मैं बेवजह पुलिस-इंस्पेक्टर के दफ़्तर में बैठा दी गई हूँ।

'देखो, मई-भर हम पढ़ते रहे, जून-भर लिखते और आधी जुलाई में तो बस यहाँ जाओ, वहाँ जाओ, दम मारने की फ़ुर्सत नहीं मिली। तुम्हें जवाब तक नहीं दे पाई। रोज सोचती रही, फिर सोचा ट्रंक-कॉल ही करूँगी। सच, तीन दिनों तक लगातार कोशिश की, तुम्हारा टेलिफ़ोन ही ख़राब पड़ा था।'

'क्या-क्या पढ़ा-लिखा?'

'तुमने बड़ी तारीफ़ मारी थी आयनेस्को की। उसका 'ऐमिडे' बिलकुल बकवास लगा। फिर नीग्रो कविताएँ पढ़ती रही, सच, इतनी पुरअसर हैं, तुम्हें दूँगी।'

'और?'

मेरी कैजुएलनैस चटखकर टूट गई। बत्रा की आवाज़ में कोई फ़र्क़ नहीं था। वही ज्यादा जागे रहने की तत्परता, पर उसके वाक्य मिलकर बातचीत नहीं बन रहे थे, वे कड़े लग रहे थे।

'ऐसे क्यों बोल रहे हो?'

'मैं क्या कह रहा था, दिल्ली में इस बार बहुत धूल उड़ी। सुबह उड़नी शुरू होती और रात तक उड़ती रहती। कभी-कभी हम लोग आश्चर्य करते, इतनी धूल आई कहाँ से। तुमने पीली धूल देखी है कभी, एकदम पीली!'

मुझे चिढ़ाया जा रहा था। मुझे कोई चिढ़ाए तो मैं एकदम चिढ़ जाती हूँ।

पिछले साल लाइब्रेरी से हम चार बजे चाय के लिए उठते थे। मेरे दिमाग़ में मिल्टन या हार्डी घूमता रहता और मैं भूल जाती थी कि चाय का समय रिफ्रेश होने का समय है। दो-एक विषय आजमाने के बाद बत्रा मिल्टन पर ऐसे धाराप्रवाह बोलता कि मैं कानों पर हाथ रख लेती थी। एक बार सिर्फ़ 'प्रेजेंट' कहने पर एक प्रोफ़ेसर के आपत्ति करने पर बत्रा उस क्लास में 'सर प्रेजेंट सर' कहने लगा था।

मैंने बत्रा को भरसक इंडेपन से याद दिलाया कि धूल में मेरी रुचि कभी नहीं थी।

बत्रा कुछ कहते-कहते रुक गया और हँस पड़ा, 'क्या हम हेनरी जेम्स पर बात करें?'

मैं चुप हो गई। मैं घर जाना चाहती थी। असल में मैं आना ही नहीं चाहती थी। चलते हुए मुझे यही महसूस हो रहा था। फ़ोन पर बत्रा को समय देते हुए मुझे लगा था जैसे मैं शून्य में शून्य से समय नियत कर रही हूँ।

मैं वहाँ किसी से न मिलने का कोई अनुबन्ध नहीं कर आई थी, ऐसे वायदों वाली कोई साँझ नहीं बीती थी, आख़िरी भी नहीं। पर मिलने-जुलने से मुझे विरक्ति होती जा रही थी। बिना उल्लास के किसी से मिलना ऐसे लगता जैसे बिना नमक के खाना।

इस समय हम दोनों के गिलास ख़ाली थे और हम थोड़ी-थोड़ी देर में ख़ाली गिलास मुँह से लगाकर बर्फ़ के टुकड़ों का गीलापन महसूस कर लेते।

बत्रा ने छठी सिगरेट जलाई, 'तुम चश्मा उतारकर बहुत छोटी लगती हो!'

मैं यह सुनने के लिए तैयार नहीं थी या शायद यह वाक्य एक दोहराहट थी। कहीं से आई इसकी पहली अभिव्यक्ति कॉम्प्लिमेंट थी, यह दूसरी, कमेंट। यह परिवर्तन सबने गौर किया था। माँ को मैंने यह कहकर सन्तुष्ट कर दिया था कि आँखें अब ठीक हो गई हैं। परिचितों को पहली बार पता चला था कि मेरे चेहरे पर आँखें भी थीं। वैन्गार्ज़ में आकर बैठने को झुकी ही थी कि मैंने बत्रा की निगाहों में बैरोमीटर देख लिया। उसके लिए तैयार होते हुए भी मैं तैयार नहीं थी।

बत्रा को मैं स्वस्थ दिखी। मुझे पता था, तीन महीने में दस पौंड अतिरिक्त वजन देह पर सही जगहों पर स्पष्ट हो जाता है पर संकोच के मारे मैं झूठ बोल गई।

'चंडीगढ़ वाली बहन जी आई हुई हैं।' बत्रा ने बताया।

'अच्छा,' मैं आगे बोल नहीं पाई।

बत्रा की आँखों में एक पैनापन था, जिसकी वजह से मैं कभी उससे बहुत सारे झूठ एक साथ नहीं बोल पाई। वह कहता कुछ नहीं था। उसके होंठ हँसते रहते और आँखें निरीक्षण करती रहतीं। एक बार वह नाराज था कि मैं ओडियन समय पर क्यों नहीं पहुँची। दरअसल मुझे घर से निकलने में देर हो गई थी और स्कूटर मिल नहीं पाया। टैक्सी लेने लायक उदारता मुझमें कम ही आती है, इसलिए बस से पहुँची थी–पैंतालीस मिनट देर से। मैंने कहा, 'मैं सो गई थी और देर से उठी।' बत्रा चुप खड़ा रहा था। मैंने और ज़ोर लगाकर बताया कि रात मैं बिलकुल सो नहीं पाई थी और अगर दिन में भी न सोती तो अवश्य क्रैश कर जाती, मैंने नींद की गोली भी ली थी।

बत्रा ने बड़े आकर्षक तरीके से समझाया था, 'झूठ ख़ुद-ब-ख़ुद होंठों से निकलना चाहिए। इतनी शक्ति सच बोलने में लगाया करो।'

मैं बत्रा के सामने ज्यादा चुप नहीं रहना चाह रही थी। कुछ लोगों की चुप्पी कोरी होती है, उन्हें पकड़े जाने का डर नहीं होता। मेरे चुप रहने पर मेरा मन मेरे चेहरे पर उभर आता था। किन्हीं कामों को मैं जबरदस्ती 'हाँ' भी कर देती तो घर पर कभी कोई मुझसे करवाता नहीं था। बत्रा के अनुसार मेरे चेहरे पर 'न' बड़ी जल्दी और बड़ा स्पष्ट लिख जाता था।

मैं बत्रा को हमेशा सात सिगरेटों के बाद रोक देती थी। अधिकतर तब हम फिर कॉफी या टोमाटो जूस मँगाते थे। बत्रा को आठवीं सिगरेट जलाते देख मुझे ख़ुशी हुई। सिर्फ़ दोहराने के लिए दोहराना ऐसा हो जाता है जैसे पहाड़े रट रहे हों।

बत्रा इन्तज़ार कर रहा था।

मैं भी इन्तज़ार कर रही थी।

मैं जानती थी, वह स्वयं नहीं कहेगा। उसने कभी किसी से कुछ नहीं माँगा। जब उसने फ़ोन किया था तब ज़रूर मुझे महसूस हुआ था कि वह एक माँग के रूप में आज का समय चाह रहा है। मैंने अपने आपको इसके विरुद्ध तैयार कर लिया था। यही एक शर्त थी, जिसे मन में रखकर मैं यहाँ आ गई थी। पहले कुछ मिनटों में मुझे बत्रा जाँच-पड़ताल विभाग का अधिकारी लगा था पर फिर मैंने पाया

हम दोनों हर बार उस 'माँग' को उलाँघकर जा रहे थे और अपने आप में और उद्विग्न हो गए थे। यह अजीब था, पर अब मैं घर वापस भी नहीं जाना चाह रही थी। बत्रा के साथ दिन के समय बैठना थोड़ा अजीब था पर गलत नहीं। मुझे अपना वहाँ होना अनुचित नहीं लगा था। बत्रा के साथ अनुचित कुछ नहीं था। मुझे आज तक उसके साथ 'बचाव' वाली पद्धति की शरण नहीं लेनी पड़ी थी। मेरे मन में इस वक़्त एक ईमानदार आकांक्षा थी। हमने अपने बीच सुस्ती के क्षण बहुत कम बिताए थे। मैं बत्रा को वैसे ही 'ग्रिन' करते देखना चाह रही थी, पर मुझे एक भी ऐसी बात नहीं सूझ रही थी जिससे मैं उसे हँसा सकूँ। हमारे दोस्त कहा करते थे कि हमारी दोस्ती इसलिए है क्योंकि हमारे दाँत एक-से सुन्दर हैं और हँसते हुए हम दोनों होड़ लेते रहते हैं। मेरा बहुत मन था कि मैं बत्रा को ख़ुश देख सकूँ, वह मेरे सामने वैसे ही पाँव फैलाकर बैठ ले और सिगरेट के धुएँ में से अजीबोग़रीब बातें ईजाद करे। धुआँ आज गम्भीर था।

मेरा मन दुखी हो गया। बत्रा इस समय ख़ाली लग रहा था, दाएँ-बाएँ, अगल-बग़ल। पहले तो वह होता था और होतीं बेशुमार ख़बरें, अफ़वाहें, लतीफ़े, वाक्यांश, हँसी और तेवर।

ख़ाली गिलास में सिगरेट की राख झाड़ता, वह बीता हुआ कल था। हम साथ नहीं बैठे थे सिर्फ़ बत्रा यहाँ बैठा था। उसे पता था मैं वहाँ नहीं थी और मेरी आँखों का फ़ोकस हजारों मील दूर था। पर मैं बत्रा को हल्का महसूस करते देखना चाहती थी। मैं चाहती थी, वह ऐसे अकेला न हो, पर उसके लिए मैं कुछ कर नहीं सकती थी। किसी के अकेलेपन का मर्म समझ कर भी उसे बाँट न सक पाना करुण होता है। इतना गीलापन हमारे स्वभावों के विपरीत था।

'बहन जी आई हुई हैं, मैंने बताया न।'

'हाँ,' इस बार भी मैं कह नहीं पाई।

बहन जी के आने पर मैं रोज लाजपत नगर जाती थी। बत्रा को वापसी में स्कूटर चलाना हमेशा अच्छा लगता था।

बत्रा ने कहा नहीं, 'चलें।' उठकर खड़ा हो गया, माचिस समेटी, सिगरेट की डिबिया पिचका कर गिलास में फँसाई और मेरे साथ निकल आया।

बिना सिगरेट के पूरे होंठों से उसने 'बा-य' कहा तो मैं गेट की ओर मुड़ गई। वह लाइब्रेरी वाली छोटी सड़क पर पहुँच गया था। अभी शाम बाक़ी थी। लाइब्रेरी में बैठने वाले सभी विद्यार्थी अभी बाहर टहल रहे थे। हमने एक-दूसरे की ओर

दूर से खुलकर देखा। गहरी शाम में बत्रा की क्रीम रंग की बुश्शर्ट सफ़ेद नजर आ रही थी। उसका कद दूर से औसत से कम लग रहा था। वैन्गार्ज में उसके शरीर में एक कड़ापन था, वह अब ढीला हो आया था। दिन और रात के इस गाढ़े सन्धिस्थल में हमें एक-दूसरे की चाल ऐसी लगी जैसे डाक बाँट लेने के बाद ख़ाली थैला हिलाते डाकिए की।

खिड़की

तीसरे प्लेटफ़ॉर्म से आठ नम्बर प्लेटफ़ॉर्म तक चलते-चलते शिवचरण बाबू हाँफ गए। उनकी सीट थी एस-3 में यानी पूरी रेल की लम्बाई नापनी थी। इंजन से चौथा कोच जो हुआ। उन्हें अपने पर क्रोध आया। कुली ने जब दो अटैची देखते ही कहा, 'दस रुपए।' वे तुरन्त ऐंठ गए, 'हम तो दो रुपए देंगे।' कुली भाग खड़ा हुआ। उन्होंने कंचन को कहा, 'ज़रा हिम्मत कर लो बेटी तो दस रुपए की बचत हो जाए।' कंचन ने बड़ी अटैची ख़ुद उठा ली और छोटी उन्हें थमा दी। पहली बीस सीढ़ियाँ वे उत्तेजना में चढ़ गए लेकिन अगली एक-एक सीढ़ी उन्हें भारी लगने लगी। ऊपर आते-जाते तक घुटने बिलकुल जवाब दे गए। पुल पर एक मिनट सुस्ता कर उन्होंने स्वगत कथन किया, 'तीन-तीन बेटियों का बाप कुलियों पर पैसे लुटाए, यह भी तो नहीं बनता!' फिर वे लश्टम-पश्टम पुल पार कर ही गए।

जितनी बार कंचन आगे बढ़ जाती, रुककर उनका इन्तज़ार करती। आख़िर उसने दुपट्टा कमर से लपेटकर दोनों अटैचियाँ उठा लीं और इस तरह वे एस-3 तक पहुँच गए। पूरी गाड़ी में अभी अँधेरा था। कंचन ने बेंच ख़ाली देख वहीं अटैचियाँ रखीं और कहा, 'बैठ जाओ बाओजी।' 'यहाँ कैसे बैठ जाऊँ, कोई लूट ले तो?' शिवचरण बाबू एकदम भड़क गए। फिर वे बड़ी अटैची उठाकर डिब्बे तक चले। दरवाज़ा अभी खुला न था। वहाँ एक और मुसाफ़िर इन्तज़ार में खड़ा था। उन्होंने रुककर उससे रेल-विभाग की कार्य-शिथिलता पर बात की, फिर अपनी चुस्ती और कार्यक्षमता पर मन-ही-मन मुदित होते हुए वापस बेंच पर लौट आए जहाँ कंचन बैठी थी। उसका चेहरा पसीने से भीगा हुआ था और वह दुपट्टे के छोर से हवा कर रही थी।

धीरे-धीरे प्लेटफ़ॉर्म भरने लगा। ग़लत-सलत उच्चारण और रोनी आवाज़ में एनाउंसर आने-जाने वाली गाड़ियों के समय की उद्घोषणा कर रहा था। तक़रीबन हर गाड़ी के देर से आने की सम्भावना थी।

'अजब बात है, इतनी धाँधली है पर किसी को कोई फ़र्क़ नहीं पड़ता,' शिवचरण बाबू ने कहा।

फ़र्क़ तो कंचन को भी नहीं पड़ रहा था। पिता की बड़बड़ाहट या बदमिज़ाजी का।

यथासमय गाड़ी के डिब्बों पर नम्बर पड़ गए, आरक्षण सूची लग गई और बिजली भी आ गई। वे लपककर 39 और 40 बर्थ पर आए। ये साइड की बर्थ थीं, ऊपर-नीचे की। देखते ही शिवचरण बाबू असन्तुष्ट हो गए, 'कितना कहा था छगन से कि देखकर रिज़र्वेशन कराना पर आजकल कहे मुताबिक न करने की तो क़सम खाई है लोगों ने।'

'क्या फ़र्क़ पड़ता है बाओजी, यहीं बैठ जाएँगे।' कंचन ने कहा।

'कित्ती सड़ी गर्मी है,' शिवचरण बाबू कहते हुए खिड़की खोलने का प्रयत्न करने लगे।

चिटखनी खिसकाने और ज़ोर लगाने पर भी खिड़की का पल्ला नहीं सरका तो एक बार फिर वे रेलवे की अकर्मण्यता पर आ गए। उन्होंने आसपास के मुसाफ़िरों को जैसे सम्बोधित करते हुए कहा, 'किराया बढ़ाते जा रहे हैं, सुविधाएँ घटाते जा रहे हैं, जनता को आप उल्लू समझते हैं?' लोग अपना-अपना असबाब जमाने में लगे थे, किसी ने जवाब नहीं दिया। एक बुजुर्ग अपने थैले और सन्दूक में लम्बी-सी स्टील की ज़ंजीर अटका कर उसका दूसरा छोर बाँधने का ठौर ढूँढ़ रहे थे। उनके पास बैठे युवक ने उन्हें खिड़की का सरिया दिखाकर कहा, 'इसमें बाँध दीजिए।'

'ऐसे कैसे बाँध दें जी, सारी चोरियाँ खिड़की से ही तो होती हैं।' उन्होंने तमककर कहा और फिर किसी कुन्दे की तलाश में लग गए। एक महिला बैठते ही अपने बच्चे की फ़ीड के लिए दूध का डिब्बा खोलने में लग गई। एक और युवक सिर्फ़ एक हैंड बैग सहित दाख़िल हुआ और सबसे पहले उसने पैंट-शर्ट उतारकर कुर्ता-पजामा पहन लिया।

गर्मी इतनी ज़्यादा थी कि बन्द खिड़की सबकी आँखों में खटक रही थी। ख़ुद कंचन ने कई बार खोलने का प्रयत्न किया पर उससे खिड़की नहीं खुली।

तभी सामने की सीट का युवक उठा, 'ठहरिए, मैं खोल देता हूँ।'

युवक ने चिटखनियाँ सरकाईं, दाएँ-बाएँ हाथ से ठोंका और खिड़की के पल्ले को उठाने के लिए ज़ोर लगाया। पल्ला टस से मस न हुआ।

'ओफ़, यह भारतीय रेल!' कहता और झेंपता हुआ वह अपनी जगह पर चला गया।

शिवचरण बाबू के मन में अचानक यह विचार उठा कि यह खिड़की का पल्ला नहीं शिव-धनुष है। वे ए.जी. दफ़्तर के बड़े बाबू नहीं जनकपुर के राजा जनक हैं और यह बग़ल में बैठी कंचन जानकी है।

शिवचरण बाबू रोज़ सवेरे स्नान के बाद थोड़ी देर रामचरितमानस का पाठ करते थे और गृहस्थी में किचकिच, कतरब्योंत और कंजूसी के बाद जो भी समय शेष रहता उसमें अपने जीवन के सवालों के जवाब मानस में ही ढूँढ़ने का प्रयत्न करते।

गर्मी के कारण डिब्बा भट्ठी की तरह दहक रहा था। गाड़ी चल चुकी थी। बीच में बर्थ वालों ने अपने बिस्तर फैला लिये थे। बुज़ुर्ग सज्जन, सामान में अटकी ज़ंजीर अपने पैर में बाँध निश्चिन्त होकर लेट गए थे और सोने का उपक्रम कर रहे थे।

ऊपर की सीट से उतरकर एक लड़का बोला, 'इतनी गर्मी में आप खिड़की बन्द किए बैठे हैं, हद होती है।'

'आप खोलकर देख लीजिए,' शिवचरण बाबू ने मुँह-ही-मुँह में मुस्कराते हुए कहा।

लड़का बड़े आत्मविश्वास से खिड़की पर झुका। उसने प्रोलाइन की टीशर्ट और बफ़ेलो की जींस पहनी हुई थी। वह लम्बा और स्वस्थ युवक था। खिड़की से जूझते समय उसकी बाँहों की मांसपेशियाँ मचलती, उछलती साफ़ दिख रही थीं। खिड़की के पल्ले पर यथाशक्ति ज़ोर लगाने की गरज़ से वह पिता-पुत्री के बीच में ज़रा-सी जगह में टिक गया और बड़े मनोयोग से संघर्ष में लगा रहा पर खिड़की अपनी जगह से नहीं हिली।

युवक ने झेंपकर कंचन की तरफ़ देखा। वह बदस्तूर दुपट्टे से अपने को हवा कर रही थी। क्षण-भर को युवक को यह गर्मी, यह उमस अच्छी-सी लगी।

शिवचरण बाबू ने कहा, 'अपनी जगह जाइए, यह आपसे नहीं खुलेगी।' मन-ही-मन तो वह कह रहे थे, 'अब जनि कोउ माखै भट मानी। बीर बिहीन मही मैं जानी। तजहु आस निज निज गृह जाहू। लिखा न बिधि बैदेहि बिबाहू।'

अब जब समाज में दहेज दिन दूनी रात चौगुनी छटा दिखा रहा था, शिवचरण बाबू को स्वयंवर जैसी प्रथा के बारे में सोचना अच्छा लग रहा था। कभी-कभी वे कहते भी, 'मैं तो अपनी बेटियों को फूलों के गहने में विदा करूँगा। इन्हें मैंने पढ़ा-लिखा दिया, अब जो इनकी क़द्र करे वह मेरे सामने याचना कर इन्हें ले जाए।'

इतने उच्च आदर्श वाला कोई भी वर अभी तक न मिला था न मिलने की सूरत नज़र आ रही थी। उनकी बेटियों की उम्र क्रमशः 25, 23 और 22 हो चुकी थी और तीनों एम.ए., एल.टी. करने के बाद इधर-उधर के प्राइवेट स्कूलों में अस्थायी नौकरियों में दुखी थीं। इससे राहत महज़ इतनी थी कि दिन के कुछ घंटे माँ-बाप के सीने से बोझ हटा रहता और लड़कियों को पिता से जेब-ख़र्च माँगने की ज़रूरत न रहती।

बावजूद गर्मी और परेशानी के कंचन को इस बन्द खिड़की में खेल का मज़ा आने लगा। उसने पिता से कहा, 'बाओजी, आप ऊपर जाकर सो जाओ, कम-से-कम पंखे की हवा तो लगेगी।'

शिवचरण बाबू काफ़ी थके हुए थे। बिना प्रतिवाद के बेटी की बात मान गए। ऊपर की बर्थ पर लेटकर उन्हें कुछ चैन मिला और आँख मुँदने लगीं। नींद तारतम्य में नहीं थी, फिर भी थी तो। हिचकोले से आँख खुलती तो एक बार झाँककर नीचे देख लेते, बिटिया अपने निरापद एकान्त में सजग बैठी है यानी सामान की रखवाली हो रही है।

अलीगढ़ स्टेशन पर दो-तीन सवारी चढ़ीं। यह छात्रों की टोली लगती थी। एक लड़के की पीठ पर लाल रंग का रकसैक था और हाथ में वॉटर बॉटल। शायद इन सबका आरक्षण नहीं था। इस कोच का दरवाज़ा खुला देख वे चढ़ गए थे। वॉटर बॉटल देखकर कंचन को प्यास महसूस हुई। उसे अपने पर झुँझलाहट हुई कि कन्धे के थैले में गिलास तो दो हैं पर वॉटर बॉटल लेकर चलना वह भूल गई। उसकी बर्थ पर एक युवक बैठा तो उसने संकोच से कहा, 'थोड़ा पानी देंगे।'

'ज़रूर,' युवक ने अपनी वॉटर बॉटल उसकी ओर बढ़ा दी।

युवक ने बन्द खिड़की की तरफ़ देखकर उससे कहा, 'आपकी इजाज़त हो तो इसे खोल लें।' कंचन ने सिर हिला दिया।

युवक काफ़ी देर खिड़की के पल्ले से जूझता रहा। उसके साँवले माथे पर पसीने के मोती चमकने लगे। पानी बड़ा शीतल था। वॉटर बॉटल के स्टिकर पर नाम लिखा था-'ए. के. ए. एम. यू.।' कंचन ने बॉटल लौटाई। युवक ने वहीं खूँटी पर बॉटल लटका दी, 'आपको एतराज़ न हो तो मैं यहाँ कुछ देर बैठ जाऊँ। कानपुर तक जाना है।'

कंचन ने सिर हिला दिया।

युवक ने आसपास के दृश्य पर नज़र घुमाई। नीचे की बर्थ पर सोए बुज़ुर्ग के पाँव में बँधी ज़ंजीर देखकर वह हँस पड़ा। कंचन भी मुस्कराई।

'रेशमी पाज़ेब।' उसने कहा।

कंचन शरमाई।

'आप पढ़ती हैं?'

'पढ़ाती हूँ।'

'माफ़ कीजिए, मैं पढ़ता हूँ इसलिए सारी कायनात मुझे स्टूडेंट ही लगती है।' कंचन को अफ़सोस हुआ उसकी पढ़ाई इतनी जल्द ख़त्म क्यों हो गई।

उस युवक के साथी अभी खड़े ही थे।

'बड़ी गर्मी है,' एक ने कहा।

'बाहर तो कुछ सुहावना था,' दूसरे ने कहा।

शिवचरण बाबू की नींद उचट गई थी। उन्होंने सिर पर खड़े लड़कों का संवाद सुना तो कटखने अन्दाज़ में बोले, 'फिर बाहर ही जाओ, यहाँ क्यों खड़े हो।'

'बाहर खड़े रहने से कानपुर नहीं पहुँचा जा सकता।' दूसरे ने फ़ौरन जवाब दिया। शिवचरण बाबू को हँसी आ गई। बड़े तेज़ लड़के हैं भई, उन्होंने सोचा, चलो अच्छा है, सामान की ही चौकसी रहेगी।

लड़के बारी-बारी से खिड़की से जूझे।

शिवचरण बाबू उन्हें चुनौती की मुद्रा में देख रहे थे। एक लड़का बहुत लम्बा-चौड़ा था, उसका रंग गेहुआँ था और उसके चेहरे पर मूँछें फब रही थीं। देखने में वह किसी बैंक का मैनेजर या आर्मी का अफ़सर लग रहा था। बल्कि वह इस वक़्त शिवचरण बाबू को बाणासुर लग रहा था। उसके पास खड़ा लड़का रावण प्रतीत हो रहा था। उनमें से कोई भी खिड़की खोल नहीं पाया। ऐसा लग रहा था, 'तमकि ताकि तकि सिवधनु धरहीं। उठइ न कोटि भाँति बलु करहीं।'

कुछ ही पल में लड़के हवा की तलाश में अगली खिड़की तक बढ़ गए। ए.के. वहीं बैठा रहा।

शिवचरण बाबू की आँख फिर लग गई। ए.के. इस बीच विस्तार से कंचन को बता रहा था कि वह अलीगढ़ मुस्लिम यूनिवर्सिटी में 'थीम ऑफ़ एलियनेशन इन रामायण' पर अंग्रेज़ी में रिसर्च कर रहा है।

इस कोण से राम-कथा का विश्लेषण कंचन के लिए एक नई चीज़ थी।

ए.के. ने बताया, रामकथा का हर पात्र एकाकी है। राम पत्नी के बिना वन में, सीता राम के बिना लंका में, भरत स्थानापन्न राजा के रूप में अयोध्या में, लक्ष्मण उर्मिला के बिना और उर्मिला पति के बिना राजमहल में। कौसल्या बेटे के बिना एकाकी है। दशरथ भी एक अजनबी की मौत मरते हैं। कैकेयी पूरे समाज से तिरस्कृत अकेली है। यहाँ तक कि रावण भी अपने एक-पक्षीय सम्मोहन में एकाकी है। एलियनेशन के सूत्र पाश्चात्य साहित्य में ढूँढ़ने के बजाय भारतीय साहित्य में ढूँढ़े जा सकते हैं। रामकथा में विनय और भक्ति के अलावा बड़ी गहरी और बहुस्तरीय अन्तःकथा है जिस पर लोगों का ध्यान नहीं जाता। कथा-वाचकों ने उसको एक सरलीकृत रूप दे दिया है जबकि यह एक जटिल कथा है। कंचन चकित, प्रभावित इस शोध-छात्र की व्याख्या सुन रही थी। वह एक बहुत नए अछूते, अद्‌भुत अनुभव से गुज़र रही थी।

रेल की खिड़की तो ज्यों की त्यों बन्द थी पर कंचन को लगा ए.के. की बातों से उसके दिमाग़ की बन्द खिड़कियाँ एक-एक कर खुल रही हैं। इतने दिनों की जड़ता जैसे चरमरा कर ख़त्म हो रही है।

कानपुर आने वाला था। ए.के. ने अपना पता कंचन को दिया। कंचन से उसका पता लिया।

'आप पढ़ाना छोड़कर फिर से पढ़ना शुरू कीजिए। मैं आपका सिनॉप्सिस तैयार करवा दूँगा, बल्कि स्कॉलरशिप दिलवाने में भी दौड़-भाग कर लूँगा।'

कंचन पुलकित हो गई। उसे लगा गाड़ी एक नई दिशा में एक मुक़ाम की ओर बढ़ रही है।

इस वक़्त उन दोनों को न गर्मी सता रही थी, न भीड़।

ए.के. को लगा, यह प्रयागराज एक्सप्रेस कुछ ज़्यादा ही तेज़ चल रही है। इतनी जल्द कानपुर नहीं आना चाहिए था।

चलते-चलते उसने कहा, 'रामायण पर लाख शोध कर लूँ पर यह खिड़की तो मुझसे नहीं खुली। पता नहीं आप क्या सोचें।'

'मुझे तो ऐसा नहीं लगा कि खिड़की नहीं खुली।' कंचन ने संकोच से कहा। उसका मुख शर्म से झुक गया। उसे अपने भविष्य की खिड़की खुलती नज़र आ रही थी। उसने तय किया, वह घर जाकर सबसे पहले अपनी किताबों पर पड़ी धूल साफ़ करेगी।

आपकी छोटी लड़की

"टुनिया, ज़रा भागकर चिट्ठी डाल आ।"

"टुनिया, ठंडा पानी पिला।"

"मैंने गैस पर दूध चढ़ाया है। तू पास खड़ी रह टुन्नो। कुछ करना नहीं है। जब दूध उफनने लगे तब तू गैस बन्द कर देना।"

दिन-भर दौड़ती है टुनिया। स्कूल से आकर होमवर्क करती है, थोड़ा-बहुत खाना चाहती है और इसके साथ ही शुरू हो जाता है काम-पर-काम। घर के टेढ़े-से-टेढ़े और सीधे-से-सीधे काम सब टुनिया के जिम्मे। टुनिया बाज़ार से लकड़ी लाएगी, टुनिया पौधों में पानी देगी, टुनिया ममी को दवाई देगी, टुनिया बाहर सूख रहे कपड़े उठाएगी, टुनिया दस बार दरवाज़ा खोलेगी, दस बार दरवाज़ा बन्द करेगी। अगर पड़ोसिन आंटी से पन्द्रह दिन पहले दी गई कटोरी मँगानी है तो टुनिया

ही जाएगी। वह इतनी बहादुर है जो जाकर सीधे-सीधे कह दे, 'आंटी, वह कटोरी दे दीजिए, वही जिसमें हम सरसों का साग दे गए थे आपको।'

अचानक मेहमान आ जाएँ तो बर्फ़ माँगने केरावाला मेमसाहब के पास टुनिया ही जाएगी। और किसकी मजाल जो उस बदमिज़ाज औरत को पटाकर उसके फ्रिज से बर्फ़ निकलवा सके।

टुनिया है तो तेरह की, पर लगती है ग्यारह की। न उसे दूध पीना अच्छा लगता है न अंडा खाना। हल्का-फुल्का बदन है उसका। कमर इतनी छोटी कि स्कूल यूनिफार्म का स्कर्ट खिसका पड़ता है। जरा भागे तो ब्लाउज़-स्कर्ट के बाहर। इसीलिए टुनिया को बेल्ट लगानी पड़ती है या फिर स्कर्ट में तीन-तीन जगह हुक फँसाने के लिए लूप। स्कूल जाने के लिए तो बाक़ायदा तैयार होना ही पड़ता है, टाई भी लगानी पड़ती है, जूते भी चमाचम चाहिए। पर वैसे टुनिया को ढंग से कपड़े पहनने का धीरज कहाँ। जो हाथ आया गले में डाल लिया। घर में सभी के बाल कटे हुए हैं–ममी के, दादी के। यहाँ तक कि कोलीन के भी। कोलीन सुबह-शाम आती है, डेसिटिंग करती है, कपड़े इस्तरी करती है और रसोई में खाना बनाने के पूर्व की तैयारी। खाना उससे नहीं बनवाया जाता। ममी कहती हैं वह पकाएगी तो छूत लग जाएगी। टुनिया को यह जरा भी समझ नहीं आता कि यह छूत कैसे लगती है। जैसे कोलीन आटा गूँथे, सब्ज़ी काट दे तो ठीक लेकिन वही सब्ज़ी यदि छौंक दे तो छूत, वही आटा अगर सेंक दे तो छूत। कोलीन है बड़ी फैशनेबल। नाक-भौं सिकोड़ते हुए बता चुकी है कि अगर उसके बाप को दारू का इतना लालच न होता तो वह कभी काम करने न निकलती, वह भी घर-घर।

कोलीन तीन घरों में जाती है। कोलीन इतना पाउडर लगाती है कि पड़ोस के देवराज ने उसका नाम 'पाउडर एंड कम्पनी' रख छोड़ा है। कोलीन ऊँची-सी फ्रॉक पहनती है और ऊँची एड़ी के सैंडिल। उसका शरीर भी कई कोण से ऊँचा-ऊँचा लगता है। हर इतवार वह चर्च जाती है और हर शनिवार पिक्चर। कभी उसके बालों में नया क्लिप होता है, कभी स्कर्ट की जेब में नया रूमाल। बग़लवालों की आया मेरी जब पूछती है, 'कहाँ से लिया?' तो कोलीन आँख मटकाकर कहती है, 'हमारा बॉयफ्रेंड दिया...।'

टुनिया को कोलीन पसन्द नहीं है। उसे लगता है कि कोलीन अच्छी लड़की नहीं है। जिन बातों पर टुनिया को गुस्सा आता है उन पर कोलीन खिलखिलाकर हँस पड़ती है। हर समय मस्ती-सी चढ़ी रहती है उस पर। फैशन और पिक्चर के सिवा उसे कुछ नहीं सूझता। वह बाकायदा ऐक्टिंग करके पिक्चर की कहानी सुनाती है, भले ही कोई सुने, चाहे न सुने। उसका इस तरह मटकना टुनिया को

नापसन्द है। वह कई बार ममी से कह चुकी है, 'इसकी छुट्टी क्यों नहीं कर देतीं?' पर ममी हर बार एक ही सुर पर बात ख़त्म करती हैं, 'टुन्नो, तू तो सुबह तैयार होकर चल देती है स्कूल। बेबी को टाइम नहीं मिलता। रह गई मैं। तो भई साफ़ बात है, मुझसे इतना काम होता नहीं। कोलीन भी मदद न करे तो मैं मर जाऊँ।'

ममी मरने-जीने के सवाल न जाने कहाँ से ले आती हैं-बात-बात पर। अभी जब जबलपुर से माधुरी आंटी आई थीं और छुट्टियों में टुनिया को साथ ले जाना चाहती थीं, ममी ने कहा, "न बाबा न। टुनिया को मैं नहीं भेज सकती। एक तो कोलीन छुट्टी पर गई हुई है, ऊपर से तू इसे ले जाएगी। मुझसे नहीं होता इतना सारा काम। मैं तो जीते-जी मर जाऊँगी।"

माधुरी आंटी अकेली वापस चली गई थीं, हालाँकि टुनिया मन-ही-मन बहुत तरसी थी साथ जाने के लिए। कैसा होगा जबलपुर, उसने मन-ही-मन सोचा था। अपनी किताब में उसने भेड़ाघाट के बारे में पढ़ा था। वह वहाँ जाकर मिलान करना चाहती थी कि किताबें कितना सच बोलती हैं। पर ममी को वह कैसे मर जाने दे!

ममी की ख़ातिर तो वह सारा दिन भागती है। कई ऐसे भी काम करती है जो उसे कतई पसन्द नहीं। मसलन, पाल साहब के यहाँ जाकर पापा को फोन करना, नल बन्द होने पर निचली मंज़िल पर डॉ. जगतियानी के घर से पानी लाना, बाज़ार से काँदा-बटाटा खरीदना और सामान ममी को पसन्द न आने पर उसे वापस करने दुकान पर जाना। ममी उससे दुनिया-भर का सामान मँगाएँगी, फिर उसमें मीन-मेख निकालेंगी, "साबुन में तू दस पैसा ज़्यादा दे आई है, बट्टी लेकर वापस वोहरा के पास जा और कह हमें नहीं लेना साबुन। लूट मची है क्या, जो दाम मन में आया, ले लिया। टुन्नो इतनी बड़ी हो गई तू, अभी तक अदरक खरीदने की अक्ल नहीं आई। यह एकदम दो कौड़ी की अदरक है, गट्ठेवाली। अदरक तो एकदम बादाम-जैसी आ रही है आजकल।"

अब टुनिया क्या जाने अदरक बादाम-जैसी कैसी होती है। उसे तो अदरक एकदम नीरस चीज़ लगती है, खाने में भी और देखने में भी। एक बार खरीदकर वापस करना क्या इतना आसान होता है। पसीना आ जाता है। कार्टून अलग बनता है।

छुट्टीवाले दिन एक दोपहर घर में पानी एकदम ख़त्म था। ममी ने झट कह दिया, "टुनिया, एक छोटी बाल्टी पानी नीचे से ले आ, कम-से-कम चाय तो बने।"

डॉ. जगतियानी के यहाँ नल के साथ-साथ हैंडपम्प भी लगा है। निचली मंज़िल होने की वजह से उनके यहाँ पानी हर वक़्त आता है। डॉ. और मिसेज़ जगतियानी दोनों सुबह अपने क्लिनिक पर जाते हैं। दोपहर ढाई-तीन तक लौटते हैं। लौटकर खाने के बाद वे सो जाते हैं-एयर-कंडीशनर चलाकर। उसके घर की पूरी

देखभाल उनका नौकर रामजी करता है। वही फोन सुनता है, कालबेल बजने पर दरवाज़ा खोलता है, कार साफ़ करता है और खाना बनाता है। सारी शाम जब डॉक्टर साहब और मिसेज़ जगतियानी क्लिनिक पर होते हैं रामजी टी.वी. देखता है। यह उसका रोज का काम है। टी.वी. को वह टी.बी. कहता है। एक-एक एनाउंसर को वह पहचानता है। उसने सबको नाम दे रखे हैं, 'फर्स्ट क्लास', 'सेकंड क्लास', 'चलेगा' और 'खटारा'।

उस दिन टुनिया पीतल की छोटी बाल्टी लेकर नीचे पहुँची तो डॉक्टर साहब का पिछला दरवाज़ा खुला था। टुनिया सीधे अन्दर पहुँच गई। नल खोलकर देखा, पानी नहीं था। फिर उसने हैंडपम्प चलाया। वह भी सूखा पड़ा था। तभी रामजी रसोई में से निकलकर आया, "आज पानी नहीं है, सब खलास।"

टुनिया ने एक बार और नल खोलने के लिए हाथ बढ़ाया ही था कि रामजी ने अपने पजामे की ओर इशारा किया, और अश्लील ढंग से मुस्कराकर कहा, "लो इससे भर लो।"

टुनिया कुछ समझ नहीं पाई, पर जो कुछ उसने देखा उससे घबराकर वह दहशत से चीखती भाग खड़ी हुई। बाल्टी वापस उठाने का किसे होश था।

बेतहाशा भागती टुनिया तीसरी मंज़िल पर घर में घुसी कि ममी की घुड़की पड़ी, "पानी नहीं लाई न, अब पीना शाम की चाय। काम तो कोई करना ही नहीं चाहता आजकल। एक कोलीन है, उसे कुछ कहो तो वह मुँह बनाती है। एक तू है, तेरे अलग नखरे। जो करूँ, मैं करूँ, जहाँ मरूँ, मैं मरूँ।"

टुनिया का मन इस वक़्त इतना घिना और घबरा रहा था कि वह क्या न कर दे पर माँ की भुन-भुन सुनकर भन्ना गई। ये ममी हैं, इन्हें क्या फिक्र, टुनिया पानी क्यों नहीं लाई। इनका तो बस काम होना चाहिए नहीं तो ये मरने को तैयार बैठी हैं।

"और बाल्टी कहाँ फेंक आई, बोल तो सही मुँह से? हद हो गई ढीठपने की। ख़ाली बाल्टी उठाकर लाने में इसकी कलाई मुड़ती है। एक हम थे। हमारी माँ ज़रा इशारा कर दे, हम सिर के बल उलटे खड़े रहते थे।"

बस शुरू हो गया ये और इनका ज़माना। अब यह रिकार्ड जल्दी नहीं रुकने का। लकड़ी काटने से लेकर सिर काटने तक के अपने तजुर्बे सुनाये जाएँगे। नानी के सिरहाने लहराता साँप ममी ने कुचला था, लोहेवाली की सोने की तगड़ी का पता ममी ने लगाया था, चोर को सेंध लगाते सबसे पहले ममी ने देखा था। नानी की बीमारी में उन्हें कैसे सँभाला था...कैसे बताए टुनिया यह सब करना आसान है, बनिस्बत वापस नीचे जाने के, अपनी आँखों वह गन्दी चीज़ देखने के, महज एक बाल्टी की ख़ातिर।

दीदी के साथ तो ऐसा नहीं करती ममी। दीदी उनका एक भी काम नहीं करती, फिर भी उसके सामने ममी कभी शिकायत नहीं करतीं। वह तो काँदा-बटाटा लेने बाज़ार नहीं जाती, उसे पानी लेने डॉ. जगतियानी के यहाँ नहीं भेजा जाता, बिजली का बिल जमा करने की कतार में दीदी तो कभी नहीं लगी। दीदी सुबह आठ बजे सोकर उठती है। उठते ही हुक्म चलाने लगती है, "कोलीन, मेरे नहाने का पानी गरम करो। ममी, आलू का टोस्ट बना दो। टुनिया, इस कुर्ते के साथ का दुपट्टा ढूँढ़ दो।"

दीदी नहाने चली जाती है और घर-भर उसके कॉलेज जाने के काम में इस कदर व्यस्त हो जाता है जैसे दीदी लाम पर जा रही हो। ममी गेट तक उसे घड़ी और रूमाल पकड़ाने भागती हैं। दीदी थैंक्यू भी नहीं कहती। बस, एक महारानी नज़र सब पर डाल शान से चल देती है। अकेली कॉलेज जाती है, पर यों लगता है मानो चार अर्दली आगे, चार पीछे चल रहे हैं। किस शान से दीदी सड़क क्रास करती है, आती-जाती टैक्सियाँ, कारों को चुनौती देती है। किसी की मजाल जो दीदी से पूछे, 'क्यों जी, यह सड़क क्या आपके पापा ने बनवाई है? वह पैदल पारपथ क्या बटेरों के लिए छोड़ रखा है?'

टुनिया को पता है जब दीदी कॉलेज के लिए निकलती है, कॉलोनी के आधा दर्ज़न लड़के भी तभी अपने-अपने घर से निकलते हैं। वे इधर-उधर छा जाते हैं, कोई पुलिया के पास, कोई चौराहे पर, कोई बस-स्टॉप पर। दीदी इन सबकी हीरोइन है। किसी ने दीदी को डिबेट में बोलते सुना है, धराशायी। कोई दीदी की चाल का दीवाना है, कोई दीदी के बाल का। बच्चू सीने पर हाथ रखकर गाता है, 'उड़-उड़ के कहेगी ख़ाक सनम...।' आबू दो साल से एल-एल.बी. में फेल हो रहा है। दीदी किसी की ओर नहीं देखती, गर्दन को एक गुमान-भरा झटका दे वह बस-स्टॉप पर ऐसे खड़ी हो जाती है जैसे बकिंघम पैलेस की बग्घी उसके लिए आनेवाली हो।

एक दिन तो आ भी गई थी-प्रिन्स राजगढ़ की गाड़ी। दीदी बस-स्टॉप पर खड़ी थी कि चाकलेट रंग की कार झटके से आकर सामने खड़ी हो गई। प्रिन्स ख़ुद ड्राइव कर रहे थे। निहायत शालीनता से बोले, "मिस सहाय, मैं भी कॉलेज जा रहा हूँ, मे आय हैव द प्लेज़र टु ड्रॉप यू!"

दीदी ने एक नज़र उसे देखा और कहा, "सॉरी, मैं नहीं जानती आप कौन हैं?"

प्रिन्स सिर झुकाकर चला गया। वह कॉलेज नहीं गया। वह इतना तिलमिला गया, उसने उसी दिन न सिर्फ़ कॉलेज, वरन् शहर भी छोड़ दिया।

बहुत नाज़ है टुनिया को अपनी बहन पर। दीदी टुनिया से चाहे जो काम ले ले, टुनिया कर देगी। टुनिया दीदी के नाख़ून काटती है। रूमाल धोती है, बाल कंघी

करती है, कमरा ठीक करती है। उस दिन टुनिया बहुत थकी हुई थी। बाज़ार के पाँच चक्कर लगाने पड़े थे। दीदी को भी बाज़ार का ही एक काम था। उसे दर्ज़ी से मैक्सी मँगवानी थी। दीदी ने अपने बालों से मोतिये के फूलों का छोटा गुच्छा निकालकर टुनिया को पकड़ा दिया। ख़ुशी के मारे टुनिया सारी थकान भूल गई। फूलों को निहारते-निहारते वह दर्ज़ी की दुकान तक चली गई और मैक्सी ले आई। पैर बहुत दुखे, पर फूल कितना सुन्दर था।

कई बार दीदी टुनिया के हाथ में अपनी फिलॉसफी की किताब थमाकर लेट जाती है। पढ़ाई करने का दीदी का यह प्रिय तरीका है। टुनिया कान्ट, हीगल से लेकर अद्वैतवाद तक सब पढ़कर सुनाती है। बहुत कुशाग्र बुद्धि है दीदी। एक बार का सुना ज्यों-का-त्यों याद हो जाता है उसे। इसी तरह दीदी ड्रामे का पार्ट याद करती है। दीदी के साथ-साथ टुनिया को भी याद हो जाते हैं संवाद। माँ ने कहा, "चले गए, सब-के-सब चले गए। छह-छह बेटे पैदा किए, छहों चले गए। अब जाकर मैं सोऊँगी, चैन से सोऊँगी। जिस दिन से ब्याही आई, एक दिन भी नहीं सोई। कभी किसी के लिए, कभी किसी के लिए, जीवन प्रार्थना में बीता। आज इसकी पूजा, कल उसका उपवास। अब सब चले गए। लाख तूफ़ान आएँ, अब मेरा क्या बिगाड़ लेंगे। सागर से मुझे क्या लेना और क्या देना? भले ही घर में अब भोजन के नाम पर सिर्फ़ एक सूखी सड़ी मछली हो, मुझे क्या चिन्ता, किसकी फिक्र! मैं पैर फैलाकर सोऊँगी, भर नींद सोऊँगी।"

जे.एम. सिन्ज के इस नाटक में दीदी गज़ब अभिनय करती है। हॉल में बैठे एक-एक दर्शक की आँखें डबडबाई होती हैं। टुनिया ने ख़ुद देखा है। दीदी की खासियत यही है। चाहे उसे दिलबहार बेगम बना दो, चाहे बूढ़ी अम्मा, पात्र को जीता-जागता खड़ा कर देती है सामने। तभी तो अपने आगे निर्देशक को कुछ समझती नहीं। 'इंग्लिश एसोसिएशन' के नाटक 'एंटनी एंड क्लियोपेट्रा' का निर्देशक वह कुर्गी लड़का है ज़िमी। दीदी उसका कोई कहना नहीं मानती। दीदी कहती है–'वह अपनी मर्ज़ी के अनुसार क्लियोपेट्रा के संवाद बोलेगी'। प्रो.फ़ेसर चोकसी ने हारकर कह दिया, 'शी इज अ बॉर्न क्लियोपेट्रा। लैट हर हैंडिल द कैरेक्टर।'

कॉलेज के वार्षिकोत्सव में दीदी का जय-जयकार होता रहता है। मुख्य अतिथि एक के बाद एक दस पुरस्कार दीदी को देते हैं। अधिकतम अंक पाने पर अंग्रेज़ी, हिन्दी, फिलॉसफी और लैंग्वेज का प्रमाण-पत्र तो मिलता ही है। साथ ही गायन, नृत्य और अभिनय का भी। एक पुरस्कार व्यक्तित्व के लिए, एक वक्तृता के लिए।

टेबल टेनिस शील्ड दीदी की वजह से जीती गई, उसका भी विशेष पुरस्कार मिलता है। बार-बार अपनी सीट से मंच तक जाना दीदी की शान के खिलाफ़ है। दीदी वहीं खड़ी है विंग्स में, एक भक्त छात्र को अपने पुरस्कार पकड़ाती हुई। वहीं से निकलकर वह मुख्य अतिथि से पुरस्कार ग्रहण करती और वहीं खड़ी हो जाती। हॉल में सब बड़े रश्क से उसका नाम सुन रहे हैं, उसके दीदार का इन्तज़ार कर रहे हैं, पर दीदी को कोई जल्दी नहीं। मंच पर जाते समय वह घबराती भी नहीं।

पुरस्कार टुनिया को भी मिलते हैं अपने स्कूल में। पर वह तो इस क़दर हड़बड़ा जाती है कि प्राचार्या तक पहुँचना मुश्किल हो जाता है। घबराहट में मुँह से कभी 'थैंक्यू' निकल ही नहीं पाता, जुबान तालू से चिपककर सूख जाती है, हाथ थर-थर काँपते हैं। वही रोज़ के चेहरे होते हैं फिर भी टुनिया कितना घबरा जाती है। दीदी बिलकुल नहीं घबराती। एकदम बाहरी आदमी है मुख्य अतिथि। पर दीदी कुछ इस अन्दाज़ में उसके हाथों से पुरस्कार लेती है मानो ले नहीं, दे रही है।

टुनिया भी बैठी है ताली बजानेवालों में। जितनी बार दीदी का नाम बुलाया जाता है, टुनिया को लगता है उसका कद ऊँचा होता जा रहा है। उसकी इच्छा होती है अपनी सीट पर खड़ी हो जाए और ज़ोर-ज़ोर से ताली पीटे। उसका दिमाग़ उसे तसल्ली और तमीज सिखाता है।

जलसे के बाद टुनिया दीदी के साथ घर लौट रही थी। कॉलेज से बस-स्टॉप कुछ दूरी पर था। कुछ इनाम दीदी ने पकड़े थे, कुछ टुनिया ने। टुनिया को लग रहा था, ये उसी ने जीते हैं। आख़िर वही तो दीदी को संवाद याद कराती है नाटकों के, वही दीदी को फ़िलॉसफ़ी, हिन्दी और अंग्रेज़ी के लैसन सुनाती है।

बार-बार रास्ते में कभी कोई, कभी कोई दीदी को मुबारकबाद दे रहा था। तभी चार लड़कों के एक झुंड ने आकर दीदी को बधाई दी। फिर उनमें से एक नाटे से लड़के ने कहा, "मिस सहाय, हम लोगों में एक शर्त लगी है। राज कक्कड़ का कहना है यह लड़की जो आपके साथ है, आपकी बहन है। मेरा क़हना है ऐसा हो ही नहीं सकता। बकवास करना राज की पुरानी आदत है। लेकिन मैं आपकी शान के खिलाफ़ इसे बोलने थोड़े ही दूँगा। आप असलियत बता दीजिए। हम लोगों में आइसक्रीम की शर्त लगी है।"

दीदी ने निहायत लापरवाही से कहा, "मेरी बहन है यह, तूर्णा सहाय।"

लड़कों के मुँह अवाक् रह गए। उन्होंने टकटकी लगाकर टुनिया को जाँचा, जैसे चिड़ियाघर में बच्चे जैब्रा देख रहे हों।

राज कक्कड़ ने विजेता अन्दाज़ में बाँहें चढ़ा लीं, ''देखा न, मेरी ख़बर गलत नहीं हो सकती। है न धमाक?''

नाटे लड़के ने हताश स्वर में कहा, ''ये आपकी सगी बहन है मिस सहाय?''

''हाँ, बाबा हाँ,'' दीदी ने हँसते-हँसते कहा।

''एक ही माँ की?''

''हाँ, और एक ही पिता की भी।'' दीदी ने अपनी तरफ़ से मज़ाक मारा, जिस पर सब हो-हो कर हँस पड़े।

टुनिया को पहली बार रोना-रोना-सा आया। कितने बेहूदा लड़के हैं। कैसे भद्दे मज़ाक करते हैं। यह क्या शर्त लगाने की बात है? कितनी बार वह दीदी के साथ कॉलेज आ चुकी है। बहन नहीं तो क्या चपरासिन है?

घर जाकर टुनिया ने किसी से कुछ न कहा पर रुलाई एक अन्धड़ की तरह मन में घुमड़ रही थी। किसी को उसकी ओर देखने का अवकाश ही कहाँ था। कोई दीदी की पीठ ठोंक रहा था, कोई उसका मुँह चुभकार रहा था। पापा ने दीदी से सगर्व कहा, ''यू आर माय ब्रेनी डॉटर, शाबाश!''

टुनिया को ममी ने तत्काल भेज दिया बाज़ार, लड्डू लाने। पड़ोस के घरों में लड्डू बँटेंगे, दीदी इतने इनाम जो लाई है। सबके बच्चे उसी कॉलिज में पढ़ते हैं, पर है कोई जो इतने इनाम पाये!

टुनिया घंटों घर-घर घूमती फिरी, सात नम्बर, आठ नम्बर, नौ नम्बर। कैरावाला, जगतियानी, द्विवेदी, आलम खान। कॉलबेल बजाई, दरवाज़ा खुला, टुनिया ने हाथ जोड़े, ''नमस्ते आंटी, हमारी दीदी इस साल फिर हर चीज़ में फर्स्ट आई है। ममी ने मिठाई भेजी है, नमस्ते।''

पापा ने रेडियो पर से टुनिया के स्कूली कप उठाकर ताक पर रख दिए और दीदी के बड़े कप सजा दिए। कमरा जगमगा उठा। नए कप चमकते कितने गज़ब के हैं। अब कल फोटोग्राफ़र आएगा। दीदी की फोटो खिंचेगी।

रात जब टुनिया अपने बिस्तर पर लेटी, उसे न जाने कहाँ से अवश रुलाई आ गई। उसे स्पष्ट नहीं था, वह क्यों रो रही थी पर आँसू थे कि बहे जा रहे थे। लगातार रोने से नींद भी उड़ गई।

टुनिया दबे-पाँव उठकर गुसलख़ाने में गई। वहाँ लगे शीशे में उसने अपना चेहरा देखा।

नहीं, इतना बुरा तो नहीं कि बरदाश्त न हो। बाल उसके दीदी से लम्बे और मुलायम हैं। त्वचा भी उसकी चमक रही है। फिर उन लड़कों ने क्यों कहा कि वह

दीदी की कोई नहीं। और फिर अगर लड़कों ने बदतमीजी की भी, तो क्या दीदी उन्हें डपट नहीं सकती थी। क्या उसका हाथ अपने हाथ में ले, गर्व से नहीं कह सकती थी, 'देखो, यह है मेरी बहन, मेरी अपनी छोटी बहन, तुम्हें दिखाई नहीं देता?'

टुनिया क्या करे कि अपनी दीदी की बहन लगे! क्या गले में पट्टा लटका ले या आटे के बोरे में मुँह घुसा दे या छील डाले अपनी चमड़ी छिलके की तरह!

टुनिया को इसी तिलमिलाहट में याद आई उस लाल लहँगे की जिसके कारण उसे कितनी मार पड़ी थी। दीदी को टाउनहॉल में एकल नृत्य प्रतियोगिता में नाचना था। उसके लिए नया लाल लहँगा, ब्लाउज़ और चूनर बनवाई गई थी। प्रतियोगिता के पूर्व दीदी दोपहर में बाज़ार गई थी–लाल चुटीला और झूमर ख़रीदने। पीछे से दर्ज़ी ने आकर दीदी की पोशाक दी। नई लाल पोशाक टुनिया को इस कदर भाई, उससे रहा न गया। उसने चाव–ही–चाव में अपनी फ्रॉक उतार लहँगा–ओढ़नी पहन ली। बाकायदा सिर ढँककर वह माथे पर टिकुली लगा ही रही थी कि दीदी वापस।

टुनिया को काटो तो ख़ून नहीं। हे भगवान, दीदी ने देख लिया! अब क्या होगा?

दीदी का पारा गरम हो गया। "तूने मेरी पोशाक क्यों ख़राब की, बता, बता?" दीदी ने उसे झँझोड़ डाला।

"दीदी ख़राब नहीं की, लो, मैं उतार देती हूँ।"

दीदी रोने बैठ गई, "ऊँ–ऊँ–ऊँ, मैं अब यह पोशाक नहीं पहनूँगी। यह गन्दी हो गई।"

ममी ने दीदी से कुछ नहीं कहा। बस, टुनिया की धुनाई कर डाली, जिसके कारण दीदी की पोशाक गन्दी हो गई।

टुनिया हफ़्तों सोचती रह गई, क्या पोशाक इतनी जल्द, इतनी गन्दी हो गई कि दीदी का डांस बिगड़ गया, उसे पुरस्कार नहीं मिला और घर लौटते समय उसकी एक पायल भी खो गई?

तब से टुनिया ने गाँठ बाँधी, दीदी का कोई कपड़ा नहीं छूना है। रूमाल भी नहीं। दीदी को दुखी नहीं करना है।

रात–भर की छटपटाहट के बाद टुनिया ने तय किया, वह लड़कों की खुराफ़ात पर कतई ध्यान नहीं देगी। वह अपना पूरा ध्याना पढ़ने में लगाएगी। दीदी के कॉलेज अब कभी नहीं जाएगी। ममी कहेंगी, तब भी नहीं।

स्कूल में टुनिया का दिन बहुत अच्छा बीता। इंग्लिश में 'वेरी गुड' मिला, ड्रॉइंग में 'गुड'। ख़ुशी के मारे बाक़ी पीरियड भी खटाखट बीत गए। अब आया गणित का पीरियड, होडीवाला सर की क्लास। लड़के–लड़कियों को सबसे ज्यादा सज़ा

इसी क्लास में मिलती है। लड़कों को भी जबरदस्त केनिंग होती है। लम्बी लचीली टहनी होडीवाला सर के क्लास का दौरा कर डालती है। सनाक-सनाक हथेलियों पर केन लेते लड़के रोते नहीं, पर उनके होंठ भिंच जाते हैं। टुनिया के बदन में फुरफुरी आती है जितनी बार यह आवाज़ सुनती है वह, 'सनाक-सनाक।'

लड़कियों को मार नहीं पड़ती। उन्हें स्कूल के बाद रुकने और पाठ लिखने की सजा मिलती है, 'डिटेन्शन'। क्या तुक है इसमें, सवाल गलत हुआ गणित का और सज़ा में मिल गया 'आर ह्यूमन स्ट्रक्चर' को नौ बार लिखना। टुनिया को कभी यह सज़ा नहीं मिली लेकिन जिन्हें मिलती है वे भी तो उसकी सहेलियाँ हैं, उसे पता है, लिखते-लिखते उनकी बिचली उँगली नीली पड़ जाती है।

टुनिया के सवाल कभी गलत नहीं होते पर उसे सर का रवैया पसन्द नहीं, जिस समय छात्र सवाल कर रहे होते हैं, होडीवाला सर खिड़की पर पीठ टिका गिद्ध-दृष्टि से सबको देखते रहते हैं-'नो चीटिंग'। लड़कों से निपटकर वे लड़कियों के पास आते हैं। 'लेट मी सी मिसी बाबा, वॉट हैव यू डन।' कहते हुए वे प्रत्येक मिसी बाबा का सवाल जाँचते हैं। जितनी देर वे सवाल देखते हैं, उनका एक हाथ लड़की की पीठ पर बराबर चलता रहता है, कन्धे से लेकर कमर तक के हिस्से पर। हृष्ट-पुष्ट, गुलगुली लड़कियों पर वे विशेष मेहरबान रहते हैं। पर लड़कियाँ उनसे कतराती हैं। बड़ी लड़कियाँ आपस में इस बात पर भुनभुनाती हैं, पर डर के मारे कोई जुबान नहीं खोलती।

टुनिया के प्रायः सभी सवाल ठीक होते हैं। शायद इसीलिए सर उसके पास कभी नहीं फटकते, जल्दी से 'राइट' लगाकर आगे बढ़ जाते हैं। दो-चार बार टुनिया ने वे सवाल भी हल कर दिखाये हैं जो सर नहीं कर पा रहे थे। होडीवाला सर सिर्फ़ एस.टी.सी. तक पढ़े हैं। छात्र उनकी डिग्री को कहते हैं-संडास टिकट कलेक्टर। संडास जाने का टिकट कहाँ लगता है, उन्हीं से पूछने की बात है।

शनिवार को पापा ने सुबह बैठक साफ़ करवाई। उनकी बैठक बस टुनिया साफ़ कर सकती है। कोलीन को तो ज़रा भी तमीज़ नहीं। ज़रूरी-से-ज़रूरी काग़ज़ पापा की जान है। एक-एक चिट्ठी, एक-एक अख़बार क्यों रखा हुआ है उसे पता है। ममी तो उकता जाती हैं इस सफ़ाई-अभियान से। उनका कहना है-जितनी देर में पूरे घर की सफ़ाई हो उतनी देर में केवल यह बैठक साफ़ होती है। एक-एक पेपरवेट को चमकाना, पोंछना, पिनकुशन में पिन खोंसना, किताबें करीने से रैक में सजाना, इस सबकी उन्हें फुर्सत कहाँ। पर टुनिया बोर नहीं होती। वह इस काम को झाड़ू और झाड़न की जुगलबन्दी कहती है।

फ़र्श पर बिछे बिस्तर की चादर बदली गई। किताबें ठीक से लगाई गईं। रेडियो का कवर और मेजपोश भी धुले हुए बिछाये गए। एक बहुत बड़े साहित्यकार आनेवाले थे। टुनिया ने पूछा, "पापा, क्या इनका पैर उनसे भी बड़ा होगा जो पिछली बार आए थे?"

"फिजूल बात मत करो।" पापा ने घुड़क दिया। पिछली बार भी उनके घर एक बड़े साहित्यकार आए थे। उनके पैर की छाप चादर पर पड़ गई थी। सफ़ेद चादर के बीच वह मटमैली छाप बड़ी अजीब लग रही थी। बाप रे बाप, टुनिया ने सोचा था, इतना बड़ा पैर। उसके तो दो-तीन पंजे निकल आएँ इसमें से। उसने तभी सोचा था कि बड़े साहित्यकार का न केवल दिमाग़ वरन पैर भी बड़ा होता है।

पर पापा को कोई खुराफ़ात बरदाश्त नहीं है। घर में सब स्वच्छ होना चाहिए। कायदे से कमरे में आओ, नमस्ते करो, चाय रखो और चले जाओ। अगर कमरे में कविता-पाठ चल रहा हो या गम्भीर बातचीत, कभी टोको नहीं। सुनना चाहती हो तो चुपचाप बैठ जाओ।

टुनिया किताबों की दुनिया से अनजान नहीं। किताबें उसे बेहद प्रिय हैं। वह कुछ भी और सबकुछ पढ़ डालती हैं, जो सामने आ जाए। यह जो साहित्यकार आनेवाले हैं, श्री मुक्तिदूत, इनका उपन्यास भी उसने पढ़ा है। उसके मन में उन्हें देखने की उत्कट अभिलाषा है। टुनिया जानना चाहती है-वे दूसरे के मन की बात इतनी आसानी से और इतनी अच्छी तरह से कैसे समझ लेते हैं। क्या उनके पास डॉक्टर की तरह कोई स्टेथे-स्कोप होता है?

एक और बात जो टुनिया की समझ में नहीं आती, वह यह है कि कोई साहित्यकार तो पचास पुस्तकें लिखने के बाद भी बड़ा साहित्यकार नहीं माना जाता और कोई महज़ एक पुस्तक लिखकर महान हो जाता है। पापा थोड़ा-बहुत समझाते हैं, फिर अपना शाश्वत वाक्य बोल देते हैं, "अभी तू बहुत छोटी है।"

इतनी छोटी नहीं है टुनिया। दिल-दिमाग़ हज़ार-हज़ार सवालों से भरा पड़ा है। क्यों-क्यों-क्यों? उनके घर अधिकतर कलाकार और साहित्यकार आते हैं। यहाँ आनेवाले तरह-तरह के लोग हैं। एक बार एक कलाकार आए थे। जेब में तीन सौ रुपए और बेशुमार उम्मीदें लिये। वे फ़िल्मों में संघर्ष करना चाहते थे। शक्ल से कितने भोले लगते थे। उनके घर महीनों रहे थे, इसी बैठक में। रोज़ सुबह झोला कन्धे पर डाल निकल जाते, स्टूडियो-दर-स्टूडियो, दरबानों से गिड़गिड़ाते। रात को थकान से लस्त और हौसले से पस्त लौटते। पापा उन्हें अपने साथ खाना खिलाते और देर तक उनकी हिम्मत बँधाते।

अगली सुबह वे फिर निकल पड़ते। साढ़े तीन महीने की दौड़-धूप के बाद उन्हें एक फ़िल्म में भूमिका मिली, बस-स्टॉप पर खड़े एक गुंडे की, जो चाकू दिखाकर लोगों की जेब ख़ाली कराता है और फिर चाकू चूमकर विचित्र अट्टहास करता है, 'हा-हा-हा-हा!' घर में वे चाकू चूमने और अट्टहास करने की रिहर्सल करते तो टुनिया कमरे से हट जाती। न जाने क्यों उसे लगता यह भूमिका उस कलाकार की तौहीन थी। उसके बाद सभी फ़िल्मों में वे गुंडे बने। दो ही साल में वे फ़िल्म उद्योग के नामी विलेन हो गए, उन्होंने जुहू पर फ़्लैट खरीद लिया, कार ख़रीद ली, शादी कर ली, और पापा को पहचानने से इनकार कर दिया।

पापा को कोई खास फ़र्क़ नहीं पड़ा। न वे आहत हुए, न अपमानित। उन्होंने कुछ और साथी ढूँढ़ लिए। पर ममी किचकिचाती रहीं, "जब तक दो रोटी का ठिकाना नहीं था, फलानेजी गले से बँधे रहे। आज रोटी-बोटी दोनों का इन्तज़ाम हो गया तो कैसे आँखें फेर लीं। जाने इन्हें अक्ल कब आएगी। अरे, अब तो यह सदाव्रत बन्द करो। आज की दुनिया में कोई किसी का नहीं। क्या मिला तुम्हें मर-मरकर?"

पापा ने एक बार भी शिकायत नहीं की। न जाने कितने लोगों को पाँच रुपए से लेकर पचास रुपए तक उधार दिए जो डूब गए। वर्षों ममी ने घर-खर्च के रजिस्टर में इसे उचंत में डाले रखा, फिर हारकर लिखना छोड़ दिया। पापा ने कहा, "इसमें क्या झींकना, सारा जीवन ही एक लेन-देन है।"

ममी बोलीं, "तुम्हारा तो सारा जीवन बस देन-देन है।"

ममी को गुस्सा बहुत जल्द आता है। अच्छी बातों में भी वे न जाने कहाँ से आपत्ति ढूँढ़ निकालती हैं। इक्कीस नम्बर में नए किरायेदार आए थे मिस्टर पे। उस दिन उनकी लड़की विनया सामने के लॉन में दो-तीन लड़कियों के साथ खेल रही थी। टुनिया भी पहुँच गई। सबने मिलकर रस्सी कूदी, आइ स्पाइ खेला। वापस जैसे ही टुनिया घर आई, माँ ने जवाब तलब किया, "किससे पूछकर गई थी?

"कपड़े क्यों नहीं बदले? बाकी लड़कियों के कपड़े देखे थे। एकदम परी-जैसी लग रही थीं!

"हमारी नाक कटाएगी।"

लो, हो गई न सारी शाम गुड़गोबर। माँ की डाँट बरदाश्त नहीं होती और माँ ही सबसे ज्यादा डाँटती हैं। डाँटने के बाद रोने या सुस्त पड़ने का भी अवकाश नहीं देतीं। ख़ुद अपनी तबीयत ख़राब कर बैठ जाती हैं।

फिर शुरू हो जाता है पापा की नसीहतों का सिलसिला, "कितनी बार कहा है टुन्नो, ममी को गुस्सा न करने दिया करो, इनका ब्लडप्रेशर बढ़ जाता है।

"तुम्हें जरा ख़याल नहीं ममी का, टुनिया। चलो, इन्हें पानी में ग्लूकोज पिलाओ।

"शाम को डॉ. गांगुली के ले जाना ममी को।"

डॉक्टर ममी का ब्लडप्रेशर देखता है, दवा देता है। टुनिया जबर्दस्त पश्चात्ताप से भर जाती है। डाँट भी उसे ही पड़ती है, अफ़सोस भी उसे ही होता है, डॉक्टर के भी वही जाती है, 'सॉरी' भी वही कहती है। किसी को कोई फ़र्क़ नहीं पड़ता। कोई टुनिया को इस सवाल का जवाब नहीं देता कि ब्लडप्रेशर किसका जाँचा जाना चाहिए, जिसने डाँटा, उसका या जिसे डाँट पड़ी, उसका?

इन झमेलों से बिलकुल अलग-थलग दीदी एक अलग दिशा में दौड़ रही है। लगभग रोज़ शाम कोई-न-कोई शो चलता रहता है। शो के बाद दीदी घर आती है, मेकअप उतार, कपड़े बदल वह आँख बन्द कर लेट जाती है बिस्तर पर, थोड़ी-थोड़ी देर में पापा या ममी आकर उसे देख जाते हैं। जब उनकी आँख लग जाती हैं तो हौले-से बत्ती बन्द करते हुए पापा कहते हैं, "बहुत स्ट्रेन पड़ रहा है बेबी पर, इसे रोज़ाना एक सेब दिया करो।"

हर बात दीदी से बाँटना चाहती है टुनिया। कल टुनिया ने उसे बताया कितने बड़े साहित्यकार आनेवाले हैं आज। दीदी ने कहा था, "हाय, मैं भी सुनती उनकी बातें, पर क्या करूँ, कल से तो नई रिहर्सल शुरू है। मेन रोल मेरा ही है।"

पापा सुबह से बड़े जोश में हैं। मुक्तिदूतजी के उपन्यास और काव्य-संग्रह का फिर से पारायण हो रहा है। जगह-जगह लाल पेन्सिल से निशान लगाया जा रहा है, मुक्तिदूतजी से जमकर बहस करनी है। टुनिया भी साथ-साथ पढ़ रही है। इस कमरे का आलम अनोखा है। यहाँ बैठकर मन किताबों में रम जाता है। न समय का ध्यान रहता है, न काम का।

तभी ममी ने आकर कहा, "टुनिया, चलो सनीचरी से सामान लाने।"

टुनिया का जोश जाम हो गया।

सनीचरी का मतलब है सूखी मछली के गँधाते ढेर, बाज़ार की कचर-पचर, धूप, पसीना, धूल, बौड़म झोले, काँदा-बटाटा, गेहूँ, चावल, मसाले, पातड़भाजी, खट्टा चूका और खटारा रिक्शा। पूरी बम्बई में कहीं रिक्शा नहीं चलता सिवाय इस सनीचरी के। इस रिक्शे से रूह काँपती है टुनिया की।

पहले तो बाज़ार की एक-एक दुकान पर ममी को मोलभाव करते देखो, बोलो कुछ नहीं। बस, झोले पकड़े खड़ी रहो। फिर जब ममी की तसल्ली हो जाए तो सौदा ले लो। बराबर टकटकी लगाकर तराजू देखती रहो, तरकारीवाली कहीं डंडी तो नहीं मार रही। इसी चतुराई से ममी महीने का पूरा सौदा सनीचरी से लेंगी। फिर बड़े कौशल से वे सस्ता रिक्शा करेंगी। रिक्शा करने में उनकी दो शर्तें अनिवार्य

हैं। रिक्शा सस्ता हो और रिक्शेवाला विनम्र। झिक-झिक करनेवालों से ममी को बहुत चिढ़ है। रिक्शे में चढ़ते ही ममी टमाटर का झोला या तेल की पीपी बग़ल की सीट पर रख लेंगी और कहेंगी, "टुनिया, तू यहाँ नीचे बैठ ले। टमाटर कहीं पिच न जाएँ, तेल कहीं बह न जाए, पीपी में झाल तो लगी नहीं है। थोड़ी ही दूर की बात है।"

अगर टमाटर या तेल कुछ न साथ हुआ तो कॉलोनी की ही कोई और पड़ोसन ममी को ज़रूर दिख पड़ेगी। ममी उसे भी रिक्शे में अपने साथ लाद लेंगी और कहेंगी, "टुन्ने, तू ज़रा किनारे पर टिक जा, यहाँ मेरे पैरों के पास।" "नहीं-नहीं बहनजी, आप परेशान मत होइए। हमारी बेटी तो बड़ी सीधी है, जहाँ कहो बैठ जाए, जहाँ कहो खड़ी हो जाए। बच्चों का क्या है, जैसे रखो, रह जाते हैं।"

नहीं बैठना चाहती टुनिया इस तरह। कितनी शर्म आती है उसे। स्कूल की कोई सहेली देख ले या टीचर तो कितनी खिल्ली उड़ेगी उसकी। आठवें में पढ़ती है। कोई बच्ची तो नहीं। वह क्या घर की नौकरानी है जो पैरों के पास बैठे! इतना ही शौक है ममी को पड़ोसिनें ढोने का तो दो रिक्शे क्यों नहीं ले लेतीं?

टुनिया जब इस तरह बैठती है तो सामने से उसका कच्छा दिखने लगता है। कम-से-कम टुनिया को तो यही लगता है कि उसका कच्छा दिख रहा है, बल्कि सारी दुनिया को ख़बर है कि दिख रहा है। "शेम, शेम!" क्या करे टुनिया। फ्रॉक इतनी लम्बी नहीं कि आगे खींच ले। पीछे से ममी की चप्पल चुभ रही है, आगे से यह मुसीबत!

बहुत बोर होती है टुनिया इस सनीचरी की कवायद से। ऊपर से ग़ज़ब यह कि ममी इसे तफ़रीह का नाम देती हैं। अब अगर घर पहुँच झोले रख टुनिया यह कहे कि वह सत्रह नम्बरवाली पिन्हाज दाजी के यहाँ जा रही है तो ममी डपटकर कहेंगी, "बैठ चुपचाप। अभी घूमकर नहीं तो क्या पापड़ बेलकर आ रही है। घर में तो किसी का टिकुआ लगता ही नहीं है। जो करूँ मैं करूँ, जहाँ मरूँ मैं मरूँ।"

ममी एक बार बोलना शुरू कर दें तो देर तक चुप नहीं होतीं। रुक-रुककर उसी विषय पर बोलती हैं। लिफ़ाफ़े ख़ाली कर दाल डिब्बों में डाली जा रही है। भाषण चालू। गेहूँ कनस्तर में पलटा जा रहा है, भाषण चालू। काँदा-बटाटा अलग-अलग टोकरियों में रखा जा रहा है, भाषण चल रहा है। धीरे-धीरे यह स्वगत कथन में बदल जाएगा। टुनिया ममी के पीछे-पीछे कुछ इस तरह घूमेगी मानो दोनों के बीच कोई तार जुड़ा है। ममी मुड़ेंगी तो वह भी मुड़ेगी, ममी झुकेंगी तो वह भी झुकेगी।

ममी ने चिड़चिड़ाकर एक बार फिर कहा, "सुनती नहीं है, फिर और धूप चढ़ जाएगी! जल्दी उठ।"

पापा ने किताब पर से नज़र उठाई और बोल पड़े, बमककर, "क्या तुम सुबह

से कुड़कुड़ शुरू कर देती हो। आटे-दाल के सिवा और कुछ पता भी है। नहीं जाएगी टुनिया। इतने बड़े साहित्यकार आ रहे हैं। किसी भी समय आ सकते हैं। यहाँ कौन बनाएगा चाय? जाना है तो कोलीन को लेकर जाओ।''

एक कटखनी नज़र पापा और टुनिया पर डाल ममी चली गईं।

पापा द ग्रेट! टुनिया को मज़ा आ गया। कैसी बाल-बाल बची वह सनीचरी से और कोलीन क्या खूब फँसी। अभी-अभी काम निपटा वह जाने की तैयारी कर रही थी। तभी तो उसने सबकी नज़र बचाकर फूलदान से एक फूल चोरी किया था बालों में लगाने के लिए। टुनिया को सब पता है। रिक्शे में जब पटरे पर बैठना पड़ेगा, सारी शान झड़ जाएगी आज।

वह तो छूटी किसी तरह। अब जब पापा कहेंगे, वह ऐसी फर्स्टक्लास चाय बनाएगी कि मुक्तिदूतजी भी हैरान रह जाएँगे। दाल पहले से पिसी रखी है, पकौड़े तल देगी।

नहीं, दीदी क्यों करेगी मदद। अभी तो वह सोकर ही नहीं उठी। उठेगी फिर तैयार होगी और तत-थई, तत-थई में लग जाएगी। कल ही तो उसके ड्रामे का पच्चीसवाँ शो ख़त्म हुआ है। आज नई रिहर्सल शुरू है।

वक़्त से एक घंटे बाद मुक्तिदूतजी आए-चमत्कार की तरह। एकदम झकाझक सफ़ेद खादी का कुर्ता-पजामा पहने। आते ही 'हा-हा' हँसना शुरू। पापा बड़े प्रसन्न। मुक्तिदूतजी ने पहले उन्हें अफ़सरों की दृष्टिहीनता पर एक छोटा-सा दिलचस्प भाषण दिया फिर उदाहरण-एक-से-एक अजीबोग़रीब। गनीमत है पापा ने बिना बिदके सुन लिया। नहीं कोई भरोसा नहीं, पापा कब सहसा अफसर बन जाएँ, कब साहित्यप्रेमी। एक बार ऐसे ही किसी कवि के बेतकल्लुफी से बोलने पर पापा ऐंठ गए थे और उन्होंने त्यौरियों से बोलना शुरू कर दिया। कवि महोदय पापा को एक असफल मनुष्य बता रहे थे जबकि पापा अपने को निहायत सफल मानते थे।

पर मुक्तिदूतजी एक तो पापा के हमउम्र हैं, दूसरे, बात करने का तरीका भी अलग है। चकित है टुनिया। पापा ने बताया था, मुक्तिदूतजी न नौकरी करते हैं, न व्यवसाय। पर कितने अलमस्त। किसी बात की फ़िक्र ही नहीं। शहंशाह-सा अन्दाज़, गूँजभरी आवाज़, सिगरेट पीने का दिलकश अन्दाज़ और किस कदर आत्मीय। खाया उन्होंने कुछ नहीं, लेकिन चाय ख़ूब तारीफ़ करके पी। पूछा, ''किसने बनाई, आपकी पत्नी ने?''

''नहीं, टुनिया ने, यह है मेरी छोटी लड़की तूर्णा, पढ़ने में बहुत तेज है और चाय बनाने में भी।''

''हा, हा, हा,'' मुक्तिदूतजी हँस पड़े, ''यह लड़की बहुत तरक्की करेगी। मैं

तो कहता हूँ जो अच्छी चाय बना सकता है, वह दुनिया में मुश्किल-से-मुश्किल काम कर सकता है।''

तभी दीदी तैयार होकर कमरे में आई। सफ़ेद साड़ी-ब्लाउज में कितनी ताज़ा लग रही थी वह, फूल की तरह। रोहिणी भाटे सभी छात्राओं को सफ़ेद वस्त्र में आने को कहती हैं। उनका कहना है कि नृत्य एक सात्विक क्रिया है। वह स्वयं भी सफ़ेद रंग ही पहनती हैं।

मुक्तिदूजी को नमस्कार कर दीदी ने पापा से कहा, ''पापा, हमें ठीक ग्यारह बजे पहुँचना है रोहिणी भाटे की क्लास में। आज से 'वसन्त सेना' का रिहर्सल शुरू है।''

''ठीक है, चली जाना।'' पापा ने कहा।

तभी मिसेज़ रहेजा आ गईं, चार नम्बर से। टुनिया के यह कहने पर भी कि ममी बाज़ार गई हैं, वह अन्दर रसोई तक उन्हें देख आईं, फिर आकर बैठक में बैठ गईं।

उस समय पापा और मुक्तिदूजी में बहस चल रही थी कि उत्कृष्ट साहित्य के लिए लोकप्रियता कोई शर्त हो सकती है या नहीं। मुक्तिदूजी लोकप्रियता को व्यावसायिकता से जोड़ रहे थे, जबकि पापा उसे जनमानस से। वह बार-बार रामचरितमानस के लोकप्रिय अंश उद्धृत कर रहे थे।

मुक्तिदूतजी ने कहा, ''रामचरितमानस अपनी साहित्यिकता के कारण नहीं, धार्मिक आग्रहों के कारण लोकप्रिय है।''

मिसेज़ रहेजा बैठी रहीं कुछ देर अपनी एक एड़ी से दूसरी एड़ी खुजाती। फिर बोलीं, ''टुनिया, हमने इडली का घोल बना रखा है। साँचा दे दो तो जल्दी से इडली पक जाए।''

''अब आई न असल बात पर। यह रहेजा आंटी इतने बहाने क्यों बनाती हैं? आते ही सीधे कह देतीं कि साँचे के लिए आई हैं। इन्हें क्या पता बैठक में कौन बैठा है इस वक़्त। सच, टुनिया को हैरानी होती है। कालोनी की सभी स्त्रियाँ एक-सी हैं-सबकी आदतें एक-सी-सुबह उठकर मेकअप कर लेना, हर वक़्त खाने-पीने के बारे में सोचना, दोपहर को सोना, शाम को टी.वी. देखना और रात को घोषित करना, 'आज तो मैं बहुत थक गई।' टुनिया ऐसी कतई नहीं बनना चाहती। वह तो ऐसी बनना चाहती है, जैसे मुक्तिदूतजी। उसे लगता है, ज़िन्दगी के ज़रूरी सवालों का जवाब साहित्यकार ही ढूँढ़ सकता है।

मुक्तिदूतजी जानना चाहते थे कि क्या माधव मिश्रा अभी भी इस कालोनी में रहते हैं।

''रहते हैं,'' पापा ने बताया, ''आजकल बहुत उदास हैं, कहीं आते-जाते

नहीं। हाल ही में उनकी पत्नी का देहान्त हो गया।''

''अकस्मात्?''

''नहीं, कैन्सर था।''

''मैं तो उनका घर भूल गया हूँ, कोई आठ बरस पहले आया था एक बार। किस नम्बर में हैं?''

''एक सौ आठ। इस ब्लॉक से हटकर उधर तीसरी सड़क के मोड़ पर जो क्वार्टर बने हैं, उनमें।''

''कहाँ भई?''

''टुनिया बता देगी, जानती है। टुनिया बेटी, ज़रा मुक्तिदूतजी को माधव मिश्राजी के घर पहुँचा दो।'' पापा बोले।

''भई, लेकिन लौटकर हम एक चाय और पियेंगे।''

''ज़रूर-ज़रूर।'' पापा की मुस्कान खिल गई। पापा को और क्या चाहिए। उनका मन तो बस स्वागत-सत्कार के लिए बना है। वश चले तो सारा दिन सारी रात दरवाज़ा खोले बैठे रहें, आगन्तुकों के इन्तज़ार में। उनकी भूख-प्यास मित्रों के साथ बँधी है। साथ में कोई खानेवाला न हो तो तीन बजे तक खाने की सुध न लेंगे। कोई आ जाए तो बारह बजे से ही भूख लग जाएगी।

टुनिया ने ज़रा भी देर नहीं लगाई। फ़ौरन स्लिपर्स पहने और चल दी मुक्तिदूतजी के साथ। बाप रे, कितने लम्बे हैं, ताड़ की तरह। बात करते समय अगर इनकी तरफ़ देखना हो तो गर्दन में बाँयटा पड़ जाए।

मुक्तिदूतजी ने देखा-टुनिया उनके साथ लगभग भागते हुए चल रही है। उन्होंने रफ़्तार धीमी कर दी। पूछा, ''यह तुम्हारी बहन थी न?''

''आपको कैसे पता?''

''वाह, तुमसे इतनी मिलती जो है।''

टुनिया ने शायद गलत सुना है या मुक्तिदूतजी ने ही गलत कहा है।

''सब तो कहते हैं मुझसे ज़रा भी नहीं मिलती।''

''बहुत मिलती है। तुम्हें पता है तूर्णा, भगवान के पास सबसे बेहतरीन प्रिंटिंग प्रेस है। इनसान लाख कोशिश करे वह बात पैदा नहीं कर सकता जो भगवान कर सकता है। जैसे किताबें छपती हैं, सब एक-सी, इसी तरह भगवान हर ख़ानदान के नाक-नक्श के ब्लाक प्रिन्ट करते हैं। तभी न जानकार लोग कहते हैं, 'अरे बबुआ, तेरी नाक तो बिलकुल दादी पर गई है, तेरी हँसी में तो बुआ की छवि है'। ईश्वर एक बढ़िया मुद्रक है।''

अपनी ही बात पर मुक्तिदूजी हा-हा कर हँस दिए। टुनिया के मुँह से फ़ौरन

निकला, "आप भगवान को मानते हैं?"

"क्यों, ऐसा तुम्हें क्यों लगा कि भगवान को माननेवाले कम होते जा रहे हैं?"

"पता नहीं, एक बार पापा ने कहा था, लोग ज्यों-ज्यों पढ़े-लिखे बन रहे हैं, उनकी भगवान पर से आस्था हिल रही है।"

"यह तो पापा ने कहा था, तुम क्या कहती हो?"

"मुझे भी ऐसा ही लगता है।"

"नहीं, पापा को ऐसा लगता है, इसलिए तुम्हें ऐसा लगता है। टुनिया रानी, अलग से सोचो, क्या हमारे देश से कभी ईश्वर में विश्वास ख़त्म हो सकता है? अभी मैं चौराहे के बीचोबीच एक बौड़म-सा पत्थर रखे दूँ सिन्दूर में रँगकर और ख़ुद उस पर जाकर दो फूल चढ़ा आऊँ। फिर देखना तुम अपने लोगों की कितनी आस्था है। दस में से नौ आदमी यहाँ रुकेंगे, मत्था टेकेंगे, फूल-फल चढ़ाएँगे। इसे कहते हैं आस्था।"

"या अन्धविश्वास।"

"नहीं, विश्वास। वैसे विश्वास और अन्धविश्वास में बड़ा महीन-सा फ़र्क़ होता है। तुम अभी बहुत छोटी हो वरना तुम्हें समझाता।"

'आ गई न वही बात। यह छोटी होना तो बवालेजान हो गया है। अच्छी-खासी बात समझ आ रही थी कि ब्रेक लग गया, अभी तुम बहुत छोटी हो।' इस वक़्त मुक्तिदूतजी मेहमान हैं, वरना टुनिया पूछती, 'छोटों को बड़ा बनने के लिए क्या करना पड़ता है? क्या सिर के बल खड़ा होना पड़ता है?'

मुक्तिदूतजी ने ग़ौर से उसकी ओर देखा, "थक गई?"

"नहीं," टुनिया ने गर्दन हिलाई।

"किस क्लास में पढ़ती हो?"

"क्या नाम है स्कूल का?"

"कैसे जाती हो इतनी दूर?"

लीजिए आ गया माधव मिश्रा का घर।

मिश्राजी घर पर हैं।

टुनिया का काम ख़त्म।

जाएगी।

मुक्तिदूतजी अब मिश्राजी से बातों में मशगूल हो जाएँगे। दोनों साहित्यकार, दोनों बातूनी। जानती है टुनिया मुक्तिदूतजी को कौन-सा याद रहेगा, वह किस क्लास में पढ़ती है, कैसे स्कूल जाती है, स्कूल का नाम क्या है। बच्चों से ऐसी

बातें सभी पूछते हैं और सभी भूल जाते हैं। पापा के एक दोस्त हर एक बार उससे उसका नाम पूछते हैं और हर बार भूल जाते हैं।

पापा का ख़याल है चाय के बाद मुक्तिदूतजी को खाना भी खिलाया जाए। और क्या। बारह बजे हैं, चाय पिलाते एक–डेढ़ बज जाएँगे।

ममी सनीचरी से अभी लौटी नहीं है। लौटकर भन्नाएँगी, 'बस शुरू हो गई इनकी दावतें। इतना ही शौक़ था खिलाने का तो किसी हलवाइन से शादी कर लेते। सारा दिन बैठी रहती भट्ठी पर। बाज़ार से धूप में तपते आओ और मरो चूल्हे पर।'

टुनिया उनके आने से पहले कुछ बना लेगी। पर क्या? उसे आलू की तरकारी के सिवा कुछ बनाना आता ही नहीं। दीदी होती तो उसकी ख़ुशामद कर टुनिया पनीर निकलवा लेती। पनीर–आलू की सब्ज़ी बन जाती। पर दीदी तो रिहर्सल के लिए जा चुकी।

चलो जैसा बुरा–बावरा आता है बनाएगी टुनिया। पापा को 'ना' न कहेगी। ख़राब बनेगा तो सॉरी कह देगी। ढेर–सा सलाद काट देगी। चटनी–अचार सब रखा है, दे देगी। मिठाई, पापा मँगा ही लेंगे।

ममी के लिए नहीं छोड़ेगी कोई काम। एक तो ममी थकी हुई लौटेंगी, दूसरे, उन्हें गुस्सा आएगा। अगर ममी पसन्द करें तो छुट्टीवाले दिन टुनिया सारे घर का खाना बना दे। पर पसन्द ही तो असली बात है। ममी को किसी के हाथ का बना खाना अच्छा नहीं लगता। कई नौकरों की मम्मी छुट्टी कर चुकी हैं। कोई चपाती मोटी बनाता था, तो कोई सब्ज़ी पतली बनाता। किसी की उन्हें सफ़ाई नापसन्द थी तो किसी की हाथ की सफ़ाई। ममी बहुत स्वादिष्ट भोजन बनाती हैं, पर किसी को सिखाना उनके बस की बात नहीं। झींकने लगती हैं।

मुक्तिदूतजी आए। पहले चाय पी। पापा ने खाने के लिए आग्रह किया। सहज भाव से वह रुक गए।

टुनिया ने अकेले हाथ सारा इन्तज़ाम किया। वह दौड़–दौड़कर गर्म फुलका खिला रही थी। उसे बिलकुल कष्ट नहीं हो रहा था। मुक्तिदूतजी कब–कब आते हैं!

"आपकी लड़की की आवाज़ बहुत अच्छी है, इसका रेडियो ऑडिशन क्यों नहीं करवाते?" मुक्तिदूतजी ने कहा।

पापा उत्साह और गर्व से बताने लगे, "उसे समय ही कहाँ है रेडियो के लिए। फिर रेडियो में वे कलाकार जाते हैं जो मंच अथवा टी.वी. पर अयोग्य सिद्ध होते हैं। रेडियो तीसरी श्रेणी की प्रतिभाओं के लिए है। यह तो स्टेज की नामी कलाकार

है। आए-दिन इसके शो होते रहते हैं। बल्कि एक बार फ़िल्मों के लिए भी प्रस्ताव मिला। काफी नामी प्रोड्यूसर का था। लेकिन आप जानते ही हैं, बच्ची को वहाँ फँसाना तो बिलकुल गलत है। दो साल से कत्थक सीख रही है। कॉलेज भी जाना रहता है। पढ़ाई में हरदम अव्वल आती है।''

''कौन! यह टुनिया?''

''यह तो अभी बिलकुल मूर्ख है, कुछ नहीं आता, वह मेरी बड़ी बेटी पपीहा।''

''नहीं सहाय साहब, मैं इसकी बात कर रहा हूँ, आपकी छोटी लड़की की। इसकी आवाज़ में एक संस्कार है। आजकल बहुत कम दिखाई देता है।''

फुलका लाते हुए टुनिया ने सुना, ''आपकी छोटी लड़की...''

सहसा विश्वास नहीं हुआ टुनिया को। इस घर में हमेशा दीदी की जय-जयकार हुई है। दीदी के गाने पर तालियाँ बजी हैं; दीदी के नृत्य पर बधाई मिली है। दीदी के प्रमाणपत्र मढ़ाये गए हैं। दीदी महान है। टुनिया से कोई पूछे दीदी क्या है?

पानी का जग लाते-लाते टुनिया के कानों में मुक्तिदूतजी की आवाज़ पड़ी है, ''सहाय साहब, आवाज़ से आप किसी की पूरी शख़्सियत जान सकते हैं। सच्चे खरे इनसान की आवाज़ नाभि से उत्पन्न होती है और उदर से टकराती हुई, एक समूची संस्कृति की आवाज़ में यह सब है। उसकी आवाज़ एक समूची सम्भावना है।

टुनिया का अंग-अंग सितार-सा झनझना उठा। क्या यह सच है? क्या यह सब उसी के लिए कह रहे हैं। बहुत मज़ाक करते हैं न। लेकिन हँस तो नहीं रहे। मज़ाक के मूड में तो नहीं दिखते। गम्भीर होकर बोल रहे हैं। इतने बड़े साहित्यकार झूठ क्यों बोलेंगे? शायद झूठ ही होगा। यों ही उसे ख़ुश कर रहे हैं या पापा की ख़ुशामद कर रहे हैं। ख़ुशामद तो नहीं लगती।

वह उनके सामने बोली ही कहाँ। वे ही बोलते रहे। क्या उन छोटे-छोटे अस्फुट जवाबों में से ही उन्होंने यह मणि ढूँढ़ निकाली? टुनिया ने सोचा था, उन्होंने उसे मूर्ख मानकर ही ज़्यादा बात नहीं की।

पापा गर्दन हिलाते हुए उनके आगे मिठाई की प्लेट बढ़ाने लगे। पापा ने अपनी परिवार-प्रशस्ति शुरू कर दी, ''हमारे घर में सभी की आवाज़ बहुत अच्छी है। मेरे पिताजी की आवाज़ भी बहुत अच्छी थी। जब वे सस्वर रामायण पाठ करते थे तो सारा मुहल्ला आ जाता था सुनने। भीड़ सँभालना मुश्किल हो जाता था। पपीहा की आवाज़ तो सबसे अच्छी है। क्या बताएँ, आज होती तो आपको उसका गाना सुनाते!''

कुछ नहीं लेना-देना दुनिया को इस परिवार-पुराण से। अब लाख बार घरवाले उससे चाय बनवाएँ, पानी मँगवाए, सब्ज़ी कटवाएँ, कुछ नहीं व्यापेगा उसे। उसे आज यह कैसी सम्पदा मिल गई है। उसके कानों में ठुमरी-सी छोटी यह बात किस कदर ठुमक रही है, 'आपकी छोटी लड़की...आपकी छोटी लड़की।'

सेमिनार

इस सेमिनार के लिए बुलावा पाकर उसे हैरानी हुई थी। उसने यह सोचकर जवाब नहीं दिया कि अगर निमंत्रण गलती से उसे भेज दिया गया है तो अगला पत्र नहीं ही आएगा, जिसके द्वारा अक्सर आयोजक लिखा करते हैं, 'आप अवश्य आएँ, आपके बिना यह सेमिनार अधूरा रहेगा, विचारोत्तेजक बहस का वातावरण आपके आने से ही बनेगा इत्यादि।' जब यह पत्र भी आ गया तो पाखी को सोचना पड़ गया, वह जाए या नहीं।

दिल्ली में इस वक़्त सड़ी गर्मी पड़ रही थी। तापमान लगातार चढ़ रहा था। सेमिनार शिमला में था। शिमला शब्द पत्रोत्तर के लिफ़ाफ़े पर लिखते समय एक ठंड-सी महसूस हुई। कमरे में कूलर और पंखा दोनों इस वक़्त निष्प्राण, निस्पन्द खड़े थे। बिजली कटौती के अन्तर्गत दिन में चार-चार घंटे बिजली गायब रहती। ऐसे में पढ़ना-लिखना तो दूर चैन से लेटना-बैठना भी मुहाल था। पाखी के जीवन का नक़्शा वैसे भी बड़ा जटिल था। उसमें आराम, सैर, चर्चा और शान्ति जैसी नियामतों की गुंजाइश ही नहीं थी। कई दिनों से उसने एक कहानी शुरू कर रखी थी। तीन-चार पत्रिकाओं के अनुरोध पत्र आए हुए थे कि वह कहानी भेजे। इस एक कहानी की बिना पर वह सबको लिख बैठी थी, 'कहानी भेज रही हूँ।' पाखी को हर वक़्त उम्मीद रहती थी कि मौसम, बिजली और घरेलू हालात कुछ क़ाबिले-बरदाश्त हों तो वह कहानी पूरी करे। शिमला का निमंत्रण उसे कुछ दिनों के लिए इन तीनों से निजात दिला सकता था इसलिए उसने सहमति भेज दी।

सहमति भेजने के बाद उसे हल्का-सा पछतावा महसूस हुआ। उसे लगा वह असलियत में चंट होती जा रही है। वह जानती है इस सेमिनार में न उसकी तरह लिखने वाले लोग होंगे, न उसकी तरह सोचने वाले साथी। उसे आभास था कि इस सेमिनार में ज्यादा तादाद उन लोगों की होगी जिनका सोचने का ढंग एकदम अलग या उलट होगा। फिर वह वहाँ क्या करने जाएगी? तत्काल एक बेहया समझौतावाद ने उससे अन्दर से अपना काला भौंड़ा सिर उठाकर कहा, 'तुमने सहमति इसलिए भेजी है क्योंकि दुश्मन को जानने के लिए उसके क़रीब जाना

ज़रूरी होता है; अपने विरोधी को जाने बिना उससे लड़ोगी कैसे?' इस दलील से पाखी को थोड़ा सुकून मिला। उसे लगा वह बिना अपनी पहचान नष्ट किए इस सेमिनार में हिस्सा ले सकती है।

जिस गेस्टहाउस में पाखी और अन्य प्रतिनिधियों को ठहराया गया वह एक ऊँची पहाड़ी पर स्थित था। कमरे की तीन दीवारें काँच की थीं जिन पर भारी पर्दे लगे हुए थे। कमरा वातानुकूलित था। शीशों के पार शिवालिक पहाड़ियों का वानस्पतिक विस्तार और वैभव नज़र आया। देवदारु और चीड़ के पेड़ असल होने पर भी एक नकली सौन्दर्य का वातावरण तैयार कर रहे थे। अपने शहर के सुस्त मुहल्लों के पस्त परिवेश में रहते-रहते इस तरह के हरियाले दृश्य के लिए आँखें अनभ्यस्त हो गई थीं। कुछ देर लगातार टकटकी लगाकर देखने के बाद ही आँखों को यह सब विश्वसनीय लगा।

स्नान के बाद पाखी ने सिर को चार बार झटक कर घर की चारदीवारी से बाहर निकाला। ख़ूब मन लगाकर वह तैयार हुई और समय पर डाइनिंग हॉल में आ गई। एक नजर में यह जाहिर हो गया कि सेमिनार में बहुतायत उन नफीस अफसानानिगारों की थी जो एक लम्बे अरसे से मौजूदा कहानी को हल्के-हल्के तराश रहे थे और जिनका अफ़साना आज भी वहीं था जहाँ से शुरू हुआ था। ये सब जौहरी-सी बारीक़ नज़र और पकड़ रखने वाले अदीब थे। इनके लिए, अपनी कलात्मकता से बाहर का समस्त साहित्य एक 'कूड़ेदान' से ज्यादा अहमियत नहीं रखता था। कुल जमा बीस प्रतिनिधि थे जो दूर-दूर से आए थे। एक-दो तो विदेश में बसे हुए कलाकार थे जो खास इस सेमिनार के लिए उड़कर यहाँ तक आए थे। एक जड़ाऊ हार में मंगलसूत्र के काले, देसी मनके जैसी पाखी अपनी बेवकूफ़ी या चालाकीवश आकर अटक गई थी। हाँ, उसके अलावा एक कवि और एक आलोचक भी वहाँ थे जो अक्सर दोनों खेमों में नज़र आते रहते थे। प्रसिद्धि के शिखर पर पहुँच ये दोनों वर्गातीत व्यक्तित्व बन गए थे। इनकी रचनाएँ पाठ्यपुस्तकों में जगह पाती थीं और इन्हें सभी की सराहना प्राप्त थी।

सेमिनार में पाखी के अलावा चार लेखिकाएँ और थीं। उनमें से दो युवा और नई थीं जो खींचतान कर लगातार अपनी उम्र से बड़ी दिखने का प्रयत्न कर रही थीं और दो अधेड़ थीं जो खींचतान कर लगातार अपनी उम्र से छोटी और युवा दिखने के लिए संघर्ष कर रही थीं। पाखी इन दोनों प्रौढ़ाओं को पहचानती थी क्योंकि ये लम्बे अरसे से उसी के विश्वविद्यालय से जुड़ी हुई थीं। राजधानी के कलाजगत की ये जान थीं। शहर में कोई उद्घाटन, विमोचन, आयोजन इनकी शिरकत के बग़ैर पूरा नहीं हो पाता था। बहस के दौरान अगर ये किसी बात पर

असहमत होतीं तो बाघिन-सी उस वक्ता पर टूट पड़तीं। उनके बयान तर्क से परे लेकिन आक्रामक होते। उनकी भाषा बड़ी टकसाली थी, जिनसे किसी भी सेमिनार की कार्रवाई उल्लेखनीय बनती है।

एक थीं सुरेखाजी जो लम्बे अरसे से बड़ी निजी किस्म की कहानियाँ लिख रही थीं। उनकी कहानियों में अक्सर उनके निजी जीवन की झलक रहती, अपना प्रेम, अपनी निराशा और अपना संत्रास। पाठकों को उनकी कहानियों से पता चलता रहता कि अब सुरेखाजी विदेश जाने वाली हैं, अब किसी एक के प्रेम से निकलकर दूसरे के प्रेम में पड़ने वाली हैं, अब मकान बनवाने वाली हैं, अब कुत्ता पालने वाली हैं। प्रारम्भ में सुरेखाजी गीत वगैरह लिखा करती थीं, पर बाद में कुछ विदेशी पत्र-पत्रिकाओं का उन पर ऐसा प्रभाव पड़ा कि वे यकायक आधुनिक हो गईं। उन्होंने न केवल अपने बाल कटा और रँगा लिये, उन्होंने अपने लेखन के साथ भी यही सलूक किया। उनके प्रशंसकों की एक छोटी-सी टुकड़ी थी जो उन्हें अव्वल दर्जे का कलाप्रेमी और बुद्धिजीवी मानती थी। जब कहीं उनकी रचना छपती, यह टुकड़ी प्रशंसा के पत्र लिखकर भेज देती। प्रशंसकों के इस छोटे-से दल की बदौलत सुरेखाजी अपने को चोटी का कथाकार मानती थीं।

दूसरी महिला एक प्रमुख अख़बार की कला समीक्षक थी, बीना जेटली। उसका गेटअप पाखी को बड़ा दिलचस्प लगा। बीना लम्बी, छरहरी और सुन्दर महिला थी। उसकी उम्र पच्चीस से चालीस के बीच कुछ भी हो सकती थी। लिखती वह हिन्दी में थी पर बोलती अंग्रेज़ी थी। उसकी कहानियाँ फन्तासी और प्रतीक के बीच की धुन्ध में लिपटी रहती थीं। उसके होंठ लगातार सिगरेट पीने से जामुनी रंग के हो चुके थे लेकिन उसकी लम्बी, पतली उँगलियों पर निकोटिन का असर नहीं था। जब वह एक जगह से उठकर दूसरी जगह बैठती तो उसे अपना काफी सामान उठाकर चलना पड़ता। बीना के पास बड़ा-सा हैंडबैग था लेकिन सिगरेट की डिब्बी और माचिस वह हाथ में ही पकड़ती। दूसरे हाथ में वह अपना जिन का गिलास थाम लेती और जहाँ बैठती वहाँ एक और कुर्सी खिसकाकर अपना सामान उस पर बिछा लेती। वह आँखें बन्द कर चर्चा सुनती और जिस समय किसी को उम्मीद न होती, आँखें खोलकर कहती, 'नाउ दैट वॉज ए पॉयंट।' फिर वह क़दम नपे-तुले शब्दों में शाश्वत मूल्यों पर एक वक्तव्य देती जिसका कोई भी ताल्लुक मौजूदा मसले से न होता।

सेमिनार की दो बैठकों के बाद यह भलीभाँति स्पष्ट हो गया कि रचनाकारों के दिमाग़ में बेतरह कुहासा है। कई लेखक अभी तक सार्त्र के प्रभाव से उबरे नहीं थे और कई पर जैनेन्द्रियन दर्शनवाद की परत चढ़ी हुई थी। कहानी की

व्याख्या वे यों शुरू करते जैसे वह कोई परीलोक की घटना है। वे कुछ विदेशी आलोचकों का हवाला देते, प्रेमचन्द की सीमाओं का उल्लेख करते, प्रसाद की विराटता बताते और समझाते कि कहानी को अख़बारीपन, सपाटबयानी और राजनीतिक प्रतिबद्धता से बचाते हुए कैसे सही मानव-मूल्यों से जोड़ा जा सकता है।

शाम का एक सत्र कहानी पाठ का था। उसमें चार कहानियाँ पढ़ी जाने वाली थीं। एक कहानी बीना जेटली की थी और एक पाखी की। शेष दो कहानियाँ ऐसे लेखकों की थीं जो थे तो हिन्दी के पर अंग्रेज़ी वालों में वे काफी नाम कमा चुके थे। हिन्दी में प्रकाशित होने से पहले उनकी कहानियाँ अंग्रेज़ी में चर्चित हो जाती थीं। विदेशी पत्रिकाओं में उनकी रचनाओं के अनुवाद आ जाते थे। उनके बारे में प्रसिद्ध था कि उनका एक-एक शब्द एक-एक डॉलर का होता है। नीली जीन्स और पीला कुरता पहने चन्द्रशेखर ने गोष्ठी आरम्भ करते हुए कहा, 'मैं सुबह से उठकर बियर पीता रहा हूँ ताकि अपनी कहानी को विश्वसनीय ढंग से आपके सामने पेश कर सकूँ।' फिर उसने कहानी सुनाई, जिसमें पात्र नहीं थे, घटना नहीं थी, एक ख़ाली मैदान के बीचोबीच पड़े कूड़े के बारे में विचार थे। कहानी ख़त्म होने पर ताली बजी।

अध्यक्ष ने कहा, 'एक अच्छी कहानी में न पात्र प्रमुख होता है, न विषय, न घटना। कहानी के कहानीपन का चौखटा तोड़ने के लिए ज़रूरी है कि आज की कहानी अपने आचार-शास्त्र को तोड़े।'

अगली कहानी बीना को पढ़नी थी। बीना अपने पूरे सरंजाम के साथ मंच पर गई। उसने सिगरेट सुलगाई, एश-ट्रे पास खिसकाई और बड़े आकर्षक अन्दाज में कहानी की शुरुआत की। पाखी लगातार उसके व्यक्तित्व की ओर खिंच रही थी पर कहानी उसके बिलकुल पल्ले नहीं पड़ रही थी। चील के पेशाब का प्रतीक लेकर एक काल्पनिक स्थिति बनाई गई थी।

कहानी ख़त्म होने पर सराहना का तूफ़ान उठा और बीनाजी की कला पर काफी पुष्प वर्षा हुई। बीना उठकर अपनी कुर्सी पर आ गई और तटस्थ भाव से सिगरेट पीती रही जैसे वह अपनी नहीं किसी और की सराहना सुन रही थी।

जब पाखी की बारी आई तो सबसे पहले उसने क्षमा माँगी, 'मैं माफ़ी चाहती हूँ आप सबसे क्योंकि मेरी कहानी में हाड़-मांस के लोग हैं, उनका एक निश्चित परिवेश है, घटना जैसी घटिया बात भी शायद इसमें है और यह कहानी अपने आचार-शास्त्र को भी शायद नहीं तोड़ती।'

युवा आलोचक बड़ी ऐंठी हुई मुद्रा में पाखी को सुनते रहे। पाखी जानती थी कि वह गलत बन्दूक लेकर यहाँ चली आई है, इसलिए उसे जरा भी ताज्जुब नहीं हुआ जब उसकी कहानी पर कोई चर्चा ही नहीं हुई।

ऊँची-ऊँची सड़कों पर घूमना, घाटियों में उतरना, चट्टानों पर नाम खोदना और कैमरे क्लिक करना इस सेमिनार की भी समापन साँझ के हिस्से रहे। वे सब एक बड़ी टोली में निकले लेकिन कुछ दूर जाकर छोटी-छोटी टोलियों में बँट गए। बीना पाखी के साथ चलने लगी। आगे छोटा-सा बाज़ार था जिसमें वह सब था जो एक पहाड़ी बाज़ार में होता है–दो-तीन वाइन शॉप, एक फोटोग्राफर, दो गर्म कपड़ों की दुकानें। कुछ अन्य दुकानें भी थीं जैसे चाय की, किराने की, तेल और अनाज की।

चन्द्रशेखर और विवेक वाइन शॉप पर रुके तो बीना ने उनके पास जाकर कहा, 'एक क्वार्टर मेरा भी।'

'ओ के।'

तभी बीना की निगाह बराबर की दुकान पर पड़ी। वहाँ बाँस की बनी टोकरियाँ, झाड़ू, सुतली और मोटी रस्सी जैसी चीज़ें रखी थीं। एक झाड़ू देखकर बीना लपकी, 'ओ हाउ ब्यूटीफुल!'

उसने झाड़ू उठाई। निश्चित ही यह कलात्मक तरीके से बुनी हुई झाड़ू थी जिसमें सारी तीलियाँ मिलकर ऊपर कंगूरे बनाती थीं। उसका आगे का हिस्सा ठिगना और घना था। झाड़ू एक बारीक धागे से बँधी थी। बीना ने उसे खोलकर फैलाया और अपनी कमर से लगाकर बोली, 'कैसी लग रही है?'

'सुभान अल्ला,' विवेक ने कहा और अपना कैमरा क्लिक कर दिया। तब तक अन्य दो लेखिकाएँ भी वहाँ आ गईं। बीना ने उनको झाड़ू दिखाई। सब उसकी प्रशंसा करने लगीं। बीना ने कहा, 'मैं इसे खोलकर अपनी बैठक में लगाऊँगी, इसके पीछे काली मखमल की बैक-ग्राउंड दूँगी तब देखना।' सुरेखाजी ने कहा, 'मेरे बेडरूम की एक दीवार बड़ी सूनी और मनहूस है। मैं तो वहीं लगाऊँगी।'

तीसरी बुद्धिजीवी ने दिल पर हाथ रखा, 'हाय, मुझे तो दो दे दो, एक से काम कैसे चलेगा।'

सबने पाखी पर बड़ा ज़ोर डाला कि वह भी एक ले ले, पर पाखी ने इनकार कर दिया, 'मैं इतनी जल्द कहानी से झाड़ू पर नहीं आ सकती।'

'ओफ़ यह झाड़ू नहीं है पाखीजी, यह तो पिकासो की प्रतीक्षा में खड़ी एक कलाकृति है।' सुरेखाजी को पाखी पर बड़ा तरस आया।

'होगी, लेकिन मेरी इसमें दिलचस्पी नहीं है।' पाखी ने एक लट्ठमार जवाब दिया।

कलेजे से झाड़ू लगाए सभी आधुनिक लेखिकाएँ अपने कमरे में पहुँच गईं।

अभी खाने में देर थी।

दो पेग ज़िन के बाद बीना अपने प्रिय विषय पर बोलने लगी। उसकी आवाज़ बहुत संवेदनशील थी और वह पहाड़ियों की तरफ़ मुँह किए खड़ी थी। वह बता रही थी कैसे उसके माँ-बाप ने उसे होस्टल में रखकर बड़ा किया किन्तु अपने कुत्ते टिक्सी, पिक्सी हमेशा अपने पास रखे। आज भी जब वह अपने बचपन के बारे में सोचती है तो उसके दिमाग़ में सिर्फ़ अँधेरा और खाई दिखाई देते हैं। जिस मर्द से उसे मुहब्बत थी वह एक कार दुर्घटना में मारा गया। अब जिस इलाके में वह कमरा लेकर रहती है वहाँ एक दिन में औसतन पाँच हत्याएँ होती हैं। वह इन सारे संकटों को बेहतर पहचानने के लिए कहानी लिखती है।

पाखी यह सब सुनते हुए रोमांचित होती रही। उसका अपना जीवन बेहद फीका, सपाट और घटनाविहीन रहा था। बल्कि अपने जीवन की ऊब, एक-रसता और थकान से निजात पाने के लिए ही वह लिखती थी।

बीना की बातें मोहक थीं, हो सकता है सच भी हों पर उनका सम्बन्ध उसके लेखन से नहीं था। उसकी कहानियों में ये विकट संकट कहीं नहीं झलकते थे, बल्कि वे इतनी अमूर्त थीं कि फन्तासी की श्रेणी में आती थीं।

सुरेखाजी ने तर्जनी से अपनी कनपटी दबाई, 'अतीत, उफ़! किसने मुझे इस बन्द गली के छोर पर खड़ा कर दिया। उफ़, उफ़...' सुरेखाजी उठकर बालकनी में चली गईं।

बीना और पाखी दबे पाँव बाहर गईं। उन्होंने पाया सुरेखाजी कोने की दीवार पर सिर टिकाए खड़ी हैं।

'प्लीज सुरेखाजी, गेट ओवर इट, अन्दर चलिए।' पाखी ने कहा।

'मुझे बहुत टैंशन हो रहा है, लीव मी अलोन।' सुरेखाजी ने कहा।

बीना ने पाखी को अन्दर चलने का इशारा किया, 'आज ये ज़रूर कोई महान रचना लिखेंगी, दिस इज क्रिएटिव टैंशन।'

अनीता जैन, जो अभी बिलकुल नई, युवा कथाकार थी, यह सब एक चमत्कार की तरह देख-सुन रही थी। उसने पाखी से कहा, 'पाखीजी, आपको भी इस तरह टैंशन होता है क्या?'

'नहीं,' पाखी ने कहा, 'मैं तो एक विचार के तहत लिखती हूँ, टैंशन मेरे लिए एक अनजान बात है।'

'जो रचना बिना टैंशन के लिखी जाती है, अक्सर घटिया, पालतू और प्रचारात्मक हुआ करती है...' चन्द्रशेखर ने कहा।

'विचार या विचारधारा किसी भी रचना को सीमित तो ज़रूर करते हैं।' बीना ने कहा।

'मैं ऐसा नहीं मानती,' पाखी बोली, 'आपके पास अपनी विचारधारा ही न हुई तो आप समाज को क्या देंगे, क्या सिर्फ़ अपनी कुंठाएँ और बीमार दृष्टि?'

चन्द्रशेखर को शुरू से पाखी की मौजूदगी बड़ी नागवार लगी थी। उसने कहा, 'आपके लिए समाज खाद्य निगम का गोदाम है जिसे भरने के लिए भारी-भरकम विचार और लम्बी-चौड़ी विचारधाराएँ चाहिए। रचना एक निजी और तरल-सी चीज़ होती है।'

अनीता जैन चकित-सी यह बातचीत सुन रही थी। उसकी रचनात्मक ज़िन्दगी का यह पहला सेमिनार था। चन्द्रशेखर और विवेक लगातार उसे दीक्षित करने में लगे हुए थे, जबकि वह हर रचनाकार के प्रति अभी तक भक्तिभाव-सा रखती थी।

'ऐसा है तो आप अपनी रचना प्रकाशित क्यों करवाते हैं, उन्हें अपनी निजी डायरी में रहने दें।' पाखी ने कहा।

'सच, मेरा कोई आग्रह नहीं है कि मेरी रचना छपे, मैं पाठक के लिए नहीं, अपने लिए लिखता हूँ।'

'मैं भी'-'मैं भी' के कई नकलची स्वर उठे। तभी सेमिनार के सचिव वरिष्ठ आलोचक के साथ कमरे में दाख़िल हुए।

'माहौल तो काफ़ी गरम है यहाँ।' उन्होंने कहा।

'रात का वक़्त है, माहौल बनाए रखिए,' सुरेखाजी ने कहा। उनका तनाव और डिप्रेशन सब दूर था और अब वे लगातार इठला रही थीं।

बीना ने घंटी दबाई। गैस्टहाउस का वेटर मानसिंह आया।

'ये सोडे की बोतलें हटा दो यहाँ से और गिलास भी।'

दरवाज़े के खुलने के साथ-साथ एक चमगादड़ कमरे में घुस आया था। उसके पंखे-जैसे परों की छाया बड़ी मनहूस लगी। पहले वह कमरे की छत पर फड़फड़ाता रहा, फिर वह एक छोटे यान की तरह नीचे उतरने लगा। कमरे में उई-उई की चीत्कार और सुरेखाजी के 'आउच, हाउ ओमिनस' जैसे उद्‌गारों के बीच सचिव की आवाज़ आई, 'मानसिंह, इसे बाहर फेंक दो।'

मानसिंह काफ़ी ठिगना था, फिर भी वह अपना सिर ऐसे बचा-बचाकर चमगादड़ को देखता रहा जैसे वह उसे छूने ही वाला हो। आख़िरकार थककर चमगादड़ फ़र्श के एक कोने में उलटा पड़ गया। मानसिंह ने पास रखी झाड़ुओं में से एक झाड़ू उठाकर पूरे ज़ोर से उस पर दे मारी।

'मर गया साला,' कहते हुए मानसिंह ने अख़बार पर चमगादड़ को उठाया और बालकनी से बाहर फेंक दिया।

'ओ नो'-'ओ नो' करती हुई सुरेखाजी, बीना और विवेक लपके लेकिन उनकी हिम्मत उस झाड़ू को छूने की नहीं हुई, जिससे मानसिंह ने चमगादड़ मारा था। इस बार मानसिंह कमरे में दाखिल हुआ तो कई आवाज़ें एक साथ उस पर चिल्लाने लगीं, 'ए मानसिंह, तुमने हमारा इतना सुन्दर डैकोरेशन पीस ख़राब कर दिया, हाउ मीन।'

मानसिंह समझा नहीं। पाखी ने इशारे से बताया कि बात झाड़ू की हो रही है।

मानसिंह निश्चिन्त होकर बोला, 'अरे वह तो झाड़ू था! झाड़ू से पिसतुइया, चमगादड़ नहीं मारेंगे तो क्या तेंदुआ मारेंगे।' उसने बाक़ी झाड़ुएँ ड्रेसिंग टेबल के ऊपर से गिराते हुए कहा, 'झाड़ू की जगह वहाँ है मोरी पर, यहाँ क्या भगवान के माफिक सजाया है।'

'मैं आज खाना नहीं खाऊँगी।' बीना ने आहत स्वर में कहा।

'मैं भी, आइ एम वेरी अपसेट।' सुरेखाजी ने कहा। वरिष्ठ आलोचक ने नवाब वाज़िद अली शाह की तरह दोनों लेखिकाओं के कन्धों पर हाथ रखते हुए तसल्ली दी, 'नाओ कम ऑन, डोंट बी फसी।'

पाखी ने ज़ोर से कहा, 'मुझे बहुत भूख लगी है, आज तो मैं ख़ूब खाऊँगी।'

सभी कलावादी बेजान क़दमों से डाइनिंग हॉल की तरफ़ बढ़े। उनके चेहरों से लग रहा था कि वे कोई गहरा तनाव झेल रहे हैं।

मुखौटा

अब भगवान से बड़ी-बड़ी जनरल प्रार्थनाएँ करने का वक़्त नहीं है। उनकी तारीफ़ या ख़ुशामद में लम्बी-चौड़ी स्तुति को संक्षिप्त कर बस तड़ से अपनी बात कह दो। ऊपर अर्ज़ियों का अम्बार लगा है। एक-एक अपील पर भगवान अगर यों उलझे रहें तो हो गया काम।

माँ को यह सब समझाया हुआ है। इसलिए वे धूप-दीप-नैवेद्य में समय बरबाद नहीं करतीं। बस एक अगरबत्ती जलाकर, सिर झुकाकर छोटी-छोटी चीज़ें, मोहलत और मन्नत माँग लेती हैं–

'हे भगवान, आज रात बिजली न जाए, बड़के का कल बिज़नेश मैथ्स का पेपर है।'

'हे भगवान, रिक्शा आज पाँच रुपए में मिल जाए, बैंक तक पहुँचना है।'

'हे भगवान, नाश्ते में पराँठा देखकर असित बिगड़ें नहीं, ब्रेड ख़त्म है।'

तथास्तु!

भगवान उसकी मिडिल क्लास प्रार्थनाओं पर ध्यान देते हैं, दिन निर्विघ्न पार हो जाता है।

असित अपनी आरामकुर्सी में बैठे अन्तर्राष्ट्रीय सवालों में अपनी लीड ढूँढ़ते हैं, माँ हीटिंग रॉड की लीड को लेकर परेशान हैं। अन्तर्राष्ट्रीय अध्ययन में एम.ए. माँ ने किया है पर उनका दिमाग़ स्थानीय समस्याओं से भरा पड़ा है। बिजली, पानी, गैस और बच्चों की पढ़ाई जैसे मसलों ने कचूमर निकाल रखा है।

बाज़ार रोज़ की तरह रंगीन है।

यह टमाटर को क्या हुआ है। इतना बड़ा, लाल और रस से टलमल कि दूर से देखने पर प्लास्टिक का लगता है। पास आने पर पता चलता है असली है, पाँच रुपए का सौ ग्राम, हरा धनिया आठ रुपए की चार डगाल।

''क्यों भई, ऐसा कैसे?''

''बाहर से आवे छे बेन, सूँ करूँ।''

अमेरिका में बैठी भाभी याद आती हैं, वे कहती थीं, एक डॉलर का एक टमाटर मिलता है वहाँ।

टमाटर भी लगता है एन.आर.आई. होता जा रहा है, अनिवासी, आज के जादुई तीन अक्षर–एन.आर.आई.।

बड़का झींक रहा है। उसका रिज़ल्ट निकला है, पचहत्तर प्रतिशत अंक मिले हैं, दाख़िला कहीं नहीं हो रहा।

''ममी एन.आर.आई. कोटे से दाखिला हो रहा है हर जगह, या ओ.बी.सी. कोटे से।'' ये ओ.बी.सी. भी जादुई अक्षर बनते जा रहे हैं।

''हे भगवान, मुझे एन.आर.आई. बना दो या ओ.बी.सी.,'' बड़का जगजीत सिंह के अन्दाज़ 'यह शोहरत भी ले लो, यह दौलत भी ले लो' में गुहार करता है, ''हे भगवान, मेरी जात भी ले लो, पाँत भी ले लो, मेरा ख़ानदानी सरनेम भी ले लो, इस सरनेम से न मुझे दाखिला मिलेगा, न नौकरी, यह सरनेम नहीं सरदर्द है।''

भगवान दो में से उसकी एक अपील मंजूर कर लेते हैं। एन.आर.आई. चाचा तो ऐन मौके पर हाथ खींच लेते हैं पर घर वालों को बिना बताए बड़का, शहर के एम.पी. के जरिए ओ.बी.सी. (ऑफिशियली बैकवर्ड कास्ट) प्रमाणपत्र हासिल कर लेता है।

माँ को कुछ अन्देशा है पर पक्का पता नहीं, बड़के ने कुछ बताया भी नहीं है। अचानक दाखिले को लेकर घर में फैला तनाव कुछ ढीला पड़ता है।

इस शहर में तो पढ़ना नहीं है, अब दो साल के लिए शानू घर से दूर चला जाएगा।

पराए शहर में बच्चे अपनी जात लेकर नहीं, अटैची और म्यूजिक सिस्टम लेकर हॉस्टल पहुँचते हैं।

बचे-खुचे गुरेज़-परहेज़ मेस में समाप्त हुए। रैगिंग के घंटे में साम्राज्यवाद से लेकर साम्यवाद तक का दर्शन हो गया।

कभी-कभी दिल में खुटका लगता था, निदेशक को पता चल गया कि बामन हूँ तो तड़ीपार कर दिया जाऊँगा, जुर्माना अलग। पर भगवान के नाम एक छोटी-सी सारगर्भित अपील से काम बन गया। यह नौबत नहीं आई।

पाठक सर ने एक दिन क्लास में कहा, "हो तो पिछड़े पर हो तेज।"

यह उसके मिथ्याचरण का सार्वजनिक सत्यापन था। मन-ही-मन श्रवण ख़ुश ही हुआ। प्रकट में मुँह लटकाकर शहीदाना अन्दाज़ में उसने कहा, "सर, क्या पिछड़ा पैदा होने से दिल और दिमाग़ भी पिछड़ा हो जाता है?" क्लास की लड़कियाँ हमदर्दी से हिल गईं। सबसे तेजस्विनी और दिलेर भावना देसाई इस जुमले पर कुरबान हुई कैंटीन की मेज़ पर।

वह अगले ही महीने श्रवण को शानू कहने लगी। श्रवण उसको लेकर गम्भीर नहीं था।

वह उसकी समस्त चेष्टाएँ देखकर मुस्करा उठता, "लगता है आने वाले वर्षों में तुम समाज-सुधार में काफी नाम कमाओगी।"

"सिनिसिज्म तुम्हें सूट नहीं करता। इससे अच्छा है तुम गुस्सा करो, खरा, तेज़ाबी गुस्सा।"

कुछ भावना के कहने पर, कुछ अपने आप जानबूझकर श्रवण ने अपनी चाल-ढाल और बातचीत में तेज़ाब ढाल रखा था ताकि कोई उसकी निजी ज़िन्दगी में घुसपैठ की हिम्मत न करे।

लड़के उससे डरने लगे थे। पढ़ाई में वह तेज था। उसकी पीठ पीछे वह नहीं कह सकते थे जो औरों के लिए कहते थे, "अरे भैया, ये सरकारी मेहमान हैं, इनका क्या है, ख़ाली कॉपी भी थमा देंगे तो डिग्री कमा लेंगे।"

हॉस्टल में तीन सरदार छात्र थे-पुष्पिंदर, सतविन्दर और रविन्दर, जिस दिन ये सिर धोते, अपने बाल कन्धों तक लहरा लेते, लड़के उन्हें पकड़कर छत पर डांस शुरू कर देते। 600 वॉट का म्यूजिक सिस्टम पूरे हॉस्टल में गूँज जाता, पढ़ाकू लड़के भी हवा खाने छत पर पहुँच जाते।

बग़ल में कमला नेहरू विमेंस हॉस्टल की वॉर्डन कुमुद बनर्जी तुरन्त खिड़की से झाँककर देखती, उसे लगता, कन्धे तक बाल छितराए नाचती हुई लड़कियाँ, हो न हो, उसी के हॉस्टल की हैं। वह तुरन्त रजिस्टर लेकर रोलकॉल ले डालती।

विमेंस हॉस्टल की लड़कियों को लाइन से कॉरिडोर में खड़ा देखकर, छत वाले लड़के पलटकर देखते और नया गाना लगा देते, 'बचना ऐ हसीनो, लो मैं आ गया।'

घर आकर श्रवण हॉस्टल के किस्से सुनाता तो मैं फिर हुजूर दरबार में गुहार लगाती, 'हे भगवान, मेरा बड़का, वहाँ किसी लड़की के चक्कर में न पड़े, सीधे-सीधे पढ़ाई पूरी कर, धुला-पुँछा वापस आ जाए।'

लगता है भगवान 'तथास्तु' को अपना पॉलिसी-मैटर बनाए हुए हैं, तभी तो वाजिब-ग़ैर वाजिब, सब अपीलें मंजूर करते जा रहे हैं।

श्रवण दो साल बाद घर लौटा है पर अकेला नहीं, साथ नौकरी है। महीने के अन्त में उसे गुजरात जाना है कृपाल पेंट्स जॉयन करने।

कमाऊ पूत की माँ का ओहदा बहुत बढ़ा। सब के उद्‌गार एक से, "इतनी सी उम्र में, पढ़-लिखकर इत्ती ऊँची नौकरी पा गया, यह तो शुरू से तेज था, हमें पता था।"

बी.ए., एम.ए. करने वाली लड़कियों की माँएँ लार और लाड़ टपकाने लगीं।

देखकर श्रवण और उसकी माँ को अच्छा लगा। पिता असित कुछ और तनकर चलने लगे।

अगले माह के दूसरे हफ़्ते तक श्रवण राजकोट में पैर जमाने की स्थिति में आ गया।

हिन्दुस्तान की सबसे बड़ी पेंट्स कम्पनी में उस जैसे दर्जनों लड़के प्रबन्धकीय कार्य का प्रशिक्षण पा रहे थे। उन्हें कम्पनी की आचार-संहिता, कार्यनीति, विक्रय संचालन और कार्मिक-प्रशासन, हर स्तर पर सिखाया जा रहा था। प्रतिभा और प्रयत्न से ओतप्रोत ये लड़के कभी अहमदाबाद, कभी सूरत, कभी बम्बई भेजे जाते, सेमिनार और कॉन्फ्रेंसों में। साल भर में उनके दिमाग़ वैसे ही निर्मित हुए जैसी कम्पनी को उम्मीद थी। सोते-जागते उनके सामने एक ही उद्‌देश्य होता, कृपाल पेंट्स का विस्तार और उत्कर्ष। श्रवण, शिवेन्द्र और जयेश ने मिलकर फ़्लैट किराए पर लिया, जीवन चल निकला।

सुबह नौ बजे से रात नौ बजे का समय ऑफ़िस या फील्ड में बीतता, दोपहर का लंच ऑफ़िस टेबल पर, रात का भोजन मौसी के यहाँ।

शुरू में श्रवण को पता नहीं था। उसने पहले से रहने वाले कलीग संजय से पूछा, "खाना कहाँ खाते हो?"

"मौसी के यहाँ।"

उसने कल्पेश से पूछा, "खाने का इन्तज़ाम?"

"मौसी के यहाँ खाता हूँ।"

अमर, गीत, अमित, विवेक सब मौसी के यहाँ खाते हैं, हे भगवान! क्या सबकी मौसियाँ राजकोट में रहती हैं? कुछ दिन बाद बात जाहिर हुई। शहर में घर-घर माहवारी हिसाब पर खाना खिलाने का काम महिलाओं ने सँभाला हुआ है। इन महिलाअ। को मौसी कहा जाता है, भले ही उनकी उम्र पच्चीस हो या पचपन। रात साढ़े नौ के बाद खाना नहीं मिलता, छोटी-छोटी चौकी पर बैठ, स्टूल पर थाली रख लड़के इनके घर जाकर खा आते हैं रोटी, सब्ज़ी, दाल-चावल। न रायता, न चटनी, न सलाद।

श्रवण भी एक मौसी के यहाँ साढ़े तीन सौ पर रात का खाना तय कर आया।

घर की याद शुरू में जल्दी-जल्दी आती। रात नौ बजे के बाद पी.सी.ओ. पर बेताब भीड़ जुटती, ऐसे में कोई मालदार सेठ अगर एस.टी.डी. पर लम्बी बिज़नेस वार्ता छेड़ देता तो लड़के बेचैन हो जाते। किसी को गर्लफ्रेंड से बात करनी है तो किसी को पापा से। फ़ोन की धड़कन, नाड़ी से भी तेज। अभी 'कैसे हो? कैसी हो' ही चल रहा है कि बत्तीस रुपए नब्बे पैसे खर्च हो गए। ऐसे में अगर वहाँ से माँ पूछे, 'गद्दा बनवा लिया' तो बोलना ही है, 'हाँ, बनवा लिया।' 'नहीं' बोलने पर बत्तीस रुपए और ख़र्च होंगे इस सफ़ाई में कि गद्दा क्यों नहीं बनवाया।

शिव की शादी कानपुर में तय हुई है। वॉलेट में अपनी मंगेतर की तस्वीर लगा रखी है। उसकी सालगिरह पर वह एस.टी.डी. कॉल लगाता है, माता, पिता और भाई की बाधा पार कर लड़की तक पहुँचता है।

"मैनी हैपी रिटर्न्स ऑफ द डे।"

"थैंक्यू।"

"कैसी हो? मुझे याद करती हो?"

"करूँगी, बाद में।"

"चिट्ठी नहीं लिखती।"

"लिखूँगी, बाद में।"

"अपनी नई फोटो भेजो।"

"भेजूँगी, बाद में।"

फ़ोन पर सेंसरबोर्ड के हाथ में चला जाता है। शिवेन्द्र समापन नमस्कार करता है। बाद में साथियों के बीच बैठकर झींकता है, "तीन सौ रुपए ख़र्च हो गए, और लड़की है कि 'बाद में'-'बाद में' के सिवा कुछ बोली ही नहीं।"

संजय, अनुपम के पास चिढ़ाने का बहाना हो जाता है। चाय बनती है, शिव से कहते हैं, "तुम्हें मिलेगी पर बाद में।"

किसी दिन लड़कों को घर के खाने की धुन सवार होती है, उलटी प्लेट पर अनुपम एकदम गोल रोटी बेल कर दिखाता है।

संजय चिढ़ाता है, ''तुम्हारा नाम अनुपम नहीं अनुपमा होना चाहिए।''

अनुपम ठेठ बिहारी अन्दाज़ में कहता है, ''हम अपने सी.एम. लालू यादव को लिखूँगा कि एक भोलेभाले बिहारी को इधर सब सताता है।''

शताब्दी के आख़िरी दशक में लड़कों का काम और आराम करने का तरीका एकदम अलग है, सबेरे नौ से रात नौ तक लगातार कम्पनी के हित में फोन, फैक्स और फील्ड वर्क। नौ बजे के बाद अपनी ज़िन्दगी से जुड़े अहम सवालों का अनुसन्धान।

जयेश शादी करना चाहता है, वार्षिक आय डेढ़ लाख। कटौतियों के बाद हर माह तकरीबन 8,225 हाथ आता है। बैंक बचत खाते में 18000 शादी के बाद गृहस्थी के ज़रूरी ख़र्चे क्या होंगे?

सूची तैयार की जाती है। घर की चीज़ें कुल 60,000 में आएँगी। फौरन काग़ज़ जेरॉक्स कराया जाता है। सभी के काम आएगा, अनुपम कहता है, ''मेरी ममी ने कहा, अभी पाँच साल तक कोई शादी-वादी नहीं करनी है, हे भगवान, मेरी ममी को सुबुद्धि दो।''

सबसे रोमांचक है कि कोई लड़का यह नहीं सोचता कि लड़की अपने साथ साज-सामान भी लाए। बल्कि संजय का कहना है, ''कहीं शादी में किसी घटिया म्यूजिक सिस्टम दे दिया तो कहीं का न रहूँगा, सारी ज़िन्दगी घटिया हो जाएगी।''

ये लड़के अपने स्तर की ज़िन्दगी जीना चाहते हैं, किसी के मन में दहेज की ललक नहीं, अपने बूते पर जीना इन्हें आता है।

दफ़्तर में श्रवण को अपर्णा आकर्षित करती। बड़ी-बड़ी आँखें, उन्मुक्त हँसी, फूलदार मिडी और बातों में बॉबी-शोखी, उसकी आँखें जब-तब अपर्णा का पीछा करतीं, कम्प्यूटर सर्वे रिपोर्ट तैयार करती अपर्णा; फैक्स भेजती अपर्णा; बॉस के कमरे से कॉन्फ्रेंस रूम तक जाती अपर्णा।

'अपर्णा, मैं तो रोज़ लाइफबॉय से नहाता हूँ, घर छोड़ने चलूँ?'

'चलो।'

सपने विज्ञापन में ही नहीं, जीवन में भी सच हो सकते हैं, अपर्णा को कोई कुंठा नहीं। वह अपनी देखभाल बख़ूबी कर सकती है। उसके साथ शिवम में बैठकर आइसक्रीम खाई जा सकती है, 'करन दक्षिणी' में दोसा इतना बड़ा होता है कि चालीस मिनट उसके साथ बैठ सकना उतना ग़ैर-मुमकिन भी नहीं।

''मुझे गुजराती सिखा दो न,'' श्रवण कहता है।

"क्यों?"
"तुमसे तुम्हारी बानी में बोलना चाहता हूँ।"
"मैं गुजरात की हूँ पर गुजराती नहीं हूँ, श्रवण। यू.पी. की दीक्षित हूँ। पढ़ाई-लिखाई यहाँ हुई इसलिए तुमको यहाँ की लगती हूँ।"
"मुझे भी यहीं का बना लो ना।"
"दो-चार बार मेरी बा के हाथ का ढोकला-थेपला खाओगे न, एकदम से यहाँ के बन जाओगे," अपर्णा खिलखिल हँसती है।
खिलखिला जाता है श्रवण का मन-उपवन।
संजय कहता है, "भारत गैस कम्पनी में यहाँ से अच्छा वेतन है, पहले साल में पौने दो लाख सालाना।"
कहीं नहीं जाना श्रवण को, वह पड़ा रहेगा यहीं कृपाल पेंट्स में, यहाँ अपर्णा की हँसी है।
पर अपर्णा कहती है, "तरक्की तो होनी ही चाहिए, तुम बायोडाटा बी.जी.सी. में क्यों नहीं लगाते?"
श्रवण ज़ोर-शोर से बायोडाटा बनाता है।
"एक शर्त पर जाऊँगा, सिर्फ़ दफ़्तर से निकालना, दिल से नहीं।"
'खिलखिल, खिलखिल' अपर्णा के बालों में मोगरा खिलखिलाता है।
बी.जी.सी. में चार लड़के कृपाल पेंट्स से ले लिये जाते हैं, श्रवण का नम्बर पाँचवाँ है।
"तुम रह गए श्रवण, कैसे?"
"मैंने ज्यादा चाहा भी नहीं।"
"क्यों नहीं चाहा? ऐसे तो हर चीज़ में पिछड़ जाओगे तुम, जीवन-भर पिछड़ते ही रहोगे।"
उस शाम वे कहीं नहीं रुके, न शिवम, न करन, सीधे घर पहुँचे।
माँ ने उस दिन ढोकला-थेपला कुछ नहीं बना रखा था, बस बिस्किट और चाय।
एक दिन श्रवण ने सुना, अपर्णा जयेश से पूछ रही थी, "क्या यह सच है, पता लगाकर बताना?"
"क्या बताना?" श्रवण ने जयेश को पकड़ा।
"कोई बोल रहा था, तुम पिछड़े वग़ैरह कुछ हो।"
कंकड़ की तरह चुभा श्रवण को, कृपाल पेंट्स में आने के बाद से वह भूल ही गया था कि उसने कैसे एम.बी.ए. में दाखिला पाया था। उसके प्रमाण-पत्रों की छाया प्रतियाँ दफ़्तर में जमा थीं। उन्हें छिपाने या नकारने का मौक़ा भी नहीं

ढूँढ़ा उसने? भूल गया वह अपने उठाए गए अवसर का लाभ। अपनी नज़रों में अब भी वह श्रवण कुमार या सरयूपारीन ब्राह्मण, जो अपर्णा दीक्षित की हँसी अपनी जन्मपत्री में लिखवाना चाहता है।

मानो कम्प्यूटर में वायरस आ गया कोई।

छोटी-छोटी बातें चुभती गईं, चुभती गईं।

अपर्णा कहती, "श्रवण, ज़रा ये बारह पन्ने फैक्स कर दो, मैं मीटिंग में बिजी हूँ।"

'करन' से वह इसरार करता, "मेरा पिट्ज़ा चख कर देखो, तुम्हारी इडली से ज्यादा मजेदार है।"

अपर्णा बरज देती, "न बाबा, तुम्हीं खाओ, मैं जूठा नहीं खाती।"

घर पर ढोकला-थेपला के साथ-साथ चाय-बिस्किट भी बन्द था।

पहले जो काम श्रवण ख़ुशी-ख़ुशी कर देता, अब उसे उनमें अधीनता की गन्ध आती।

"जामनगर जा रहे हो, मेरे लिए लाचा ला दो। पर डिज़ाइन एकदम मॉड होना चाहिए। पिछले साल का नहीं।"

"तुम्हारे साथ फिर कभी चलूँगी, अपना टिकट दे दो तो बा को पिक्चर दिखा लाऊँ।"

कई बार श्रवण ने सोचा अपर्णा को बता दे कि कैसे सरकारी अवसरों का लाभ उठाने के लिए वह सवर्ण से असवर्ण बना था, वह उसे अपने घरवालों से मिला दे, फिर उसे लगता यह सब हाथ से निकल जाएगा, डिग्री, नौकरी, पद, प्रतिष्ठा। यह ठीक है कि प्राइवेट सेक्टर में इन बातों का कोई फ़र्क़ नहीं पड़ता। लेकिन डिग्री पर प्रश्नचिह्न लगते ही यहाँ से भी छुट्टी हो जाएगी, 420 का मुकदमा चलेगा सो अलग।

ख़ुद अपर्णा की निगाहों में वह क्या से क्या हो जाएगा।

अपर्णा कहती, "तुम्हारे घर में गाय-भैंस का धन्धा होता है क्या?" रातों में श्रवण करवटें बदलता, जन्मपत्री के चौखटे पलटता। जिस झूठ ने ज़िन्दगी के दरवाज़े खोले, उसी ने दरवाज़े बन्द करने शुरू कर दिए थे। सच और झूठ उसकी ज़िन्दगी में गड्डमड्ड हो रहे थे।

अपर्णा आजकल संजय की तरफ़ ध्यान देने लगी थी।

आहत पंछी-सा श्रवण घर लौटा था, दस दिन की लीव पर, माँ ने उसकी पसन्द की सब चीज़ें बनाईं। श्रवण अनमना।

"क्या बात है, काम में बहुत मेहनत पड़ती है?"

"नहीं।"

"यहाँ अच्छा नहीं लग रहा?"

"हाँ।"

"वहाँ कोई परेशानी तो नहीं?"

"नहीं।"

"कोई लड़की-वड़की का चक्कर है क्या?"

"नहीं।"

वे वस्तुनिष्ठ प्रश्नों के उत्तर जैसा 'हाँ, नहीं' संवाद माँ ज्यादा देर झेल नहीं पाई।

फ़ौरन पति से सलाह की, "जवान लड़का है, अकेला रहता है, उदास तो रहेगा ही। उसकी शादी की सोचो।"

श्रवण से माँ ने कहा, "सच, ऐसी अच्छी-अच्छी लड़कियाँ देखी हैं मैंने, कहीं भी हाँ नहीं की है, पहले तो तू देख ले। दस दिन में बस पाँच देखनी हैं।"

प्रस्ताव बिखरे हैं मेज़ पर और माँ के मुँह में।

कोई शुक्ला है, कोई वाजपेयी, कोई दुबे तो कोई त्रिवेदी।

श्रवण की आँखों में अपर्णा दीक्षित का परहेज़ और एतराज़ साकार हो जाता है।

ये सब बांमनियाँ क्या उसके संग सुखी रह सकेंगी जब उन्हें पता चलेगा कि वह घोषित पिछड़ा है। जीवन-भर दोहरे झूठ जीने से अच्छा है वह इकहरा सत्य जिए।

अवसर का लाभ उठा लिया, अब हानि भी उठाए। उसे लगता है कृपाल पेंट्स की मार्केटिंग से ज्यादा मुश्किल है अपनी ख़ुद की मार्केटिंग करना।

'हे भगवान, मुझे हिम्मत दो' श्रवण मन-ही-मन प्रार्थना प्रेषित करता है।

सुलेमान

हम सब उसे प्यार से सुलेमान कहते थे। सुलेमान कौन था, इसकी हमें कच्ची-पक्की जानकारी थी। एक दोस्त का ख़याल था, सुलेमान एक बहुत दौलतमन्द शहंशाह था, जिसका खज़ाना कभी ख़ाली नहीं होता था। दूसरे दोस्त का कहना था, सुलेमान को ख़ुदा की ऐसी बरकत हासिल थी कि वह जो चाहता, कर दिखाता था। ख़ुद मेरा ख़याल था कि सुलेमान सपनों का सौदागर था।

सुलेमान के पास बेशुमार सपने थे। इतने जितने भवानीप्रसाद मिश्र के पास बेचने के लिए गीत भी न होंगे। इतवार को दूरदर्शन पर इतने इश्तहार भी न आते, जितने सपने सुलेमान को आया करते। जैसे ही उसे कोई सपना आता, वह उसे

लुटा देता। हम लोग भुक्खड़ की तरह उसके सपनों पर टूट पड़ते। वह अपनी कल्पना और प्रतिभा की मदद से कुछ दिन उन सपनों में रद्दोबदल करता रहता। जितने दिन किसी की आँखों में उसका सपना तैरता रहता, वह उससे मिलता-जुलता। लेकिन जिस दिन वह अपने सपने की किश्ती डूबती देखता, वह उस दोस्त से मिलना-जुलना बन्द कर देता। सपने के डूबने से दोस्त कम चोट खाता, सुलेमान ज़्यादा।

सुलेमान एक अच्छा इनसान था। सपने बेचने से पहले उसने और बहुत कुछ बेचने की कोशिश की थी। वह बेहद ज़हीन था। नरमदिल और नाज़ुक। उसने बेशुमार किताबें पढ़ रखी थीं। उसे बहुत कुछ याद था-नीत्शे से लेकर निर्मल वर्मा तक। ख़ुद वह ज़िन्दगी के थपेड़ों से वाकिफ़ था क्योंकि बरसों उसे अपनी प्रतिभा का मोल नहीं मिला। वह जिस इंटरमीडिएट कॉलेज में पढ़ा रहा था, वहाँ सबसे जूनियर था, हालाँकि वहाँ के सबसे सीनियर अध्यापक से भी ज़्यादा सीनियर उसकी लियाकत थी। क्लास उसे बहुत प्यार करती थी। लेकिन अपने साथियों और प्रिंसिपल से उसे कभी प्यार नहीं मिला। वे उससे सशंकित रहते और उसके काम में प्राय: नुक्स निकाला करते।

वह जानता था, समाज में महज़ इंटरमीडिएट कॉलेज की नौकरी के सहारे ज़िन्दा नहीं रहा जा सकता। एक अदद नौकरी करने वाले लोग आमतौर पर उससे भी ख़राब जीवन बिता रहे थे। उसके साथी छोटी-छोटी बातों में झूठ बोलते, न चाहते हुए भी अपने से बेहतर स्थिति वालों की ख़ुशामद और जी-हुजूरी करते और पैसा-पैसा दाँत से दबाकर रखने की कोशिश में एक बेस्वाद जीवन जीते। वे किसी भी बात पर राय देते डरते और बोलने से पहले बहुमत टटोलते। सुलेमान को इस माहौल में बेहद तकलीफ़ होती। आख़िर एक दिन उसने नौकरी छोड़ दी। वह लखनऊ चला गया और छह महीने तक उसकी कोई ख़बर न मिली।

यकायक एक दिन जब वह शहर में नमूदार हुआ, उसके नक्शे बदले हुए थे। उसके कपड़ों में कलफ़ था, जूते चमक रहे थे और चेहरा उनसे भी ज़्यादा। वह स्वदेशी कपड़े पहन विदेशी सिगरेट फूँक रहा था। उसके तीन टेलीफ़ोन नम्बर थे और उसके घर तेरह अख़बार आने लगे थे।

दोस्तों में तहलका मच गया। दोस्त उससे मिलने के लिए आतुर हो गए। किसी को ठीक से यह पता नहीं था कि वह क्या करने लगा है लेकिन सबको यकीन था कि वह कामयाब हो गया है। दोस्तों का ख़याल था कि वह सत्ता के गलियारों को नज़दीक से देख आया है। दोस्तों के सवालों का जवाब देने की बजाय वह उन्हें सलाह देने की स्थिति में था। उसके अन्दर अपने वतन के लिए

बेहद मुहब्बत पैदा हो गई थी। वह बात-बात में कहता, 'मेरा भारत महान'। दोस्त 'मेरा' शब्द पर एतराज़ करना चाहते लेकिन वह एतराज़ का जवाब भी इसी नारे से देता। उसने कहा, "मैंने तय कर लिया है कि अब ज़िन्दगी में तीन काम बिलकुल नहीं करने हैं।"

"हीरामन की तरह।" कृष्ण कुमार ने कहा।

उसने इस टिप्पणी पर ध्यान नहीं दिया, "दरअसल जब आप पैंतीस के हो जाएँ तो यह तय कर लेना चाहिए कि आप क्या-क्या नहीं करना चाहते। नम्बर एक, नौकरी कतई नहीं करनी है। नंबर दो, वक़्त नहीं गँवाना है। नंबर तीन, कभी किसी को दुश्मन नहीं समझना है।"

दोस्त कायल हो गए। इनमें से एक भी ख़याल बुरा नहीं था। अफ़सोस कि दोस्त अभी इस तरह की कसमें लेने की हालत में नहीं थे। वे शर्मिन्दा हुए कि वे ये तीनों काम करते रहे हैं, फिर भी सुलेमान उन्हें माफ़ कर रहा है।

सुलेमान ने अपनी जेब से कई कड़क नोट निकाले और पूरी महफिल के लिए सोलन का पानी मँगवाया। दोस्त निहाल हो गए। कहाँ तो एक सीलबन्द बोतल का दीदार दुश्वार था, कहाँ पूरी दो बोतलें उनके बीच पड़ी थीं। उनमें से कई का हाल तो यह था कि अब हुड़क उठने पर हौली में चुक्कड़ चढ़ाते और लुढ़कते-पुढ़कते जब घर पहुँचते तो बीवी की डाँट खाते।

जिसके घर पर बैठका जमा, उसके यहाँ एक-से गिलास भी नहीं थे। वहाँ दो लम्बे, दो ठिंगने और दो किनारे टूटे काँच के गिलास थे। सुलेमान ने ड्राइवर को भेजकर एक दर्जन बढ़िया गिलास मँगवाए। बेमेल और टूटे गिलास उसकी आँखों को बरदाश्त नहीं थे।

ये सब बड़े सादा लोग थे। इस वक़्त सुलेमान के आने से वाकई ख़ुश थे और उसके करीब होना चाह रहे थे। उनसे अपना जोश सँभल नहीं रहा था और वह बार-बार उफनकर ऊपर आ जाता।

"सुलेभाई, मैंने बहुत याद किया आपको एक दिन, जब लोकनाथ में जलेबी ख़रीदी। आपको जलेबी पसन्द थी न!"

"मैंने मीठा खाना छोड़ दिया है।"

"फिर भी तुम मिठबोले हो।" एक ने कहा।

"सुलेमान, मुझे लगता है, मैं एक गड्ढे में गिरा हुआ हूँ और गड्ढा दिन-ब-दिन गहरा होता जा रहा है। तुम्हारे हाथ का इन्तज़ार है।"

"मेरे दोनों हाथ दोस्तों के लिए हैं। मुझे आप सबका ख़याल न होता तो क्या मैं इस सैयाद शहर में आता?"

''मेरा अफ़सर बहुत खार खाने लगा है मुझसे। बात-बात में झिड़क देता है।''

''कहो, उसका ट्रांसफर करा दें?''

''ग्रेट सुलेमान, ग्रेट।''

''सुलूभाई, मेरा प्रमोशन जुलाई में होना था। विभागीय परीक्षा पास कर ली, इंटरव्यू भी सबसे बढ़िया हुआ, पर पोस्टिंग ऑर्डर ही नहीं आ रहा है।''

''कहाँ अटका है?''

''सुनते हैं, लखनऊ में।''

''पता किया?''

''पता चला; फाइल अभी प्रोसेस में ही नहीं आई है।''

''हूँ, देखना पड़ेगा। किसी से टाइ तो नहीं है?''

''होनी नहीं चाहिए। मैं सबसे सीनियर था।''

''तो ऐसा है, मैं तुम्हें दो प्रमोशन एक साथ दिलाने का इन्तज़ाम करता हूँ। तुम्हारा निदेशक भी क्या याद रखेगा!''

एक दोस्त का हाल सबसे बुरा था। वह न तो नौकरी में था कि प्रमोशन माँगता, न व्यापार में कि परमिट। तरक्की की तड़प लेकिन उसमें भी ज़ोर मार रही थी।

''सुषमा इस साल पच्चीस की हो गई। न उसकी शादी का सिलसिला बन रहा है, न नौकरी का। लड़का अलग बी.ए. पास कर आवारागर्दी करता है। पत्नी को डॉक्टर ने दमा बता दिया है, सो अलग।''

सुलेमान भावुक होने लगा, ''यू मीन, मेरी वह सीता भाभी बीमार हैं, जिनके हाथ के पराँठे मैंने बीसियों बार खाए हैं? वह भाभी, जिन्हें अनगिनत बार जगाकर मैंने चाय बनवाई है? मैं कल ही डॉक्टरों की पूरी टीम लखनऊ से रवाना करता हूँ। भाभी का इलाज मैं करवाऊँगा। अब आप इस विषय में बिलकुल न बोलिए।''

दोस्त पसोपेश में पड़ गया। उसके हिसाब से पत्नी की बीमारी इतनी अहम नहीं थी कि उसके लिए लखनऊ-कानपुर एक किया जाए। वह सुलेमान की मदद अपनी नौकरी हासिल करने में लेना चाहता था।

''मैं चाहता था, कहीं सैटिल हो जाऊँ।''

उसने कहा, ''आप अपना बायोडाटा मुझे दे दीजिए।''

जब सुलेमान लखनऊ वापस चला, उसका ब्रीफकेस दोस्तों के बायोडाटा से भरा हुआ था। जिनसे उसने नहीं माँगे, उन्होंने भी अपने बायोडाटा तैयार कर उसे दे दिए थे। दोस्तों के आगामी दिन उम्मीद और इन्तज़ार से कटने लगे। कमल आहूजा दफ़्तर में हेकड़ी से बैठने लगा। उसे यकीन था, उसे इकट्ठे दो प्रमोशन

मिलने वाले हैं। घर के बाहर से जैसे ही कोई कार गुज़रती कृष्ण कुमार लपककर बालकनी से झाँकता, क्या पता डॉक्टरों की टीम आ पहुँची हो। वे उससे दोस्ती का सिलसिला याद करने लगते।

करीब दो हफ़्ते बाद एक दिन लखनऊ का एक डॉक्टर आकर सीता को देख गया। उसने रुटीन जाँच की और कुछ दवाएँ लिख दीं। उसकी बात से यह नहीं लगा कि सीता को कोई गम्भीर रोग है। कृष्ण कुमार डॉक्टर के आने से इतना गद्गद हो गया कि उसने दवाएँ ख़रीदना भी ज़रूरी नहीं समझा। उसे सुलेमान के अगले तोहफे का इन्तज़ार था। आख़िर उसका बायोडाटा सुलेमान के पास था।

हालाँकि डॉक्टर के चक्कर लगा लेने से सीता की तकलीफ़ में कोई अन्तर नहीं पड़ा था, पर दोस्तों के मनोबल में पड़ा। उन्हें लगा, सुलेमान उन्हें भूला नहीं है। वे और भी शिद्दत से उसका इन्तज़ार करने लगे।

इन्तज़ार उतावली बढ़ाता है और आदमी को थका डालता है। अच्छे दिनों का इन्तज़ार आदमी की बुरे दिनों की बरदाश्त की क्षमता को भी समाप्त करने लगता है। रज़ा और फज़ल के साथ भी यही हो रहा था। वे शहर की सँकरी अँधेरी गली में रहते थे। हर चार-साला दंगे में उनके पुराने मकान की कुछ न कुछ तोड़-फोड़ ज़रूर हो जाती। जबकि वे बाबरी मस्जिद और पर्सनल लॉ जैसे मामलों पर ज़ुबान न खोलते, फिर भी उन्हें डर लगा रहता, क्या पता कब पकड़कर बन्द कर दिए जाएँ। उनकी दिली ख्वाहिश थी, सुलेमान किसी तरह उन्हें लखनऊ में कोई छोटा-मोटा काम दिला दे तो उन्हें इस गली की 'चूहा ज़िन्दगी' से निज़ात मिल जाए।

सुलेमान ने उनसे कहा था, वह ईद पर उनके घर आएगा। ईद आने वाली थी। रज़ा और फज़ल ने अम्मी को बीसियों बार ताकीद कर दी थी, इस बार सेंवई बहुत उम्दा बनाना। सुलेभाई खास हमारे घर ईद मनाएँगे।

फज़ल ने कहा, "पता नहीं, इस गली में सुलेमान भाई की मोटर घुस पाएगी या नहीं।"

रज़ा ने एक सुतली ली और नुक्कड़ पर जौहरी की दुकान के आगे खड़ी मोटर का नाप ले आया। फिर उसने गली की चौड़ाई की पैमाइश कर फज़ल को तसल्ली दी, "मोटर बख़ूबी घुस जाएगी, फिर भी तीन फुट गुंजाइश है।"

ईद के रोज़ उन्होंने बड़ी तबीयत से सारा सामान ख़रीदा और लगातार अम्मी के आगे-पीछे लगे रहे।

"सेंवई में घी कम न डालना और बालाई सिर्फ़ सुलेभाई के लिए बचाकर रख लीजिएगा।"

अम्मी उनकी मर्ज़ी के मुताबिक करती गईं। लेकिन ईद गुज़र गई, सुलेमान नहीं आया। किसी ने कहा, सुलेमान को पंजाब का मसला सुलझाने के लिए भेजा गया है। किसी ने कहा, वह श्रीलंका में तमिल-समस्या पर विचार करने गया हुआ है। पक्की तौर पर किसी को कुछ नहीं मालूम था लेकिन दोस्तों का ख़याल था कि हर ऊँची उड़ान में वह शामिल है। अगर किसी नेता का कहीं पर धाकड़ भाषण होता, दोस्त कहते, यह सुलेमान से लिखवाया गया है। कभी कहीं कोई नेता ज़रा महीन या बौद्धिक बात कह देता, तो दोस्त दावे से कहते कि आजकल सुलेमान उस नेता का सलाहकार है। कोई कहता, सुलेमान ने लखनऊ में मकान ख़रीद लिया है। कोई कहता, नहीं, सुलेमान को सरकार ने मंत्री की हैसियत का बँगला एलॉट कर दिया है। उसे सरकार की तरफ़ से सुरक्षा गार्ड मिला हुआ है और डी.एम., सी.एम., पी.एम. तीनों के यहाँ कभी भी जाने की उसे खुली छूट है। कोई कहता, उसका रोज़ का ख़र्च दो सौ रुपए है। कोई कहता, दो हज़ार रुपए। अक्सर इन्हीं मुद्दों पर दोस्तों में बहस छिड़ जाती और बहस करते हुए वे बिलकुल भूल जाते कि अभी कुछ दिन पहले तक सुलेमान उन्हीं की जमात का था, उन जैसा ही एक पढ़ा-लिखा आदमी, जिसकी फकीरी उनकी बदहाली से अलग नहीं थी।

जिस तरह दोस्त उसके ऐश-ओ-आराम के बारे में रंगीन ख्वाब देखते, उसी तरह सुलेमान के मन में हमेशा फकीरी को लेकर बड़े रोमांटिक ख़याल थे। अब जब अगले और पिछले कल का हौवा उसके लिए अर्थ खो चुके थे, उसे जीवन-जगत् पर सम्यक् दृष्टि डालना भला प्रतीत होता। सुबह-सुबह जब वह घूमने निकलता, राजनिवास कॉलोनी के आसपास का शान्त दृश्य उसे बहुत भला लगता। वह देखता, हर बँगले के आगे जींस और टी-शर्ट में नौकर-ड्राइवर कार की धुलाई-रगड़ाई कर रहे हैं, इक्का-दुक्का रिक्शों में रिक्शेवाले सवारी के इन्तज़ार में असलाए पड़े हैं, बच्चे इस्तरी की हुई यूनिफॉर्म में सजे हुए स्कूल के लिए रवाना हो रहे हैं, झाड़ू लगाने वाले मुस्तैदी से सड़क साफ़ कर रहे हैं। उसका मन गर्व और प्रसन्नता से भर उठता। एक ख़ुशहाल मुल्क को और क्या चाहिए! कितना प्रसन्न है यहाँ का आम आदमी। हर दो-तीन महीने में उसे महँगाई-भत्ते की किस्त मिल रही है। उसके बच्चों के लिए अच्छी शिक्षा का प्रबन्ध है। उसके घर में बिजली-पानी जैसी अहम सहूलियतें हैं। सबकी स्वास्थ्य-रक्षा के लिए उच्चकोटि के अस्पताल और डॉक्टर हैं। यह सही अर्थों में आज़ाद भारत है। मेरा भारत महान। सुबह की ताज़ी हवा के साथ-साथ उसके फेफड़ों में राष्ट्र के लिए गर्व भर जाता और वह बड़े आश्वस्त क़दमों से घर की तरफ़ लौटता। दिन-भर सत्ता के

समीकरण, विपक्ष में सेंधमारी, प्रेस का प्रबन्ध जैसे कामों के टुकड़ों में वह अपना दिन तमाम करता और रात वक़्त-बेवक़्त घर लौटते हुए महसूस करता कि वह बहुत थक गया है। उसका मन देश के हर खास आदमी के प्रति ममत्व से भर जाता। आम आदमी को ख़ुश रखने की चिन्ता में आज हर ख़ास आदमी किस कदर परेशान है। आधी-पौनी रातों में मीटिंगें बुलाई जाती हैं, फ़ोन खटखटाए जाते हैं, चिट्ठियाँ टाइप होती हैं। लोकतंत्र की सुरक्षा के लिए कितना कुछ होता है!

कार से उतरकर वह अपने ड्राइवर को टिप देता और कहता, "जाओ, बाल-बच्चों के साथ मज़े करो।"

छह महीने बाद एक दिन फिर शहर में ख़बर हुई कि सुलेमान आज आया हुआ है। हालाँकि यहाँ उसका पुश्तैनी मकान था, पर वह वहाँ न ठहरकर एक आलीशान होटल में ठहरा। वहाँ उसने दो कमरे किराए पर लिए, तो थोड़ी देर को हलचल मच गई कि सुलेमान अपने ड्राइवर और गार्ड के लिए भी अलहदा कमरा लेता है। जल्दी ही होटल का लाउंज उससे मिलने वालों से भर गया। इतनी भीड़ किसी मंत्री के मुलाकातियों की भी नहीं लगती होगी। जितना बड़ा आदमी हो, उतना ही उसे इन्तज़ार करवाकर अतिशय विनम्रता के साथ कमरे में बुलवाना, देर के लिए खेद प्रकट करना और काम पहली फुर्सत में कर देने का आश्वासन देना। इन सब क्रियाओं में वह निष्णात हो चुका था। सत्ता के गलियारों में इस तरह के नाट्य-व्यापार उसने देखे और पचाए थे। उसे अन्दाज़ा था कि कितने प्रतिशत आश्वासन और उम्मीद से एक ज़रूरतमन्द आदमी प्रसन्न होता है। साल-छह महीने वह किसी भी ऐसे इनसान को उम्मीद के डिज़नीलैंड में घुमा सकता था।

जो दोस्त सुलेमान से मिलने होटल पहुँचे, उनसे उसने कहा, "इस जगह मैं सिर्फ़ अजनबियों से मिलता हूँ। दोस्तों के घर मेरे लिए दरगाह से कम पाक नहीं हैं। शाम को मैं ख़ुद आऊँगा आपके दौलतख़ाने पर।"

दोस्त अपने-अपने काम कुर्तों की जेबों में डाल वापस लौट गए। रात होते ही सुलेमान आया सुरेश पांडे के घर पर। सारे दोस्त वहाँ पहले से मौजूद थे।

सपनों के सौदागर ने अपनी दाढ़ी पर हाथ फेरा और बड़े बौद्धिक अन्दाज़ में कहा, "दरअसल यह सोचना गलत है कि सार्थक राजनीति केवल विपक्ष में रहकर की जा सकती है।"

स्वागत भट्टाचार्य इस मंडली में नया आया था। वह कमल आहूजा का दोस्त था। उसने प्रथम श्रेणी में राजनीतिशास्त्र में एम.ए. किया था और आजकल डी.फिल. के सिनॉप्सिस के सिलसिले में कई क्रान्तिकारी किताबें पढ़ रहा था।

उसने सुलेमान की तेज़ी और तरक्की के बारे में तरह-तरह के चर्चे विश्वविद्यालय में सुन रखे थे। उसने कहा, "सार्थक एक अनेकार्थक शब्द है।"

"मैं इस वक़्त इस शब्द का उपयोग उसके सबसे उदात्त रूप में कर रहा हूँ।" सुलेमान ने कहा, "अगर पक्ष में बने रहने से मेरे चंद अज़ीज़ दोस्तों का भला हो जाए और पक्ष का भी कृष्ण-पक्ष कम हो जाए तो इसे मैं एक सार्थक प्रवेश कहूँगा।"

"स्वागत, शटअप! स्वागत, शटअप!" कई आवाज़ों ने एक साथ कहा। स्वागत ने एक दर्शक मुद्रा बना ली और चुप बैठ गया।

"सुलेभाई, मेरे बायोडाटा का आपने क्या किया?" एक दोस्त ने पूछा।

सुलेमान के पास अद्‌भुत स्मरण-शक्ति थी। उसे खूब याद था कि उस बायोडाटा में क्या कमी थी।

"आपने उसमें यह नहीं लिखा, आप क्या हैं और क्या होना चाहते हैं?"

"ठीक है, मैं बेकार नहीं हूँ। पर ठीक से नौकरीशुदा भी नहीं। प्राइवेट कॉलेज की नौकरी को आप क्या कहेंगे?"

"उन लाखों बेरोज़गारों के बारे में सोचिए, जिन्हें एक अदद प्राइवेट नौकरी भी नसीब नहीं है?"

"सुलेभाई, इस तरह बड़ी इनसिक्योरिटी लगती है। हर महीने तबीयत घबराती है।"

"साले, तुम्हें सरकार की गोद में गिरकर ही सिक्योरिटी हासिल होगी।" कृष्ण कुमार ने कहा, "यहाँ कभी साला प्राइवेट-पब्लिक कोई काम ही नहीं मिला।"

"कृष्णभाई, सीता भाभी की तबीयत अब कैसी है?"

"पहले से बहुत बेहतर है। आपका भेजा हुआ डॉक्टर बहुत अच्छा था," कृष्ण कुमार ने कहा। वह जल्द-से-जल्द अपने बायोडाटा के बारे में पूछना चाहता था। उसे यह भी असुविधा हो रही थी कि इतने दोस्तों के बीच उसे अपनी गोपन इच्छा बतानी पड़ेगी। वह सुलेमान के बिलकुल करीब पहुँच गया और फुसफुसाकर बोला, "सुलेभाई, आपने कुछ किया?"

"हाँ, आपके बारे में मेरी गवर्नर से बात हो गई है। इस वक़्त राज्य में तीन यूनिवर्सिटियों के वाइस चांसलर बदले जाने हैं, नहीं, हटाए नहीं जा रहे, इनका टर्म पूरा हो रहा है। मैंने तीनों पैनल में आपका नाम डलवा दिया है। इस वक़्त सब लोग ज़रा सूखा फ्रंट पर व्यस्त हैं। बहुत जल्द आपको कॉल आएगा। कृष्ण भाई, जब आपको कॉल आए तो मेरी लाज रख लीजिएगा। इनकार मत कीजिएगा।"

कृष्ण कुमार के चेहरे पर परमानंद का भाव आ गया। कहाँ तो वह किसी कॉलेज में लेक्चररशिप मिल जाने की हसरत पाले हुए था, कहाँ उसे तीन-तीन विश्वविद्यालयों के कुलपति-पद का प्रस्ताव मिलने वाला था। उसे अपनी धमनियों में नया ख़ून दौड़ता महसूस हुआ।

रज़ा और फज़ल रुआँसे हो गए। उन्हें लगा, इस खेप में कृष्ण और सुरेश भाई के काम तो हो गए, उनका काम ज़रूर टल जाएगा। दोनों बेरोज़गार थे। उन्होंने कहा, "सुलेभाई!"

सुलेमान पर सोलन का पानी अपना सुरूर दिखा रहा था। वह सिगरेट हाथ में लिये-लिये मसनद के सहारे बैठे-बैठे ऊँघ गया। तन्द्रा में उसे लगा, वह एक बहुत ऊँचे सिंहासन पर आसीन है। उसके आसपास हीरे, जवाहरात, मोती, माणिक बिखरे हुए हैं। अपने दरबार में आने वालों पर वह भर-भर मुट्ठी जवाहरात लुटा रहा है। अन्त में बस वह रह जाता है और उसका सिंहासन।

सुलेमान की नींद खुली तो सामने उसने दोस्तों के चिन्तित चेहरे देखे। उसे अपने दोस्तों पर बड़ा प्यार आया। तकलीफ़ भी हुई कि ये क्यों इस कदर फकीराना अन्दाज़ में उसके इर्द-गिर्द बैठे हैं। उसे डपटकर क्यों नहीं कहते, 'सुलेमान, तुम यह करते हो कि नहीं?' इनकी हेकड़ी उसे प्यारी थी।

"सुलेभाई, क्या हुआ? आपकी तबीयत तो ठीक है?"

"सुलेमान, कुछ खा लीजिए।"

"सुलेमान!"

"सुलेमान!"

उसके मन में कुछ पिघलने लगा। ये दोस्त उसे प्यार करते थे। उन्हें उससे उम्मीदें थीं, जो वह पूरी करना चाहता था। वह सोचता था कि एक दिन वह ख़ुद इतनी ताकत में आ जाएगा कि इन सबके काम चुटकी बजाते कर देगा। दोस्तों के इस संसार को वह उमर खैयाम की आँखों से देखता और वक़्त के हाथों से दुनिया की तस्वीर छीनकर बदलना चाहता। काश, वह इन सबके सपने पूरे कर सकता!

'कितने प्यारे हैं ये लोग,' उसने सोचा, 'सब एक से एक टैलेंटेड हैं-कोई लेखक है, कोई अध्यापक, कोई कलाकार। इनकी जिन्दगी कितनी साफ़ और सादा है। इनके अन्दर जीवन में कितना ऊपर उठने की गुंजाइश है। इनसे बात करना हरिद्वार की गंगा में नहाने जैसा स्फूर्तिदायक है। लेकिन ये कितनी छोटी-छोटी चीज़ों के पीछे लगे हैं! ये रोटी, कपड़ा, मकान के अलावा और किसी दिशा में विकास के लिए प्रयत्नशील नहीं हैं। ये अपनी प्रतिभा नहीं पहचानते।' इन दोस्तों के चेहरे जीवन के ताप से ताँबिया गए थे। सुलेमान को ये सब अज़ीज थे। ये उसके

जीते-जागते सपने थे। लखनऊ में उसने देखा था, सत्ता-पशुओं का यथार्थ और उनकी जड़ता। तब हर पल उसे ये दोस्त याद आते थे। उन्हें उपलब्धि के शुभ लाभ में लगाकर वह अपने सुन्दर सपने तोड़ना नहीं चाहता था। ये दोस्त उसके फेफड़े थे। इन्हें देखकर वह ज़िन्दा रहने का मकसद पाता था। सुलेमान को अगर कविता आती होती तो वह इन दोस्तों पर महाकाव्य लिख डालता। लखनऊ में बने सम्पर्क सलाद के समान थे। थोड़ी देर ध्यान न देने पर कुम्हलाकर अपरिचय में बदल जाते, जबकि यहाँ के ये सम्बन्ध अचार की तरह थे। हर बार चाहे जितने दिन बाद सुलेमान आता, मर्तबान के मुँह से कपड़ा हटाता और वही खरी, मुकम्मल और सुहानी ख़ुशबू उसे अभिभूत कर देती। ऐसे नेकदिल दोस्तों को टके-टके के लाभ कराकर वह इस ख़ुशबू को खोना नहीं चाहता था। इनके घरों के मुचड़े बिस्तरों में, मैले तोलियों और टपकती छतों में गहरा अपनापन था। वह आँख मूँदकर बता सकता था, कौन से दोस्त की चप्पल में कहाँ सिलाई है और कहाँ कील की मरम्मत।

'क्यों बदलना चाहते हैं ये अपना जीवन?' उसने खिन्न होकर सोचा, 'क्या इतना काफी नहीं है कि ये अपने सपने देखते रहें और ख़ुश रहें? इन्हें पता नहीं, कामयाबी एक कुत्ता-दौड़ है। इसमें पड़ा इनसान अपना चेहरा तक नहीं चुन सकता।'

सुलेमान का मन भारी हो गया। दोस्तों की निरीहता उसे अन्दर तक हिला रही थी। उसने कहा, "यकायक मुझे याद आया। सुबह पी.एम. का सन्देश लेकर सी.एम. का एक आदमी घर आने वाला है। मुझे जाना होगा।"

"सुलेभाई, खाना तो खा लीजिए।"

"नहीं, डोंट वरी, पीने के बाद मैं वैसे भी कम खाता हूँ।"

सुलेमान की आँखें नींद और सुरू से झपक रही थीं और क़दम कुछ काँप रहे थे। दोस्तों के सहारे वह अपनी कार तक पहुँच गया।

"सुलेभाई, मेरा काम याद रखिएगा।"

"सुलेमान...मेरा..."

"सुलेमान...मेरा..."

"आप सब मेरी अपनी धड़कन हैं। मैं आपको कैसे भुला सकता हूँ मेरे दोस्तो!" सुलेमान ने कहा।

ड्राइवर ने गाड़ी स्टार्ट की।

"वापस लखनऊ।" सुलेमान ने कहा और पिछली सीट पर नींद में अलसाया पसर गया। यह उसका सपने देखने का वक़्त था।

जाँच अभी जारी है

एक सम्मानित राष्ट्रीयकृत बैंक में नियुक्ति पाकर वह फूली नहीं समाई। विद्यार्थी जीवन से ही उसे बैंक की नौकरी आकृष्ट करती थी। उसे लगता शक्ति, सच्चाई और नैतिकता जैसे मूल्यों का एहसास जितना बैंक में हो सकता है, उतना अन्य किसी नौकरी में नहीं। हाथ नोटों से भरे रहें फिर भी दिमाग़ विचलित न हो, यह एक अग्निपरीक्षा ही होती होगी। पर कुछ दिन नौकरी पर जाकर अपर्णा ने पाया यह सब महज रूटीन का हिस्सा है। हालाँकि इससे छह महीने पहले अपर्णा की नियुक्ति विश्वकर्मा डिग्री कॉलेज में हो चुकी थी। उसने इस नौकरी की ख़ातिर लेक्चररशिप छोड़ दी। शिक्षक, प्राध्यापक उसे बासी और निरीह लगते थे।

उसकी ड्यूटी मुख्य हॉल में थी। वहाँ कुल पच्चीस मेजें थीं। हॉल भरा-भरा लगता। अपनी एक निश्चित जगह और अलग मेज देख अपर्णा को गर्व और सन्तोष हुआ। उसने घर जाकर माँ और पिताजी से कहा, 'जितनी बड़ी घर में चारपाई है, उतनी बड़ी तो मेरी मेज है वहाँ। रोज़ लाखों रुपए का टर्नओवर होता है, इतनी बड़ी बैंक है।'

मैं और पिताजी गौरवान्वित हुए, 'हमारी बेटी ने अपनी लियाकत के बूते यह जगह पाई है। हजारों ने इम्तहान दिया, पर पास तो बिरले ही हुए! भगवान तुझे दिन-रात तरक्की दें।'

काम में मेहनत और एकाग्रता की ज़रूरत थी। दोनों गुण अपर्णा में थे। दो बजे तक का समय तो पलक झपकते बीत जाता क्योंकि यह पब्लिक डीलिंग का समय होता। उसके बाद शुरू होता असली काम। गार्ड शटर बन्द कर देता। अन्दर पैसे-पैसे का हिसाब मिलाया जाता। अपर्णा के लिए यह करिश्मे से कम नहीं था कि इतने काउंटरों पर, इतनी मेजों पर इतनी तरह से पैसों का लेन-देन हो और अन्त में हिसाब एक क्रॉसवर्ड पहेली की तरह फिट बैठ जाए। जब सारा हिसाब फिट बैठ जाता साढ़े चार बजे तक ही तो सारे कर्मचारी और अधिकारी फुर्सत में आ जाते। तब चाय का दौर चलता और हॉल गप्पबाजी से गूँज उठता। लेकिन किसी-किसी दिन हिसाब में बल पड़ जाता, दस पैसे या दस रुपए की गड़बड़ निकलती और सारा स्टाफ रोक लिया जाता। सभी कागजात नए सिरे से जाँचे जाते। लेजर मिलाए जाते, पूरी नगदी गिनी जाती और चाहे शाम के सात बजते, हिसाब साफ़ होने के बाद ही स्टाफ़ फारिग होता।

शुरू-शुरू में अपर्णा को बड़ी हँसी आती। अरे, अगर दस पैसे का हिसाब गड़बड़ है तो अपने पास से मिला दो, बस छुट्टी। कम है तो अपने पर्स से डाल

दो, ज्यादा हैं तो दराज में डाल दो, भूल-चूक लेनी-देनी, पर उसके सहयोगियों ने समझाया कि यह भूल-चूक वाला मुहावरा बैंकिंग के किसी काम का नहीं। यह तो बैंकिंग के सिद्धान्त का शत्रु है।

बैंक के शाखा-प्रबन्धक एक नाटे-मोटे चश्मेवाले मिस्टर खन्ना थे, जो सारा दिन हस्ताक्षर करते देखे जाते थे। यह राष्ट्रीयकृत बैंक शहर के हृदय में स्थित था। इसलिए यहाँ व्यापारियों, व्यवसायियों के छोटे-बड़े खातों की भरमार थी। वे सुबह दस बजे इन्तजार करते मिलते। पान चबाते हुए वे अपने स्कूटरों पर या बैंक की सीढ़ियों पर खड़े होते। कुछ व्यापारियों, फर्मों के मुनीम और एकाउंटेंट इस काम के लिए आते। लेकिन पुराने किस्म के लाला धोती-कुर्ते में स्वयं आते। उनका हुलिया देखकर यह अन्दाज़ लगाना मुश्किल था कि वे कितनी हैसियत के आदमी हैं, लेकिन लेजर देखने पर पता चलता, वे लाखों में चलते हैं। सुबह-सुबह अपनी घर की सिली बनियानों की चोर जेबों में नोटों का वक्षस्थल फुलाए जब वह जमा काउंटर पर खड़े होते, अपर्णा का मन होता, उनसे कहे, 'सेठजी, थोड़ा-सा पैसा ख़र्च कर कपड़े किसी पावर पैक्ड साबुन से धुलवा लीजिए, सारे बैंक में पसीने की गन्ध उड़ रही है।' पर प्रकट में वह यों ही सिर नीचा किए अपना काम करती रहती। अपर्णा को अपने सहयोगियों पर और ख़ुद अपने पर हैरानी होती। पैसा एक अमानत की तरह उन सबके हाथों से गुजरता। अपर्णा अपनी सहेलियों को बताती, 'पता है, जिस कुली के सिर पर ईंटों की तरह चिनवाकर पाँच-पाँच लाख के नकद नोटों की गड्डियाँ स्ट्रांग रूम से ट्रेजरी भिजवाई जाती हैं, उस कुली की कुल मजदूरी क्या होती है-सिर्फ़ दस रुपए रोज। आप उससे पूछिए, कब से यह काम रहा है, तो कहेगा, सिर्फ़ दस साल से।'

सहेलियाँ दंग रह जातीं, 'कमाल है, दस साल में क्या, एक भी बार उसकी नीयत ख़राब नहीं हुई। हम होते तो नोट लेकर भाग जाते।'

अपर्णा सिर हिलाती, 'तुम भी ऐसा न करते। जब सिर पर जिम्मेदारी पड़ती है तो ईश्वर अपने आप शक्ति दे देता है।'

'तुम तो ऐसे बोल रही हो जैसे किसी यूटोपिया में पहुँच गई हो।'

'सच यूटोपिया ही लगता है। हर आदमी अपने काम में इतना मुस्तैद, इतना चौकस है कि इस संस्था और उसकी प्रणाली पर ही गर्व होता है। यकीन न हो तो किसी दिन आकर देखो।'

दो-चार बार अपर्णा की सहेलियाँ उसके दफ़्तर गईं पर अपर्णा काम से इतनी घिरी रहती कि वे लोग उठकर कॉफ़ी पीने भी न जा सकीं। अलबत्ता मेज पर ही कॉफ़ी मँगाकर पी ली गई।

सहेलियों ने मुँह बनाया, 'यह तो दस से पाँच तक जेल की तरह है।'

अपर्णा मुस्करा दी। उसे पता था, यह वे नहीं उनकी कुंठा बोल रही थी।

ये वे दिन थे जब अपर्णा आशा और विश्वास से भरी थी। उसे जगह-जगह लिखे नारे भी अच्छे और अर्थपूर्ण लगने लगे थे। 'परिश्रम ही देश को महान बनाता है।' 'अनुशासन आज की ज़रूरत है।' 'कड़ी मेहनत, पक्का इरादा, दूरदृष्टि।'

उसे रात में सपने भी इसी तरह के आने लगे जैसे दिन में उसके खयाल थे। सपने में उसे दिखता कि वह अपनी ही शाखा में एक सहयोगी की पत्नी बन चुकी है। रोज़ सुबह साढ़े नौ बजे वे दोनों अपना लंच बॉक्स थामकर इकट्ठे स्कूटर से रवाना होते हैं। दोनों का एक ज्वाइंट एकाउंट है और घर में दोनों की मर्ज़ी से काम-काज होता है।

ये निहायत मुमकिन किस्म के सपने थे। और अगर हॉल में एक भी आदमी अविवाहित और नौजवान होता तो ये पूरे भी हो सकते थे। पर मौजूदा स्टाफ में सब लोग इस कदर विवाहित थे कि उनके बारे में सोचना भी फिजूल था।

दफ़्तर में दो महिलाएँ और थीं। उनकी अपर्णा से कोई प्रतिद्वंद्विता नहीं थी। मगर बहुत घनिष्टता भी नहीं थी। उन दोनों की आपस में बनती थी। कभी-कभी अपर्णा को सतर्क करना वे अपना कर्तव्य समझतीं।

मिसेज श्रीवास्तव कहतीं, 'सँभलकर रहना अपर्णा, ये शादी-शुदा मर्द बड़े ख़तरनाक होते हैं। पहले आतुर बनेंगे, फिर कातर, और फिर शातिर। एकदम, पन्नालाल हैं सब के सब।'

अपर्णा कहती, 'मुझे तो सब बड़े सीधे नज़र आते हैं। लगता ही नहीं कि मर्दों के बीच बैठे हैं।'

मिसेज श्रीवास्तव एक तजुर्बेदार हँसी हँस देतीं।

अपर्णा को काम करते हुए करीब ढाई महीने हो गए। एक दिन खन्ना साहब ने एकाएक उससे पूछा, 'आज शाम क्या कर रही हैं आप?'

अपर्णा सतर्क हो गई। उसे सारी चेतावनियाँ याद हो आईं।

'जी, मुझे माँ को लेकर डॉक्टर के पास जाना है।' उसने मुँह लटका कर कहा, 'कोई ज़रूरी काम है क्या?'

'मैंने सोचा, आवर्ती जमा योजना का बहुत-सा काम चेक करना है, आपकी मदद से आज निपटा लूँ।'

अपर्णा को अपनी चालाकी पर ग्लानि हुई। लेकिन अब वह झूठ बोल चुकी थी।

'आज की शाम आप क्या कर रही हैं?' यह सवाल धीरे-धीरे बैंक का हर छोटा-बड़ा अधिकारी अपर्णा से पूछ चुका था। अपर्णा बुद्धू नहीं थी। माँ की बीमारी, पिता का प्रवास उसके रक्षाकवच थे। अपनी शाम साबुत सुरक्षित बचाने का उसके पास यही उपाय था। लेकिन एक शाम वह चपेट में आ ही गई। हम-उम्र सहयोगी सिन्हा ने कहा, 'अपर्णाजी, आज ऑफ़िस में ही दो-चार मित्रों को बुलाया है, आप भी रुकें।'

अपर्णा ने अपना कवच और कुंडल निकाला, 'देखिए मुझे माँ के साथ...'

'नहीं, अपर्णाजी, आप सिर्फ़ बीस मिनट मुझे दे दें। मेरे बेटे का जन्मदिन है आज।'

'आप घर पर जन्मदिन नहीं बनाएँगे?'

'मेरा बेटा अपनी मम्मी के साथ बनारस गया हुआ है। सुबह से ही उसकी बड़ी याद आ रही थी, इसलिए कुछ लोगों को यहीं बुला लिया।'

अपर्णा एक तरह से फँस गई। उससे यह कहते नहीं बना कि वह बीस मिनट भी नहीं दे सकती।

पाँच बजे बैंक के सभी लोग चले गए। सिर्फ़ चौकीदार और दो चपरासी अपने-अपने स्टूल पर बैठे रह गए। थोड़ी देर में सिन्हा के मेहमान आने शुरू हो गए। दफ़्तर के बाहर दो-चार स्कूटर, मोपेड और एक मारुति खड़ी हो गई। इनमें से किसी का भी चेहरा अपर्णा के लिए पहचाना हुआ नहीं था। इसलिए वह अपनी सीट पर ही बैठी रही। सिन्हा का कमरा अन्दर को था। जल्दी ही सिन्हा आकर उसको लिवा ले गया। सबसे सबका परिचय हुआ। केक की रस्म अदा होने के बाद अपर्णा ने देखा, चपरासी दाताराम एक बड़ी-सी प्लेट में ढेर सारी बर्फ ले आया। इसके पहले कि वह चीज़ों को समझे, बात ही बात में न जाने किस कोने से व्हिस्की की बॉटल लाकर मेज़ पर रख दी गई। बैठे लोगों के थके चेहरों पर एकाएक स्फूर्ति आ गई। सिन्हा ने मेज़ की दराज़ से गिलास निकाल लिये।

'एक्सक्यूज मी।' अपर्णा ने कहा और उठ गई।

'अरे-अरे आप क्या अनर्थ करती हैं, बैठिए।' सिन्हा ने उसे रोका।

'जी नहीं, मैं जाऊँगी।' अपर्णा ने दृढ़ता से कहा और बाहर हॉल में आ गई।

चपरासी और चौकीदार उसे कौतुक से देख रहे थे।

'छि:, यह सब दफ़्तर में चलता है और आप लोग रोकते भी नहीं।' अपर्णा ने कहा।

'हम रोकनेवाले कौन होते हैं, जब आप लोग नहीं रोकते।'

'क्या यहाँ अक्सर यह सब चलता है?'

'और बैंक में शाम को क्या होता है। कभी सिन्हा साहब, कभी खन्ना साहब।' राष्ट्रीयकृत बैंकों का यह इस्तेमाल अपर्णा के लिए एक धक्का था। शाम को जब कभी उसने बैंक की बिजली जली देखी, उसने यही सोचा कि यहाँ के अधिकारी कितने मनोयोग से अपना काम पूरा करते हैं।

रिक्शा स्टैंड तक अपर्णा को ख़तरा महसूस होता रहा कि कहीं सिन्हा उसके पीछे न आए। जब वह सकुशल रिक्शे में बैठ गई, उसने चैन की साँस ली।

घर में माँ या पिता को इस घटना की जानकारी देना निरर्थक दुश्चिन्ता बढ़ाना होता। वह चुप रही। आज उसकी अकड़ खंडित होते-होते बची थी।

साल बीतने पर वह भी एल.टी.सी. प्राप्त करने वालों में हकदार हो गई। माँ ने कहा, 'तू छुट्टी ले ले तो हम सब जगन्नाथपुरी चलें।'

'चलो, माँ की मर्जी ही सही।' अपर्णा ने सोचा, हालाँकि वह ख़ुद कुल्लू-मनाली के सपने देख रही थी। माँ ने सारी तैयारी कर ली। उसने दफ़्तर से एडवांस लिया। आरक्षण आसानी से हो गया। लेकिन यात्रा की सुबह एक अप्रत्याशित घटना हो गई। पिताजी को अचानक घबराहट और सीने में दर्द उठा। देखते-देखते वे तीनों स्टेशन की बजाय अस्पताल पहुँच गए, जहाँ शुरू हो गया ई.सी.जी. और अन्य परीक्षणों का एक लम्बा सिलसिला। अपर्णा की दस दिन की छुट्टी इस बीमारी ने निगल ली। पिताजी बच गए लेकिन वे तीनों इस दौरे से बेहद विचलित हो गए।

इस बीच अपर्णा ने दफ़्तर फ़ोन कर अपने अधिकारी को इत्तला दे दी थी कि वह छुट्टी में घूमने नहीं जा सकी है। उसने सोचा, वह छुट्टी के बाद जब दफ़्तर जाएगी, एडवांस वापस कर देगी।

दस दिन बाद जब वह दफ़्तर गई चपरासी ने उसे एक रजिस्टर्ड लिफ़ाफ़ा पकड़ाया। पत्र बैंक के क्षेत्रीय कार्यालय से आया था, जिसमें लिखा था-'आपने एल.टी.सी. का झूठा बिल पेश कर बैंक के साथ धोखाधड़ी और धन के दुरुपयोग की चेष्टा की है। इस सम्बन्ध में अपना स्पष्टीकरण तत्काल दें अन्यथा आपके विरुद्ध अनुशासनात्मक कार्रवाई करने को हम बाध्य होंगे।'

अपर्णा पत्र लेकर धड़धड़ाती हुई खन्ना के केबिन में पहुँची, 'सर, मैंने तो फ़ोन पर आपको पहले ही सूचित कर दिया था कि...'

शाखा-प्रबन्धक ने चश्मे में से उसे घूरकर कहा, 'मुझे आपका कोई फ़ोन नहीं मिला। आपको जो भी कहना है, लिखित में कहें।' अपर्णा के लिए यह आरोप न सिर्फ़ निराधार था, वरन बचकाना भी, खासकर तब जबकि आज वह अपने पर्स में एडवांस की रकम भी लौटाने की गर्ज से लाई थी।

खन्ना ने सिन्हा को बुलाकर सलाह की। तय यही हुआ कि ये जो नए अपरिपक्व, अनुशासनहीन अधिकारी हैं, उन्हें सबक सिखाया जाए और उनकी लीपापोती कतई मंजूर न की जाए।

सिन्हा ने कहा, 'और सर, हमारी फाइल में इनके द्वारा दिया गया बिल भी लगा हुआ है। उस पर तारीख भी उनके हाथ की ही लिखी हुई है।'

अपर्णा अभी भी डरी नहीं। उसे लगा सच्चाई उसके साथ है, उसकी नीयत में कोई ख़राबी नहीं है, फिर वह क्यों घबराए।

घर में माता-पिता को उसने संक्षेप में थोड़ा-सा समझाया, पर समस्या को बहुत हल्का बनाकर ताकि पिताजी के कलेजे पर बोझ न पड़े।

'तू क्यों चिन्ता करती है। मैं चलूँगा तेरे साथ क्षेत्रीय दफ़्तर।' पिता ने कहा।

जाते वक़्त पूरे रास्ते पिता उसे समझाते रहे, 'तू बिलकुल न डर। सत्य में आज भी बड़ी शक्ति है। मेरी इतनी उम्र हो गई, मैंने आज तक झूठ का सहारा नहीं लिया और मैं कभी घाटे में नहीं रहा।'

क्षेत्रीय कार्यालय कानपुर की एक व्यस्त स्वच्छ सड़क पर था। भव्य इमारत, भारी सुरक्षा और तामझाम से भरपूर। कार्यालय का हर अधिकारी-कर्मचारी वहाँ व्यस्त नज़र आ रहा था।

अपर्णा सम्बन्धित अधिकारी से मिलना चाहती थी। 'पूछताछ' से पता चला कि वे तो दौरे पर निकले हुए हैं। उनके कनिष्ठ अधिकारी ज़रूर हैं। इस अधिकारी की केबिन में जाने से पहले विभागीय कर्मचारियों का एक हॉल क्रॉस करना पड़ता था।

जब अपर्णा अपने पिता को साथ लेकर केबिन में जाने को उद्यत हुई, चपरासी ने रोककर कहा, 'एक-एक करके जाना, भीड़ की भीड़ क्या करेगी अन्दर।'

'भीड़ नहीं यह मेरे पिताजी हैं।' अपर्णा ने तैश में कहा।

'आडर नहीं, एक बार में ख़ाली एक जन जाएगा।' पिताजी को बाहर ठहरने को कह अपर्णा अन्दर गई। कनिष्ठ अधिकारी वरिष्ठ अधिकारी की अकड़ से बैठा अपना कान फ़ोन में और आँख फाइल में लगाए था, उसने अपर्णा के अन्दर आने का कोई नोटिस नहीं लिया और बड़ी देर तक फ़ोन पर केवल ओ आ ऐं जैसे स्वर में बोलता रहा। थककर अपर्णा सामने पड़ी कुर्सी पर बैठ गई। फ़ोन रखते ही उसने अपर्णा की ओर इतने रूखे सरकारी ढंग से देखा कि वह अटपटाकर खड़ी हो गई। और न चाहते हुए भी उसने अपनी बात में 'सर' 'सर' कहना शुरू कर दिया। एक-डेढ़ मिनट उस अधिकारी ने अपर्णा की बात ध्यान से सुनी, फिर निरपेक्ष भाव से कहा, 'अब आप क्या चाहती हैं?'

'मैं चाहती हूँ, मेरे स्पष्टीकरण पर आप ध्यान दें और मेरी विश्वसनीयता पर सन्देह न किया जाए।'

'स्पष्टीकरण की पुष्टि करना हमारा फ़र्ज होगा। शाखा प्रबन्धक और उनके सहयोगी अधिकारी की रिपोर्ट पर आपके विरुद्ध जाँच की कार्रवाई तो करनी ही पड़ेगी।'

'यह सरासर अन्याय है। मैंने अभी अर्ज किया कि वह पैसे मैंने एडवांस बिल के एंगेस्ट लिये थे। छुट्टी के बाद मैं वह धनराशि तुरन्त लौटाने ही आई थी।'

'आपने अपनी यात्रा रद्द करने की कोई सूचना अपने कार्यालय को नहीं दी नम्बर एक, आपके बिल पर कहीं भी एडवांस बिल जैसा शब्द नहीं लिखा हुआ है नम्बर दो और आपके पास अपनी भेजी गई सूचना का कोई लिखित सबूत नहीं है। फिर हम कैसे मानें कि आप सन्देह से परे हैं।'

'आप अपने विवेक से न्याय करें, क्या आपको मैं एक बेईमान लड़की मालूम देती हूँ।'

'व्यक्तिगत प्रतिक्रिया का दफ़्तर के रूटीन में कोई अर्थ नहीं होता। फिर इधर हमारे यहाँ नए आए जूनियर्स में इतने अजीब तत्त्व घुस गए हैं कि इनकी पड़ताल होनी ज़रूरी है। आप जा सकती हैं।'

'पर सर...'

'आप अपना समय बरबाद कर रही हैं।' अधिकारी ने घंटी बजा दी। अपर्णा बौखलाई–सी चपरासी के पीछे–पीछे बाहर आई। उसके पिता डीलिंग क्लर्क के सामने पड़ी कुर्सी पर बैठे हुए थे। क्लर्क के मुँह में ठूँसमठूँस पान भरा था और वह बड़े ग़ौर से अपने चश्मे में से अपर्णा को देख रहा था। 'चलो' अपर्णा ने बिना उससे बात किए पिता से कहा। क्लर्क ने गुस्से में मुँह का पान लहूलुहान कर लिया। उसे केस का पता था। उसे लगा, गले तक मुसीबत में फँसी है लड़की पर अकड़ देखो, डीलिंग क्लर्क से बात करते हेठी होती है। दर्जनों केस उसकी मेहरबानी से इसी दफ़्तर की आलमारियों में दफ़न हुए पड़े हैं। उसने सोचा था, लड़की आकर उससे ठीक से मुलाकात करेगी, थ्रू प्रॉपर चैनल अन्दर जाएगी और आइंदा इस मनहूस बूढ़े को लाकर उसके सामने न बैठाने की समझदारी दिखाएगी तो वह मामला दबवा देगा। अभी जाँच की कार्रवाई का काग़ज़ डिस्पैच नहीं हुआ था, इसके तो मिजाज सातवें आसमान पर टिके हुए हैं।

उसके चले जाने के बाद उसने चपरासी (जो उसका परामर्शदाता भी था) से कहा, 'इसी तरह यह अपने पिताजी के साथ आती रहेगी तो दसियों साल इन्क्वायरी चलवाऊँगा, रो न दे तो कहना।'

चपरासी खैनी के लिए श्रीवास्तव का मोहताज रहता था। उसकी किसी बात से असहमत होना उसे कभी ठीक न लगता, उसने सिर हिलाया।

अगला पूरा हफ़्ता भागदौड़ में बीता। हालाँकि वह नई थी, सहयोगी उससे हमदर्दी रखते थे। जिसने जिस मददगार का नाम बताया, वह वहीं दौड़ी, लखनऊ और कानपुर उसके लिए कटरा और ममफोर्डगंज बन गए। कभी किसी सूचना पर, बिना रेल आरक्षण के वह सफर पर चल देती, घिच-पिच भरे डिब्बों में बोरे पर बैठ, खड़े हो, लटक कर। अधिकतर सम्बन्धित व्यक्ति से मुलाकात ही न होती या वह अपनी व्यस्तता बताकर दो दिन बाद का वक़्त देता। अनजान शहर में कहीं भी टिकना उसे निरापद न लगता। मजबूरन वह वापस आकर दो दिन बाद फिर दौड़ लगाती।

माँ और पिता लाचार उसे देखते। उन्हें लगता, उनकी अप्पी वाकई बड़ी हो गई है। अब उसकी मुश्किलों का हल वे नहीं निकाल सकेंगे।

जाँच बैठ चुकी थी।

फाइल मोटी होती जा रही थी, अपर्णा दुबली।

क्षेत्रीय कार्यालय के एक अधिकारी प्रीतमसिंह, यूनियन के एक प्रतिनिधि समीर सक्सेना, और एक अन्य अधिकारी जाँच समिति में शामिल थे।

उसी दफ़्तर में जहाँ अपर्णा एक अधिकारी की हैसियत से जाती रही थी, अब एक अभियुक्त की तरह आती और शाखा प्रबन्धक के कमरे के बाहर पड़ी कुर्सी पर बैठी रहती, फाइल गोद में रखे और आँखें दीवार पर टिकाए। जाँच का आतंक कुछ ऐसा था कि दफ़्तर के चपरासी तक ने अपर्णा को सलाम करना बन्द कर दिया। कोई इस लफड़े में पड़ना नहीं चाहता था।

जाँच के दौरान बहुधा सवाल इस तरह पूछे जाते जिनका जवाब हाँ या नहीं में अपेक्षित होता।

अपर्णा अपने को बेहद फँसा हुआ पाती। उसकी शक्ल हर समय रुआँसी रहने लगी थी।

बड़ी मुश्किल से उसे यह पता चला कि समीर सक्सेना कहाँ रुके हुए हैं। उसने सोचा, वह विशेष रूप से उनसे मिलकर अपनी बात समझाने की कोशिश करेगी।

उनसे मिलना आसान नहीं था। अक्सर होटल में उनके कमरे में ताला ही पड़ा रहता। जब वे लौटते तो उनके मुलाकाती एक छोटे-मोटे जुलूस की शक्ल में उनका स्वागत करते। वे देर तक लाउंज में लोगों की समस्याओं का समाधान निकालते और उनके प्रार्थनापत्र प्राप्त करते। इतनी भीड़ के बीच अपर्णा अपना

मामला खोलना नहीं चाहती थी। इससे सिर्फ़ तमाशा बन सकता था लेकिन भीड़ से निपटते ही समीर सक्सेना कमरे में दाखिल हो जाते और वेटर उनके दरवाज़े पर 'डू नाट डिस्टर्ब' की तख्ती लटका देता।

वेटर की काफी मिन्नत, ख़ुशामद और बख्शीशबाजी के बाद एक दिन अपर्णा को सक्सेनाजी से मुलाकात का मौक़ा मिला।

उन्होंने काफी ग़ौर से उसकी बात सुनी। अब तक अपर्णा हर एक महत्त्वपूर्ण व्यक्ति को 'सर' कहने की आदी हो चली थी। उन्होंने टोका, 'आप तो स्वयं अधिकारी हैं, नई हैं तो क्या! आपको किसी को 'सर' नहीं कहना चाहिए।'

अपर्णा को सक्सेनाजी की बातों से राहत मिली। पहली बार उसे किसी ने इनसान की हैसियत से सम्बोधित किया था।

'मैं देखूँगा, वैसे केस उलझ गया है क्योंकि उनके पास सबूत है। आपके पास सबूत नहीं है।'

'क्या नेकनीयती अपने आप में सबूत नहीं होती?' अपर्णा ने पूछा।

'दफ़्तरी मामलों में सबसे ज़रूरी चीज़ होती है लिखित सबूत। फिर भी मैं कोशिश करूँगा। यह खन्ना कैसा आदमी है?'

'महाधूर्त!' अपर्णा ने कहा। सक्सेनाजी के अधपके बालों की ओर देखकर अपर्णा ने संकोच से कहा, 'आपको बताते हुए मुझे संकोच होता है लेकिन दफ़्तर में खन्ना साहब और सिन्हा साहब दोनों का व्यवहार महिला कर्मचारियों से उचित नहीं है।'

'इस सिलसिले में हमारे पास कभी कोई शिकायत नहीं आई है।'

'पर मुझे तो मालूम है, एक नई प्रोबेशनर को रोज़ अपनी मेज की दराज में काग़ज़ पर लिखे अश्लील शेर मिला करते थे, उसने मुझे ख़ुद दिखाए थे, वह लिखावट हूबहू खन्ना साहब की थी। मरे प्रति भी उनका सख़्त रवैया तभी शुरू हुआ जब मैंने शाम पाँच बजे के बाद दफ़्तर में रुकने से इनकार किया।'

'लेकिन यह एक आम शिकायत है कि जब-जब महिला वर्करों की योग्यता पर सवाल उठाए जाते हैं, वे पुरुषों के चरित्र की बात बीच में ले आती हैं।'

'ऐसा नहीं है सर, यह बहुत हद तक ठीक भी होता है।'

'इस वक़्त इस पचड़े को उठाने से आपको इस मामले में कुछ वक़्त और मिल जाएगा पर इससे क्या हासिल होगा। क्या आपकी सहेली इस बात की पुष्टि करेगी कि उसे खन्ना साहब तंग करते रहे?'

'मैं पूछूँगी, वैसे मैं अब तक काफी तनाव और परेशानी से गुजर चुकी हूँ। मैं भी नहीं चाहती कि मेरा केस अनिश्चित काल तक घिसटता रहे।'

'आप पता कर मुझे बताइए, क्या किसी और महिला को दफ़्तर में खन्ना साहब से शिकायत है?'

अगले दिन अपूर्णा ने फरीदा जमाल से बात की। फरीदा उससे जूनियर थी और जब उसे लगातार चार दिन अपनी दराज में गन्दे शेर लिखे रखे मिले, उसने अपना दुखड़ा अपर्णा को सुनाया था।

शिकायत का प्रस्ताव सुन वह एकदम बिदक गई। वह इस वाकये को पब्लिकली नहीं कहना चाहती थी। फिर अब तो ये शेर-ओ-शायरी भी बन्द हो चुकी थी।

'ना बाबा, मैं इस लफ़ड़े में नहीं पड़ना चाहती। कितनी फजीहत होगी। मेरे अब्बा तो मुझे जान से मार डालेंगे।'

'पर ऐसी बातों का पर्दाफाश होना चाहिए कि नहीं! यह साहब आने वाली और लड़कियों को भी इसी तरह परेशान करेगा।'

'करेगा तो वे ख़ुद निपटेंगी। मैं मोर्चा नहीं बनाना चाहती। केस आपके झूठे बिल का है। उसका इन सारी बातों से क्या रिश्ता?'

फरीदा के तेवर बदलते देख अपर्णा चुप हो गई।

सक्सेनाजी से उसका मिलना तय था।

सब कुछ सुनकर वे बोले, 'मैंने आपसे पहले ही कहा था, व्यर्थ के नए प्रसंग उठाने से कोई लाभ नहीं होगा, सिर्फ़ थोड़ा वक़्त मिल जाएगा। आज तो मैं वापस लौट रहा हूँ, अगली बार आऊँगा तो हम आपकी डिफेंस की रूपरेखा बना लेंगे। आपकी फाइल भी मैं अच्छी तरह देखूँगा।' अपर्णा ने सोचा कि वह दस मिनट में फ्री हो जाएगी, पर सक्सेना साहब ने डेढ़ घंटा लगा दिया।

प्रीतम सिंह घनी दाढ़ी और भारी देह वाले सहृदय से दिखने वाले अधिकारी थे। उनके बारे में किसी को ज्यादा जानकारी नहीं थी। वह तो एक दिन उनका एक फ़ोन आने से अपर्णा को यह जानकारी मिली कि वे गेस्ट हाउस में रुके हैं। वह वहाँ गई।

'जब सब बातें दफ़्तर में हम सुन रहे हैं, यहाँ आने में कोई सेंस नहीं है मिस जोशी।' सिंह साहब ने उसे दरवाज़े पर खड़ा देखकर कहा।

'नहीं सर, आपको मेरी बात सुननी पड़ेगी।' अपर्णा ने पूरा प्रकरण उन्हें सुनाया।

सिंह साहब ध्यान से सुनते रहे, फिर बोले, 'लेकिन इस बात का सेंस क्या निकलता है?'

'यही कि यह आरोप बेबुनियाद है। मेरी बात पर यकीन किया जाए।'

'टेलीफ़ोन पर दी गई सूचना को हम कैसे आधार बना सकते हैं?'

'जाँच तो आपके विवेक पर हो रही है।'

'तुम अपनी फाइल लाई हो?' सिंह साहब के यकायक तुम सम्बोधन से अपर्णा उत्साहित हो गई। उसे लगा जैसे अँधेरे में कोई चिराग जला हो।

'जी सर।'

सिंह साहब फाइल पलटने लगे।

इस वक़्त शाम ढल चुकी थी। अपर्णा सुबह से घर से निकली थी। उसके पैरों में दिन भर की थकान थी। भूख और प्यास से मुँह एकदम सूख रहा था लेकिन वह एक बार फिर जबरन अपनी आवाज़ में जान भरकर सिंह साहब को एक-एक काग़ज़ समझा रही थी। उसे लग रहा था कि उसकी डूबती नाव को सिंह साहब बचा लेंगे।

'चाय पियोगी?' सिंह साहब ने पूछा। अपर्णा को और भी अच्छा लगा।

अचानक सारी फीलिंग्स और फाइल पर दाढ़ी के ढेर से सफ़ेद बाल छितरा गए। अपर्णा ने दहशत में खुले दरवाज़े की ओर देखा, जिसे अब तक वह बहुत बड़ी सुरक्षा मान रही थी। दरवाज़े पर मोटा पर्दा था जिसे सिंह साहब बहुत बड़ी सुरक्षा मान चुके थे।

फाइल इतनी पेचीदा थी कि एक बार नहीं कई-कई बार देखी गई, कभी सिंह साहब देखते, कभी सक्सेना साहब। जाँच की सुनवाई खिंचती चली जा रही थी। अपर्णा फाइल ढोते-ढोते बेजान हो चली थी। सारा शरीर सफ़ेद पड़ता जा रहा था। रक्तहीन चेहरे पर न पहले जैसा नूर था, न नरमी। वह एक ऐसे कुचक्र में पड़ गई थी कि फाइल दिखाने से न तो वह मना कर सकती थी, न विद्रोह। कई बार उसने सोचा, वह सीधे वित्तमंत्री को पत्र लिखे, पर वह जानती थी कि पत्र का नतीजा यही होगा कि एक जाँच और बैठा दी जाएगी। उसकी फाइल और भी पेचीदा होती जाएगी और दर्जनों अधिकारियों के हाथों से गुजरेगी।

इस बिन्दु पर नौकरी छोड़ने का मतलब होता, वह सारे आरोप स्वीकार करते हुए त्यागपत्र दे रही है। ऐसी स्थिति में अन्य कोई नौकरी मिलनी भी मुश्किल थी। अब तक शहर में जाँच की ख़बर फैल चुकी थी। जहाँ कोई परिचित सामने पड़ जाता, उसे अजब नज़रों से देखता। उनकी निगाहों से लगता, अपर्णा बेहद मक्कार और बेईमान इनसान है और वे ख़ुद एकदम सच्चे, साफ़ और पवित्र हैं। सहेलियों ने शुरू में कुछ दिन हमदर्दी दिखाई, फिर वे भी इस प्रसंग से ऊबने लगीं। अपर्णा हर स्तर पर अकेली होती गई।

जिन दिनों जाँच की कार्रवाई स्थगित रहती, अपर्णा के मन में बेहद आक्रोश स्थगित इकट्ठा होता रहता। वह सोचती, उसे खन्ना के केबिन में घुसकर एक दिन उसे ताबड़-तोड़ मारना है, सिन्हा के स्कूटर के सामने उसे पत्थर रख देना है। एक दिन कुर्सी पर खड़े होकर वह चीख-चीखकर सबको बताएगी कि इस राष्ट्रीयकृत बैंक में कैसे घपले और सौदेबाजी होती है। झूठे बिलों के जरिए हर आदमी हज़ारों रुपए डकारता है, चाहे वे मेडिकल बिल हों या यात्रा बिल या स्टेशनरी बिल। इस सबकी कोई शिकायत नहीं होती। इस सब पर जाँच नहीं बैठाई जाती। जाँच उसके अठारह सौ के बिल पर बैठाई गई है। जिस पर अब तक अट्ठाईस हजार रुपए ख़र्च हो चुके होंगे। उसे पता है, इस बैंक में छोटा-बड़ा कोई कर्ज़ बिना कमीशन के मंजूर नहीं होता। ऊपर से नीचे तक सबका परसेंटेज बँधा है।

सब कुछ समझते हुए भी अपर्णा अपनी आवाज़ न उठा पाती। उसे पता था, दफ़्तर में वह अपनी विश्वसनीयता खो चुकी है।

खोया तो उसने और भी बहुत कुछ। अब उसे लगता, जिस कारण से उसने खन्ना और सिन्हा से अदावत मोल ली, अब तो वह उस कारण की भी हिफाजत नहीं कर सकी।

जाँच अधिकारी उसे लगातार ढाढ़स बँधाते, 'तुम बिलकुल बेफ़िक्र रहो। इस मामले को निपटाकर हम तुम्हारा तबादला और पोस्टिंग ऐसी ब्रांच में करवा देंगे, जहाँ किसी को इस मामले की ख़बर ही न होगी। तुम नए सिरे से जीवन शुरू कर सकोगी।'

हालाँकि उसकी फाइल अब तक अच्छी तरह देखी-भाली जा चुकी थी, फाइल देखने का दबाव अभी भी उतना ही था। उसके शनिवार, रविवार सब इस जाँच की बलि चढ़ चुके थे। अब उसे इसका कुछ-कुछ अन्दाज़ था कि इसका नतीजा क्या होगा। उसके निर्दोष साबित होने के पूरे आसार थे, पर इस सम्भावना के बावजूद अपर्णा के चेहरे की मनहूसियत घट नहीं, बढ़ रही थी। उसे लग रहा था कि असली सजा तो वह पा चुकी है। दुनिया की नज़रों में गुनहगार की हैसियत से जी लेना उसके लिए एक भयंकर अनुभव रहा था, जिसे जाँच अधिकारियों के दिलासे भी कम नहीं कर सके थे। उसे लगता था, इस जाँच की आँच कभी ठंडी नहीं होगी। इस तरह शुक्रवारों को फ़ोन आते रहेंगे, शनिवार और इतवार उसकी फाइल निगलते रहेंगे। वह इसमें से निकलने की कोशिश में और भी उलझती जाएगी।

बहरहाल, जाँच अभी जारी है।

बोलने वाली औरत

'यह झाड़ू सीधी किसने खड़ी की?' बीजी ने त्योरी चढ़ाकर विकट मुद्रा में पूछा।

जवाब न मिलने पर उन्होंने मीरा को धमकाया, 'इस तरह फिर कभी झाड़ू खड़ी की तो...'

वे कहना चाहती थीं कि मीरा को काम से निकाल देंगी पर उन्हें पता था नौकरानी कितनी मुश्किल से मिलती है। फिर मीरा तो वैसे भी हमेशा छोड़ूँ-छोड़ूँ मुद्रा में रहती थी।

'मैंने नहीं रखी,' मीरा ने ऐंठकर जवाब दिया।

'मैंने रखी थी, बीजी,' शिखा ने आँगन से आते हुए कहा।

'क्यों रखी थी! तुझे इतना नहीं मालूम कि झाड़ू खड़ी रखने से घर में दलिद्दर आता है, कर्ज़ बढ़ता है, रोग जड़ पकड़ लेता है।'

'यह तो मैंने कभी नहीं सुना।'

'जाने कौन गाँव की है तू! माँ के घर से कुछ भी तो सीख कर नहीं आई। काके का काम वैसे ही ढीला चल रहा है, तू और झाड़ू खड़ी रख, यही सीख है तेरी!'

'मेरा ख़्याल है झाड़ू ग़ुसलखाने के बीचोबीच भीगती हुई, पसरी हुई छोड़ देने से दलिद्दर आ सकता है। तीलियाँ गल जाती हैं, रस्सी ढीली पड़ जाती है और गंदी भी कितनी लगती है।'

'आज तो मैंने माफ़ कर दिया, फिर कभी झाड़ू खड़ी न मिले, समझी।'

'इस बात में कोई तुक नहीं है बीजी, झाड़ू कैसे भी रखी जा सकती है।'

बीजी झुँझला गईं। कैसी जाहिल और ज़िद्दी लड़की ले आया है काका। लाख बार कहा था इस कुदेसिन से ब्याह न कर, पर नहीं, उसके सिर पर तो भूत सवार था।

शिखा को हँसी आ गई। बीजी अपने को बहुत समझदार मानती हैं, जबकि अक्सर उनकी बातों में कोई तर्क नहीं होता।

उसे हँसते देखकर बीजी का ख़ून खौल गया।

'इसे तो बिलकुल अक्ल नहीं है,' उन्होंने मीरा से कहा।

'बीजी, चाय पिएँगी?' शिखा ने पूछा।

बीजी उसकी तरफ़ पीठ करके बैठी रहीं। शिखा की बात का जवाब देना वे ज़रूरी नहीं समझतीं। वैसे भी उनका ख़्याल था कि शिखा के स्वर में ख़ुशामद की कमी रहती है।

शिखा ने चाय का गिलास उनके आगे रखा तो वे भड़क गईं, 'वैसे ही मेरा क़ब्ज़ के मारे बुरा हाल है, तू चाय पिला-पिलाकर मुझे मार डालना चाहती है।'

शिखा ने और बहस करना स्थगित किया और अपना चाय का गिलास लेकर कमरे में चली गई।

शिखा का शौहर, कपिल अपने घरवालों से इन अर्थों में भिन्न था, कि आमतौर पर उसका सोचने का एक मौलिक तारीक़ा था। शादी के ख़्याल से जब उसने अपने आस-पास देखा, तो कॉलेज में उसे अपने से दो साल जूनियर बी.एस.सी. में पढ़ती शिखा अच्छी लगी थी। सबसे पहली बात तो यह थी कि वह उन सब औरतों से एकदम अलग थी जो उसने परिवार और अपने परिवेश में देखी थीं। शिखा का पूरा नाम दीपशिखा था लेकिन कोई नाम पूछता तो वह महज़ नाम नहीं बताती, 'मेरे माता-पिता ने मेरा नाम ग़लत रखा है। मैं दीपशिखा नहीं, अग्निशिखा हूँ।' वह कहती।

अग्निशिखा की तरह ही वह हमेशा प्रज्वलित रहती, कभी किसी बात पर, कभी किसी सवाल पर। तब उसकी तेज़ी देखने लायक होती। उसकी वक्तृता से प्रभावित होकर कपिल ने सोचा वह शिखा को पाकर रहेगा। पढ़ाई के साथ-साथ वह पिता के व्यवसाय में भी लगा था, इसलिए शादी से पहले नौकरी ढूँढ़ने की उसे कोई ज़रूरत नहीं थी। बिना किसी आडम्बर, दहेज या नखरे के एक सादे समारोह में वे विवाह-सूत्र में बँध गए। शिखा उसकी आत्म-निर्भरता, ख़ूबसूरती और स्वतंत्र सोच से प्रभावित हुई। तब उसे यह नहीं पता था कि प्रेम और विवाह दो अलग-अलग संसार हैं। एक में भावना और दूसरे में व्यवहार की ज़रूरत होती है। दुनिया-भर में विवाहित औरतों का केवल एक स्वरूप होता है। उन्हें सहमति-प्रधान जीवन जीना होता है। अपने घर की कारा में वे क़ैद रहती हैं। हर एक की दिनचर्या में अपनी-अपनी तरह की समरसता रहती है। हरेक के चेहरे पर अपनी-अपनी तरह की ऊब। हर घर का एक ढर्रा है जिसमें आपको फ़िट होना ही होना है। कुछ औरतें इस ऊब पर शृंगार का मुलम्मा चढ़ा लेती हैं पर उनके शृंगार में भी एकरसता होती है। शिखा अन्दाज़ा लगाती, सामने वाले घर की नीता ने आज कौन-सी साड़ी पहनी होगी और प्रायः उसका अन्दाज़ा ठीक निकलता। यही हाल लिपस्टिक के रंग और बालों के स्टाइल का था। दुख की बात यही थी कि अधिकांश औरतों को इस ऊब और क़ैद की कोई चेतना नहीं थी। वे रोज़ सुबह साढ़े नौ बजे सासों, नौकरों, नौकरानियों, बच्चों, माली और कुत्तों के साथ घरों में छोड़ दी जातीं, अपना दिन तमाम करने के लिए। वही लंच पर पति का इन्तज़ार, टी.वी. पर बेमतलब कार्यक्रमों को देखना और घर-भर के नाश्ते, खाने-नखरों

की नोक पलक सँवारना। चिकनी महिला-पत्रिकाओं के पन्ने पलटना, दोपहर को सोना, सजे हुए घर को कुछ और सजाना, सास की जी-हुज़ूरी करना और अन्त में रात को एक जड़ नींद में लुढ़क जाना।

कपिल के घर आते ही बीजी ने उसके सामने शिकायत दर्ज की, 'तेरी बीवी तो अपने को बड़ी चतुर समझती है। अपने आगे किसी की चलने नहीं देती। खड़ी-खड़ी जवाब टिकाती है।'

कपिल को गुस्सा आया। शिखा को एक अच्छी पत्नी की तरह चुप रहना चाहिए, ख़ासतौर पर माँ के आगे। इसने घर को कॉलेज का डिबेटिंग मंच समझ रखा है और माँ को प्रतिपक्ष का वक्ता। उसने कहा, 'मैं उसे समझा दूँगा, आगे से बहस नहीं करेगी।'

'उल्टी खोपड़ी की है बिलकुल। वह समझ ही नहीं सकती,' माँ ने मुँह बिचकाया।

रात, उसने कमरे में शिखा से कहा, 'तुम माँ से क्यों उलझती रहती हो दिन-भर!'

'इस बात का विलोम भी उतना ही सच है।'

'हम विलोम-अनुलोम में बात नहीं कर रहे हैं, एक सम्बन्ध है जिसकी इज़्ज़त तुम्हें करनी होगी।'

'ग़लत बातों की भी?'

'माँ की कोई बात ग़लत नहीं होती।'

'कोई भी इनसान परफ़ेक्ट नहीं हो सकता।'

कपिल तैश में आ गया, 'तुमने माँ को इम्परफ़ेक्ट कहा। तुम्हें शर्म आनी चाहिए। तुम हमेशा ज़्यादा बोल जाती हो और ग़लत भी।'

'तुम मेरी आवाज़ बन्द करना चाहते हो।'

'मैं एक शान्त और सुरुचिपूर्ण जीवन जीना चाहता हूँ।'

शिखा अन्दर तक जल गई इस उत्तर से क्योंकि यह उत्तर हज़ार नए प्रश्नों को जन्म दे रहा था। उसने प्रश्नों को होंठों के क्लिप से दबाया और सोचा, अब वह बिलकुल नहीं बोलेगी, यहाँ तक कि ये सब उसकी आवाज़ को तरस जाएँगे।

लेकिन यह निश्चय उससे निभ न पाता। बहुत जल्द कोई-न-कोई ऐसा प्रसंग उपस्थित हो जाता कि वह ज्वालामुखी की तरह फट पड़ती और एक बार फिर बदतमीज़ और बद-ज़ुबान कहलाई जाती। तब शिखा बेहद तनाव में आ जाती। उसे लगता घर में जैसे टॉयलेट होता है ऐसे एक टॉकलेट भी होना चाहिए जहाँ खड़े होकर वह अपना ग़ुबार निकाल ले, ज़ंजीर खींचकर बातें बहा दे और एक

सभ्य शान्त मुद्रा में बाहर आ जाए। उसे यह भी बड़ा अजीब लगता कि वह लगातार ऐसे लोगों से मुख़ातिब है जिन्हें उसके इस भारी-भरकम शब्दकोश की ज़रूरत ही नहीं है। घर को सुचारु रूप से चलाने के लिए सिर्फ़ दो शब्दों की दरकार थी–जी और हाँ जी।

'कल छोले बनेंगे?'

'जी, छोले बनेंगे।'

'पजामों के नाड़े बदले जाने चाहिए।'

'हाँ जी, पजामों के नाड़े बदले जाने चाहिए।'

उसने अपने जैसी कई स्त्रियों से बात करके देखा, सबमें अपने घरबार के लिए बेहद सन्तोष और गर्व था।

'हमारे तो ये ऐसे हैं।' 'हमारे तो ये वैसे हैं, जैसा कोई नहीं हो सकता।' 'हमारे बच्चे तो बिलकुल लवकुश की जोड़ी हैं।' 'हमारा बेटा तो पढ़ने में इतना तेज़ है कि पूछो ही मत।' शिखा को लगता उसी में शायद कोई कमी है जो वह इस तरह सन्तोष से लबालब भरकर 'मेरा परिवार महान' राग नहीं अलाप सकती।

रातों को बिस्तर में पड़े-पड़े वह देर तक सोती नहीं, सोचती रहती, उसकी नियति क्या है। न जाने कब, कैसे वह एक फुलटाइम गृहिणी बनती गई जबकि उसने ज़िन्दगी की एक बिलकुल अलग तस्वीर देखी थी। कितना अजीब होता है कि दो लोग बिलकुल अनोखे, अकेले अन्दाज़ में इसलिए नज़दीक आएँ कि वे एक-दूसरे की मौलिकता की क़द्र करते हों, और महज़ इसलिए टकराएँ क्योंकि अब उन्हें मौलिकता बरदाश्त नहीं। दरअसल वे दोनों अपने-अपने खलनायक के हाथों मार खा रहे थे। यह खलनायक था रुटीन जो जीवन की ख़ूबसूरती को दीमक की तरह चाट रहा था। कपिल चाहता था कि शिखा एक अनुकूल पत्नी की तरह रुटीन का बड़ा हिस्सा अपने ऊपर ओढ़ ले और उसे अपने मौलिक सोच-विचार के लिए स्वतंत्र छोड़ दे। शिखा की भी यही उम्मीद थी। उनकी ज़िन्दगी का रुटीन या ढर्रा उनसे कहीं ज़्यादा शक्तिशाली था। अलस्सुबेरे वह कॉलबेल की पहली कर्कश ध्वनि के साथ जग जाता और रात बारह के टन-टन घंटे के साथ सोता। बीजी घर में इस रुटीन की चौकीदार तैनात थीं। घर की दिनचर्या में ज़रा सी भी देर-सवेर उन्हें बरदाश्त नहीं थी। शिखा जैसे-तैसे रोज़ के काम निपटाती और जब समस्त घर सो जाता, हाथ-मुँह धो, कपड़े बदल एक बार फिर अपना दिन शुरू करने की कोशिश करती। उसे सोने में काफ़ी देर हो जाती और अगली सुबह उठने में भी। उसके सभी आगामी काम थोड़े पिछड़ जाते। बीजी का हिदायतनामा शुरू हो जाता, 'यह आधी-आधी रात तक बत्ती जलाकर क्या

करती रहती है तू। ऐसे कहीं घर चलता है!' ससुर 1940 में सीखा हुआ मुहावरा टिका देते, 'अर्ली टु बेड एंड अर्ली टु राइज़' वग़ैरह-वग़ैरह। हिदायतें सही होतीं पर शिखा को बुरी लगतीं। वह बेमन से झाड़ू-झाड़न-पोंछे का रोज़नामचा हाथ में उठा लेती जबकि उसका दिमाग़ किताब, काग़ज़ और कलम की माँग करता रहता। कभी-कभी छुट्टी के दिन कपिल घर के कामों में उसकी मदद करता। बीजी उसे टोक देतीं, 'ये औरतों वाले काम करता तू अच्छा लगता है? तू तो बिलकुल जोरू का ग़ुलाम हो गया है।'

घर में एक सहज और सघन सम्बन्ध को लगातार ठोक-पीटकर यांत्रिक बनाया जा रहा था। एकान्त में जो भी तन्मयता पति-पत्नी के बीच जन्म लेती, दिन के उजाले में उसकी गर्दन मरोड़ दी जाती। बीजी को सन्तोष था कि वे परिवार का संचालन बढ़िया कर रही हैं। वे बेटे से कहतीं, 'तू फ़िकर मत कर। थोड़े दिनों में मैं इसे ऐन पटरी पर ले आऊँगी।'

पटरी पर शिखा तब भी नहीं आई जब दो बच्चों की माँ हो गई। बस इतना भर हुआ कि उसने अपने सभी सवालों का रुख़ अन्य लोगों से हटाकर कपिल और बच्चों की तरफ़ कर लिया। बच्चे अभी कई सवालों का जवाब देने लायक़ समझदार नहीं हुए थे, बल्कि लाड़-प्यार में दोनों के अन्दर एक तर्कातीत तुनकमिज़ाजी आ बैठी थी। स्कूल से आकर वे दिन-भर वीडियो देखते, गाने सुनते, आपस में मार-पीट करते और जैसे-तैसे अपना होमवर्क पार लगाकर सो जाते। कपिल अपने व्यवसाय से बचा हुआ समय अख़बारों, पत्रिकाओं और दोस्तों में बिताता। अकेली शिखा घर की क़ैद में घटनाहीन दिन बिताती रहती। वह जीवन के पिछले दस सालों और अगले बीस सालों पर नज़र डालती और घबरा जाती। क्या उसे वापस अग्निशिखा की बजाय दीपशिखा बनकर ही रहना होगा, मद्धिम और मधुर-मधुर जलना होगा। वह क्या करे अगर उसके अन्दर तेल की जगह लावा भरा पड़ा है।

उसे रोज़ लगता कि उन्हें अपना जीवन नए सिरे से शुरू करना चाहिए। इसी उद्‌देश्य से उसने कपिल से कहा, 'क्यों नहीं हम दो-चार दिन को कहीं घूमने चलें।'

'कहाँ?'

'कहीं भी। जैसे जयपुर या आगरा।'

'वहाँ हमें कौन जानता है। फ़िज़ूल में एक नई जगह जाकर फँसना।'

'वहाँ देखने को बहुत कुछ है। हम घूमेंगे, कुछ नई और नायाब चीज़ें ख़रीदेंगे, देखना, एकदम फ़्रेश हो जाएँगे।'

‘ऐसी सब चीज़ें यहाँ भी मिलती हैं, सारी दुनिया का दर्शन जब टी.वी. पर हो जाता है तो वहाँ जाने में क्या तुक है?’

‘तुक के सहारे दिन कब तक बिताएँगे?’

बच्चों ने इस बात का मज़ाक बना लिया, ‘कल को तुम कहोगी, अंडमान चलो, घूमेंगे।’

‘इसका मतलब अब हम कहीं नहीं जाएँगे, यहीं पड़े-पड़े एक दिन दरख़्त बन जाएँगे।’

‘तुम अपने दिमाग़ का इलाज कराओ, मुझे लगता है तुम्हारे हॉरमोन बदल रहे हैं।’

‘मुझे लगता है, तुम्हारे भी हॉरमोन बदल रहे हैं।’

‘तुम्हारे अन्दर बराबरी का बोलना एक रोग बनता जा रहा है। इन ऊलजलूल बातों में क्या रखा है?’

शिखा याद करती वे प्यार के दिन जब उसकी कोई बात बेतुकी नहीं थी। एक इनसान को प्रेमी की तरह जानना और पति की तरह पाना कितना अलग था। जिसने उसने निराला समझा वही कितना औसत निकला। वह नहीं चाहता जीवन के ढर्रे में कोई नयापन या प्रयोग। उसे एक परम्परा चाहिए जी-हुज़ूरी की। उसे एक गांधारी च।हिए जो जान-बूझकर न सिर्फ़ अंधी हो बल्कि गूँगी और बहरी भी।

बच्चों ने बात दादी तक पहुँचा दी। बीजी एकदम भड़क गईं, ‘अपना काम-धंधा छोड़ अब काका जयपुर जाएगा, क्यों, बीवी को सैर कराने! एक हम थे, कभी घर से बाहर पैर नहीं रखा।’

‘और अब जो आप तीर्थ के बहाने घूमने जाती हैं, वह?’ शिखा से नहीं रहा गया।

‘तीरथ को तू घूमना कहती है। इतनी ख़राब ज़ुबान पाई है तूने, कैसे गुज़ारा होगा तेरी गृहस्थी का?’

काश गोदरेज कम्पनी का कोई ताला होता मुँह पर लगाने वाला, तो ये लोग उसे मेरे मुँह पर जड़कर चाबी सेफ़ में डाल देते, शिखा ने सोचा, सच ऐसे कब तक चलेगा जीवन!

बच्चे शहज़ादों की तरह बर्ताव करते। नाश्ता करने के बाद जूठी प्लेटें कमरे में पड़ी रहतीं मेज़ पर। शिखा चिल्लाती, ‘यहाँ कोई रूम सर्विस नहीं चल रही है, जाओ, अपने जूठे बर्तन रसोई में रखकर आओ।’

‘नहीं रखेंगे, क्या कर लोगी,’ बड़ा बेटा हिमाक़त से कहता।

न चाहते हुए भी शिखा मार बैठती उसे।

एक दिन बेटे ने पलटकर उसे मार दिया। हल्के हाथ से नहीं, भरपूर घूँसा मुँह पर। होंठ के अन्दर एक तरफ़ का मांस बिलकुल चिथड़ा हो गया। शिखा सन्न रह गई। न केवल उसके शब्द बन्द हो गए, जबड़ा भी जाम हो गया। बर्तन बेटे ने फिर भी नहीं उठाए, वे दोपहर तक कमरे में पड़े रहे। घर-भर में किसी ने बेटे को ग़लत नहीं कहा।

बीजी एक दर्शक की तरह वारदात देखती रहीं। उन्होंने कहा, 'हमेशा ग़लत बात बोलती है, इसी से दूसरे का ख़ून खौलता है। शुरू से जैसी तूने ट्रेनिंग दी, वैसा वह बना है। ये तो बचपन से सिखाने वाली बातें हैं। फिर तू बर्तन उठा देती तो क्या घिस जाता तेरा।'

उन्हीं के शब्द शिखा के मुँह से निकल गए, 'अगर ये रख देता तो इसका क्या घिस जाता?'

'बदतमीज़ कहीं की, बड़ों से बात करने तक की अक्ल नहीं है।' बीजी ने कहा।

ससुर ने सारी घटना सुनकर फिर 1940 का एक मुहावरा टिका दिया, 'एज़ यू सो, सो शैल यू रीप।'

कपिल ने कहा, 'पहले सिर्फ़ मुझे सताती थी, अब बच्चों का भी शिकार कर रही हो।'

शिकार तो मैं हूँ, तुम सब शिकारी हो, शिखा कहना चाहती थी पर जबड़ा एकदम जाम था। होंठ अब तक सूज गया था। शिखा ने पाया, परिवार में परिवार की शर्तों पर रहते-रहते न सिर्फ़ वह अपनी शक्ल खो बैठी है वरन अभिव्यक्ति भी। उसे लगा वह ठूँस ले अपने मुँह में कपड़ा या सी डाले इसे लोहे के तार से। उसके शरीर से कहीं कोई आवाज़ न निकले। बस, उसके हाथ-पाँव परिवार के काम आते रहें। न निकलें इस वक़्त मुँह से बोल लेकिन शब्द उसके अन्दर खलबलाते रहेंगे। घर के लोग उसके समस्त रंध्र बन्द कर दें फिर भी ये शब्द अन्दर पड़े रहेंगे, खौलते और खदकते। जब मृत्यु के बाद उसकी चीर-फाड़ होगी, तो ये शब्द निकल भागेंगे शरीर से और शीतल-जागती इबारत बन जाएँगे। उसके फेफड़ों से, गले की नली से, अंतड़ियों से चिपके हुए ये शब्द बाहर आकर तीखे, नुकीले, कँटीले, ज़हरीले असहमति के अग्रलेख बनकर छा जाएँगे घर-भर पर। अगर वह इन्हें लिख दे तो एक बहुत तेज़ ऐसिड का आविष्कार हो जाए। फ़िलहाल उसका मुँह सूजा हुआ है, पर मुँह बन्द रखना चुप रहने की शर्त नहीं है। ये शब्द उसकी लड़ाई लड़ते रहेंगे।

बाथरूम

समय इक्कीसवीं सदी में जा रहा था पर मथुरा के सतघड़ा में हड़प्पा काल से पहले की शौच और स्नान व्यवस्था थी। ये ऊँचे-ऊँचे मकान पर न उनमें नहानघर, न ढंग का शौचालय। ये मकान उन परिवारों को मुआवज़े के तौर पर दिए गए थे जो पाकिस्तान छोड़ते वक़्त अपनी ज़मीन-जायदाद के काग़ज़ बचाकर ला सके थे। अपने ही वतन में, अपने ही लोगों द्वारा इन्हें नया नाम दिया गया-शरणार्थी और जगह-जगह बसा दिया गया। कुछ घर डेंपियर पार्क से परे किशननगर में चले गए तो कुछ नानकनगर में, तीन घरों को सतघड़ा में बसाया गया। उन्हीं में हमारे मामा लोग भी थे। एबटाबाद में वे अपने पाँच दुकान-मकान छोड़कर आए थे पर यहाँ उन्हें होली दरवाज़े पर एक दुकान और एक यह मकान क्लेम में मिला। अजीब सा ढाँचा था वह मकान। घुसते ही नीचे एक बहुत बड़ा हॉल। उसके अन्दर एक तरफ़ ऊँची-ऊँची पटिया वाला ज़ीना। पहली मंज़िल पर एक आँगननुमा छत जिसके पार दो बड़े हॉलनुमा कमरे। छत की दूसरी ओर एक खपरैल ढकी कोठरी जिसे रसोई बना रखा था। सबसे ऊपर एक बड़ा कमरा और थोड़ी-सी खुली जगह जहाँ मुंडेर आधी टूटी हुई थी। जब कभी हम बच्चे ऊपर की सीढ़ियाँ चढ़ते, मामी नीचे से चिल्लातीं, 'छत पर मत जइयो, गिर जाओगी।' पूरे घर में नहाने-धोने का कोई कोना नहीं था। पहली मंज़िल की छत पर एक छोटा-सा नल ठुका था जिसमें सुबह-शाम पानी आता। पहली और दूसरी मंज़िल की सीढ़ियों के बीच की जगह में एक तरफ़ पाखाना था जिसे जाजरू कहते।

दरअसल जिस शहर में जमुना जैसी नदी कलकल बहती हो, नहाने के लिए अलग से जगह बना कर ज़ाया करना फ़िज़ूलख़र्ची समझी जाती थी। मामियाँ रात को चाहे कितनी भी देर में सोएँ, सुबह मुँह-अँधेरे उठतीं, गोल डोलची में कपड़े रखतीं और घाट की ओर निकल जातीं। हमारी नींद भी उनकी खटर-पटर से खुल जाती। अपनी शमीज़ और कच्छू लेकर हम बहनें भी उनके साथ चल देतीं। नहाने से ज़्यादा मज़ा हमें बिसरांत घाट पर पड़े कछुए देखने में आता। पहली नज़र में कछुए एकदम गोल नज़र आते, चमड़े के चकले जैसे। पर जब कोई पुण्य कमाने वाला आटे की गोलियाँ बनाकर पानी में डालता, कछुए फ़ौरन अपनी गर्दन बढ़ाकर गोलियाँ निगल लेते। जीजी और मैं यह देख-देख कर विस्मित होते कि इतनी पक्की पीठ और इतनी कोमल गर्दन का क्या जोड़ बैठाया गया है कछुओं में। आए-दिन क़िस्से सुनने में आते, फलाने का बच्चा नहाने गया था, डूब गया। जब जमना जी में लाश मिली तो आधी से ज़्यादा कछुओं ने खा ली थी। मामी शू, शू कर कछुओं को हटातीं और हम से कहतीं, 'सँभलकर नहइयो। बस एक डुबकी

लगाकर निकल लो। नहीं तो हमारे मुँह पे कालिख लगेगी कि मामी के घर बेटियाँ आई थीं, डूब गईं।'

जमना जी का जल अगम अगाध! पहला पैर जहाँ धरो, ज़रूरी नहीं कि दूसरा पैर भी वहीं धरा जाए। श्याम-सलोनी जलधारा के अन्दर रेती खिसकने से गहरे गड्ढे, भँवर और लहर का कोई गिनवैया ही नहीं था। ख़ुद पंडे-पुरोहित और मल्लाह चक्कर में पड़ जाते।

छुट्टियों में हमें मामा के घर आना अच्छा लगता। कितनी ऐसी चीज़ें और स्वाद थे जो नागपुर के धरमपेठ में नहीं मिलते थे। जमना जी नहाकर जब हम घर लौटते तो मामी रास्ते में हमें कस्सो हलवाई की दुकान से तेल की कचौरियाँ दिलातीं, अधन्ने में दो, साथ में आलू की रसेदार तरकारी मुफ़्त। कभी-कभी गोले की गिरी वाले की रेहड़ी दिख पड़ती। वह ताज़े गोले की गिरी के बड़े-बड़े चकपहिये बेचता-एक छेद वाले पैसे में दो। हमारे मौज-मज़े की सारी दुनिया बस एक पैसे या अधन्ने में हासिल हो जाती। हम गिरी के छल्ले बाँहों में पहनकर खेलते और कुछ देर बाद उन्हें कुतर डालते। वैसे गोले की गिरी, डिब्बे के ऊपर की टीन का पतरा देने पर भी मिल जाती। दोपहर में मलाई बर्फ़ वाला लकड़ी की संदूकड़ी में अपनी दुकान लेकर आता। ताज़े हरे ढाक के पत्ते पर वह चाक़ू से उतार कर मलाई बर्फ़ की पतली पर्तें इकन्नी में देता। आसमान में बादल घिरते ही, बड़ी मामी पिछले हॉल में हमारे लिए झूला डलवा देतीं और हमारा सावन आ जाता।

फिर इस बार तो हम और भी उमंग में थीं। हमारे सबसे छोटे मामा की शादी थी। पार्टिशन के बाद उनकी पढ़ाई अलीगढ़ में हुई थी और एम.एससी. पास करते ही वह शर्करा संस्थान में नौकरी पा गए। दोनों बड़े मामा ज़्यादा नहीं पढ़ पाए पर उन्होंने छोटे मामा को दिल खोल कर पढ़ाया। जब उन्हें सरकारी नौकरी मिली, मामा लोगों को बड़ा गर्व हुआ। हालाँकि छोटे मामा का वेतन अभी उतना था जितना बड़े मामा दुकान में अपने सेल्समैन को देते फिर भी वे अजय मामा के पद का महत्त्व पहचानते थे।

अजय मामा की शादी इटावा में तय हुई। कान्ता मामी ने कानपुर से बी.ए. किया था। वे होस्टल में रहकर पढ़ी थीं। सगाई के बाद भांजी मारने वाले हितैषियों ने उनके बारे में तरह-तरह की ख़बरें प्रचारित कीं-कान्ता छुरी-काँटे के बग़ैर खाना नहीं खाती, कान्ता सलवार-कमीज़ पहनती है, कान्ता गिटपिट-गिटपिट अंग्रेज़ी बोलती है। मामियों ने कहा, 'भई, इटावा वालों को ना कर दो। हमें घर में बहू लानी है कि मेमसाब। उसके नखरे कौन झेलेगा।' मध्यस्थों ने आश्वस्त किया, ऐसी कोई बात नहीं है, लड़की बड़ी शालीन है।

शादी के बाद हम नई मामी को विदा कराकर मथुरा लाए। रास्ते में उनके साथ सिकंदरा की सीढ़ियों पर फ़ोटो खिंचवाई गई। एक जगह बाज़ार पड़ा तो कान्ता मामी ने धीरे से मेरे कान में कहा, 'मेरी बिन्दी गिर गई है।' हम सब बिन्दी लेने उतरे। हमने इतनी बिंदियाँ ख़रीदीं कि मामी महीनों बदल-बदल कर बिन्दी लगा सकतीं। हमने एक छोटा-सा शीशा भी ख़रीदा।

जब हम कार में पहुँचे, हमने देखा मामी अपने कपड़े सँवार रही हैं और मामा अपने होंठ पोंछ रहे हैं। मौसाजी, जो ड्राइवर की भूमिका निबाह रहे थे बोले, 'अजय बाबू, कहो तो और बिंदियाँ लेने चले जाएँ।' हँसी-मज़ाक़ में पता ही नहीं चला कब मथुरा आ गया।

घर में नई बहू के स्वागत में बड़ी मामी ने उनके पाँव पखारे। उनका सादा शृंगार-विहीन व्यक्तित्व देखकर कान्ता मामी ने सोचा घर की कोई बुजुर्ग सेविका है। उन्होंने पर्स से निकालकर दो रुपए का नोट परात में तैरा दिया। बड़ी मामी का चेहरा ऐंठ गया। यही हाल बिचली मामी का हुआ।

मुँह दिखाई की रस्म के लिए कान्ता मामी को हॉल कमरे की जाजम पर बैठा दिया गया, जहाँ पहले से ही मोहल्ले की औरतें ढोलक लेकर बड़ी देर से गा-बजा रही थीं। कान्ता मामी को सिर पर आँचल रखने का अभ्यास नहीं था। रेशमी साड़ी बार-बार सिर से खिसक जाती। मैंने कहा, 'मामी, चिमटी लगा दूँ?' मामी ने इनकार कर दिया। बड़ी मामियों ने इसे भी अपनी अवज्ञा समझा।

पहले ही दिन उन्होंने मुँह बिचकाकर कहा, 'अब पढ़ी-लिखी बहुओं के पैर पड़े हैं राम रच्छा करें।'

कान्ता मामी को जब गृहप्रवेश पर हुई अपनी भूल पता चली वे दुखी हुईं। उन्होंने सौ का एक नोट अपने पर्स से निकालकर मेरे हाथ दोनों मामियों के लिए अन्दर भिजवाया जो उन्होंने एक रुपया मिलाकर वापस मेरे हाथ भिजवा दिया।

घर में रुपयों की कमी न थी। होली गेट पर दवाओं की दुकान अच्छी चलती थी। बल्कि दोनों मामा बिना डॉक्टरी पढ़े डॉक्टर साब के नाम से जाने जाते। आस-पास के इलाक़ों के लोग उन्हें डॉक्टर मानकर बीमारियाँ बताते और दवाएँ ख़रीद कर ले जाते। वे सब पेटेंट दवाएँ होतीं जिनसे शीघ्र आराम मिल जाता पर यश दवा देने वाले को मिलता।

हॉल कमरों के दरवाज़े इतने बड़े थे कि वहाँ पर्दा डालने की कोई कोशिश कभी नहीं की गई। मामी कहतीं, 'पर्दा किससे करें, सब अपने ही हैं।'

काफ़ी देर बैठ लेने के बाद कान्ता मामी ने मुझसे कहा, 'हमें बाथरूम जाना है, रास्ता बताओगी?'

मैं एकदम हकबका गई। नई मामी को कौन जगह बताई जाए। छत पर अभी मेहमानों की हलचल थी। जाजरू में रोशनी का कोई इन्तज़ाम नहीं था। हर हॉल में कोई–न–कोई रिश्तेदार टिका था।

मैंने जाकर बड़ी मामी से कहा। बड़ी मामी ने मुँह चढ़ाकर कहा, 'कह दो इटावा वाली से, इतना ही बाथरूम का शौक है तो अपने बाप से कहो, आकर बनवा दें। इत्ते बरस हमें इस घर में आए हो गए, हमने तो कभी बाथरूम नहीं देखा।'

मैंने कहा, 'मामी, यह कोई रोकने की चीज़ तो है नहीं। बताओ, क्या कहूँ उनसे।'

'चटाक' मेरे गाल पर माँ के हाथ का तमाचा पड़ा।

मार खाकर मैं दूसरे हॉल में, जहाँ मेरा बिस्तर था, जाकर पड़ी रही। पता नहीं कान्ता मामी की ज़रूरत को कैसे निपटाया गया।

सुबह का आलम भी खिंचा–खिंचा था। कान्ता मामी को पहली रात देवी–देवताओं के कमरे में बिस्तर डालकर सुलाया गया था। अब वे नहाना चाहती थीं। बड़ी मामी ने उन्हें बताया कैसे वे समूची धोती लपेटे–लपेटे छत के नल पर नहा लेती हैं और फिर झुके–झुके, कमरे के अन्दर आकर कपड़े बदल लेती हैं। या जमना जी चली जाती हैं। कान्ता मामी ने कहा, 'मुझसे तो ऐसे नहाया नहीं जाएगा।' अब!

मैंने कहा, 'मामी, आप इस हॉल की मोरी पे नहा लो। मैं दरवाज़े पर पहरा दूँगी।'

कान्ता मामी ने इनकार कर दिया। इतने खुले में नहाना उनके बस की बात नहीं फिर कपड़े भी धोने हैं।

आख़िरकार दो खाटों के बिस्तर हटाकर उन्हें सीधी खड़ी किया गया। उन पर पुरानी चादरें डालीं। इस तरह हॉल की मोरी के इर्द–गिर्द अस्थायी बाथरूम की रचना हुई और दो बाल्टी पानी रखकर नई मामी नहाईं।

बिचली मामी बोलीं, 'अच्छी नौटंकी है यह। अब रोज़–रोज़ इत्ता सरंजाम किया जाए तब तो महारानी जी नहाएँगी।'

अजय मामा अपराधी भाव से नज़रें चुराते घूम रहे थे। उन्हें लगा उनकी पत्नी ने घर के शांत वातावरण में अपनी चोंचलेबाजी से खलबली मचा दी है। उन्होंने तय किया कि अकेले में मिलते ही वे उन्हें घर की परिपाटी से परिचित कराएँगे। पर उनकी छुट्टियाँ ख़त्म होने को आईं और नई मामी से उनका मिलन ही नहीं हुआ। घर में हर उम्र का रिश्तेदार था और हर मेल का आलोचक। शादी के दस रोज़ बाद भी कोई इटावा में परोसे गए व्यंजनों के नुक्स गिनाता तो कोई वहाँ से मिले उपहारों में मीन–मेख निकालता। माँ और मौसी ने एक–एक भारी साड़ी और एक सौ एक रुपए से अब कान्ता मामी की मुँह दिखाई करनी चाही तो दोनों बड़े

मामा ने उन्हें रोक दिया, 'अगर इनके फ़ादर ने तुम लोगों के लिए भारी साड़ी दी होती तो हम तुम्हें देने देते। अब यह सब करके हम पर तो भार चढ़ाओ मत।'

कान्ता मामी ने तड़प कर सिर उठाया, जलती आँखों से बोलीं, 'मेरे फ़ादर का नाम मत लीजिएगा नहीं तो ठीक नहीं होगा।'

'क्या ठीक नहीं होगा?' बिचले मामा ने चुनौती दी।

'मैं अभी वापस चली जाऊँगी और कभी वापस नहीं आऊँगी।'

मामा मुँह बिगाड़कर परे हट गए। नई बहू के कौन मुँह लगे। सबको अन्दाज़ा हो गया कि कान्ता मामी में ताने सुनने का ताव नहीं है।

बड़ी मामी कहतीं, 'और लाओ पढ़ी-लिखी बहू, न नब के चले न दब के रहे।'

मैं कान्ता मामी से प्रभावित हो रही थी। वे मुझसे किताबों की बातें करतीं, कहानी सुनातीं और रोज़ सुबह कहतीं, 'जब सब लोग पढ़ लें तो अख़बार मुझे ला देना।'

दोपहर को कान्ता मामी ने अपने ट्रंक में से दो चादरें निकालीं, उनमें नेफ़ा सिया और मुझसे बोलीं, 'डोरी मिलेगी कहीं?'

डोरी तो नहीं मुझे सुतली मिल गई। उसे दुहरा कंर मामी ने पर्दे बनाए और उस कमरे में दरवाज़ों पर लटका दिए जहाँ उनका लेटने-बैठने का इन्तज़ाम था।

अब जिसको उनके कमरे में जाना होता, वह खाँसकर अपना आगमन जताता।

कान्ता मामी अक्सर पढ़ती मिलतीं।

बिचली मामी ने कहा, 'यह इत्ता पढ़ती है, ज़रूर चश्मा भी लगाती होगी।'

वाक़ई कान्ता मामी के पर्स में सुन्दर-सा चश्मा था।

चश्मा हमारे घर के लिए मर्दानी चीज़ था। यह माना जाता था कि मर्दों को लगातार पढ़ना-लिखना पड़ता है इसलिए वे चश्मा लगाते हैं। बल्कि नानी तो कहा करती थीं कि चश्मा फ़ैशन की चीज़ है, ऐसा कैसे हो सकता है कि आँख पर काँच चढ़ाने से साफ़ दिखने लगे।

नहाने को लेकर कान्ता मामी का जेहाद जारी था। दो दिन की छुट्टी पर अजय मामा आए तो मामी ने ऐलान कर दिया, 'या तो नहाने-धोने का इन्तज़ाम करके जाओ नहीं तो मैं यहाँ नहीं रहूँगी।'

उनकी ज़िद पर कमरे के कोने में टीन का टपरा लगवाकर नहाने लायक़ छोटी-सी जगह बनाई गई। सुबह जब वे आँगन के नल से दो बाल्टी पानी ले जाकर अपने नहानघर में रखतीं, दोनों बड़ी मामियाँ मुँह बिचका कर हँसतीं। वे हम बच्चों को सुनाकर कहतीं, 'जिसे नंगा नहाने का शोक को वह नहाए छुप-छुप कर। हमने तो कभी अपना आप उघाड़ा देखा ही नायँ।'

अगर हम में से कोई नहाने में आना–कानी करता, बिचली मामी हमारा कान उमेठ कर धमकातीं, 'चल तुझे बाथरूम में बन्द करूँ। पड़ी रहना वहाँ दिन भर।'

अजय मामा ने अपनी पत्नी को लाख समझाया कि इस घर में कोई किसी से लुका–छिपा कर कुछ नहीं करता पर मामी की एक ही टेक, 'मैं खुले में बैठ कर नहीं नहाऊँगी। आपकी इज़्ज़त भी अजीब है जो ग़लत बातों को मानने से बनती है और न मानने से बिगड़ती है।'

घर के कामों से उन्हें कोई परहेज़ नहीं था। दिन का बड़ा भाग वे रसोई में मामियों के साथ बितातीं। उनके हाथ में ग़ज़ब का स्वाद था। नाश्ते में वे नोन–अजवाइन के मोटे खस्ता परांठे बनातीं और झागदार मीठी लस्सी। बड़े इसरार से वे दोनों बड़ी मामियों को गर्म नाश्ता परोसतीं। बड़ी मामी बिचली से कहतीं, 'वैसे तो भतेरी अकल है, बस बाथरूम में घुस कर नंगी नहाय, यही नुक्स है।'

बड़े मामाओं को दुकान से आने में रोज़ ही देर हो जाती। कुछ दिन तो कान्ता मामी, बिचली मामी के साथ चौके में बैठी इन्तज़ार करती रहीं, पर फिर एक दिन उन्होंने मुझसे कहलवा दिया, 'नौ बजे के बाद खाना चौके में अँगीठी के ऊपर रखा मिलेगा, अपने आप ले कर खा लें।'

'अब इसकी तानाशाही चलेगी, इसके लिए हम दुकानदारी छोड़ कर आएँगे?' मामाओं ने कहा। देर रात तक चौके में बने रहने के कारण दोनों मामियों को भी कष्ट होता था। सोने में बहुत देर हो जाती और सुबह नहाने–धोने के चक्कर में बहुत जल्द उठना पड़ता। अब कान्ता मामी के विद्रोह से उनका थोड़ा हौसला बढ़ा। लेकिन वे परिवर्तन को अपनाने में ढुलमुल होती रहतीं। जब मामा कहते, 'इस नई बहू ने तो घर की औरतों को बिगाड़ दिया है, सब सामने बोलने लगी हैं।' तो मामी कहतीं, 'जे तो है।'

दीवाली के बाद मौसम में खुनकी आ गई और देखते–देखते सुबहें ठंडी होने लगीं। ऐसे मौसम में मुँह–अँधेरे छत के नल पर नहाना यंत्रणा से कम नहीं था। कई बार तो हम बहनें बस हाथ–मुँह धोकर जल्दी से कपड़े बदल लेतीं और कहतीं, 'हम नहा लिये।'

एक दिन बिचली मामी जमुना जी नहाकर आईं तो उन्हें तेज़ जुकाम हो गया। बहुत छींकें आईं और सिरदर्द होने लगा। मामा ने दवाई दी पर ख़ास फ़ायदा नहीं हुआ। शाम तक बुख़ार चढ़ आया। डॉक्टर बुलाया गया। उसने दवाएँ दीं और हिदायत दी कि ठंड से बच कर रहें।

बिचली मामी को बुख़ार में भी चैन नहीं। वे नेम–धरम से रोज़ स्नान के बाद ही ठाकुर जी की पूजा कर अन्न–जल छूती थीं। सुबह होते ही उन्होंने ज़िद पकड़ ली, 'मेरी खटिया नल के पास ले चलो, मैं वहीं नहाऊँगी।'

सबने कहा, 'इतना बुख़ार हो रहा है, एक दिन नहीं नहाओगी, तो कौन काम रुके रह जाएँगे।'

मामी भी अड़ गईं, 'ठीक है फिर कोई मेरे मुँह में न दवा डाले न दाना। मेरा नेम न बिगाड़ना।'

सब परेशान, करें तो क्या करें।

कान्ता मामी सो कर उठीं। मैंने उन्हें बताया। वे फ़ौरन बिचली मामी के कमरे में आईं और माथा छूकर बोलीं, 'भाभी, आप नहा भी लें और बिस्तर गीला न होय, तब तो दवा ले लेंगी न।'

'अरे ऐसा कैसे हो सकता है।'

'बिलकुल हो सकता है,' कान्ता मामी ने कहा। वे एक बड़ी पतीली में गर्म पानी ले आईं। उन्होंने अपने ट्रंक से छोटे-छोटे दो तौलिये निकाले। एक को गीला कर वे मामी का बदन पोंछतीं, दूसरे से सुखा देतीं। इस तरह उन्होंने मामी की पूरी देह स्वच्छ कर दी, उनके लेटे-लेटे ही बाल सँवार दिए। फिर ठाकुर जी की डोलची उनके बिस्तर के आगे रख दी, 'लीजिए, पूजा कर लीजिए, भाभी।'

बिचली मामी के लिए यह बड़ा क्रान्तिकारी अनुभव था। अब तक के जीवन में उन्होंने सबकी सेवा की थी। किसी ने कभी उनकी सेवा करने के बारे में सोचा ही नहीं। स्पंज के बाद उन्हें लगा दुनिया बहुत आगे जा रही है। उन्होंने ख़ुशी-ख़ुशी पूजा की, फिर पथ्य लिया और दवा।

बड़ी मामी की जान में जान आई। वे इतनी देर तनावग्रस्त थीं कि बिचली अपनी ज़िद में कहीं प्राण न दे दे, ज़िद्दिन जो ठहरी।

चार दिन बिस्तर से लगी रह कर बिचली मामी स्वस्थ हो गईं। जिस दिन बुख़ार टूटा, उन्होंने कहा, 'आज तो मैं नल के नीचे नहाऊँगी।' कान्ता मामी ने कहा, 'मैंने पानी गर्म कर दिया है। अभी आपको कमज़ोरी है। मेरी बात मानिए। आप मेरे कमरे में बाथरूम में नहा लीजिए।'

'ना बाबा, मेरा दम घुट जाएगा। मैं बाथरूम नहीं जाऊँगी।'

हम बच्चों ने उन्हें समझाया, 'देखो मामी, जैसे बाक़ी कमरे वैसे बाथरूम। उसमें कोई हौआ थोड़े ही रहता है।'

बड़ी मामी ने कहा, 'बिचली, चल दो-चार दिन इनकी बात मान ले। फिर तो हम दोनों जनी जमना जी जाया करेंगी।'

थोड़े मान-मनौवल के बाद बिचली मामी बाथरूम में नहाने को तैयार हुईं।

बन्द बाथरूम में एक-एक कर कपड़े उतारना, पट्टे पर निर्वस्त्र बैठना, मंजना, साबुन, झाँवा यथास्थान पाना और बिना गली पर नज़र गड़ाए, पूरा ध्यान

अपनी देह और स्वच्छता पर केन्द्रित करना रोमांचकारी था। एक बार वे आदतन झुक कर बदन पर पानी उड़ेलतीं, दूसरे ही क्षण उन्हें ध्यान आता वे बाहर खुले में नहीं, बन्द कमरे में नहा रही हैं। उन्होंने झिझकते हुए अपनी निर्वस्त्र देह देखी तो उन्हें लगा वे किसी और को देख रही हैं। मैंने बाहर से आवाज़ लगाई, 'क्यों मामी, अन्दर क्या सो गईं?'

'अभी आई,' मामी ने कहा और जल्दी से कपड़े लपेट कमरे में आईं।

बड़ी मामी, कान्ता मामी और बच्चों के सामने उन्होंने कहा, 'जब से मैं पैदा भई, बस आज क़ायदे से नहाई हूँ। अरे कपड़े पहने-पहने नहाने का क्या मतलब है, कुछ नहीं। मैं कहूँ पूजाघर और चौके से भी ज़रूरी है नहानघर। कम-से-कम आदमी एड़ी से चोटी तक सुच्च तो हो जाए।'

इस बार अजय मामा कानपुर से घर आए तो उन्हें आँगन में ईंटों का ढेर दिखाई दिया।

'यह क्या?' उन्होंने अचकचा कर पूछा।

बड़ी मामी हँसीं, 'भई क्या कहवें उसे, बाथरूम बनने जा रहा है। अब सब घुस-घुस कर नहाएँगे, समझे।'

अजय मामा ने अपनी पत्नी को सम्बोधित किया, 'रोज़ नया बखेड़ा करती हो तुम!'

बड़ी मामी बोलीं, 'अरे इसने कुछ नहीं किया, इस बाथरूम के लिए सबकी सतामता है।'

काली साड़ी

वह एक ख़ूबसूरत साड़ी थी, काली शिफॉन की, उस पर लाल और पीले रंग से कशीदाकारी की गई थी। नमूना कुछ ऐसा कि दूर से देखो तो चाँद और पास से देखो तो अधकटा सेब लगता था। झीनी इतनी कि पहनने पर न पहनने का एहसास दे। शो केस में सजी साड़ियों पर नूर तो अपने आप आ जाता है, पर काली साड़ियाँ कल्पना को बहुत पसन्द हैं। उसे अक्सर ऐसे रंग ही मोहते हैं, काला, कॉफ़ी, नेवी ब्लू और उन्नाबी। कल्पना का अपना रंग भी कुछ-कुछ ऐसा ही है। सुबह की ताजी हवा में काँसे-सा चमकीला लेकिन दोपहर में कॉपियों का बंडल उठाकर स्कूल से वापस आते-आते एकदम भूरा। कल्पना के ऊपर हल्के ख़ुशनुमा रंग फबते हैं, नीला, पीला, गुलाबी...रंग से अधिक रंग का आभास, पर ऐसे रंग वह कम

ख़रीदती है। इन्हें सँभाल सकने लायक फुरसत नहीं होती। ज्यादातर वह गहरे रंगों की नायलॉन ख़रीदती है, जिन पर न इस्तरी की मेहनत, न कलफ़ का ख़र्च, बस धोई और पहनी, पहनी और धोई। गर्मियों में नायलॉन बदन पर ऐसे दहकती है जैसे जलते अंगारे। कन्धे पर लपेटने से देह पूरी सीलबन्द हो जाती है। पर उस जैसी कामकाजी औरत के लिए नायलॉन एक नियामत। एक बार ख़रीदी और ज़िन्दगी-भर के लिए फ़ारिग। सच पूछो तो नया कपड़ा ख़रीदा कब जाता है। एक हादसे की तरह जब ज़रूरत टाली नहीं जा सकती, तभी! पहले शादी-ब्याह में कपड़े बन जाते थे। न सही महँगे, सस्ते बन जाते थे, पर अब वर्षों से शादियों में जाना छोड़ दिया। महज़ मनीऑर्डर से काम निकाल लेते हैं। रहे होली और दीवाली...तो बच्चों के कपड़े पटरी बाज़ार से ख़रीदकर रस्मअदाई की जाती है।

चलते-चलते कल्पना को हँसी आ गई। घर ऐसे कपड़ों से भरा है जो न फेंके जाते हैं, न ख़ुशी से पहने। ट्रंक में पड़े गर्म कपड़ों में गर्मी नहीं है, न ठंडे कपड़ों में ठंडक। हर कपड़े का इतिहास पुराना है। कोई स्वेटर पाँच वर्ष सास ने पहनकर उदारतापूर्वक भेंट कर दिया। कोई साड़ी भाभी ने पहनते-पहनते आज़िज़ आकर दे डाली। संजू की बुश्शर्ट रंजू को मिल गई। पुनीत की पेन्ट विनीत को। कुछ देर को बच्चे भी बहल गए। "आहाजी, यह तो एकदम नया कपड़ा लगता है!" कुछ देर को वह भी ख़ुश हो गई, "वाह भाभी, आपसे सीखे सँभाल कोई! दस साल पुरानी साड़ी ऐसी लगती है, जैसे कल ख़रीदी हो।" ख़ानदान में उसकी शोहरत 'नायलॉन आंटी' के नाम से कुछ ऐसी फैली है कि कई ख़ानदानी साड़ियाँ उसे विरासत में मिलती गई हैं।

मकान का किराया, बिजली का बिल, बच्चों की फीस, रिक्शे का भाड़ा, दूध के दाम देते-देते तक वेतन का लिफ़ाफ़ा 'राम नाम सत्य है' बोल पड़ता और कल्पना चुपचाप अपना ध्यान आध्यात्मिक सन्तोष में लगाने का प्रयत्न करती। विनोद रोजमर्रा की गाड़ी हाँकता जिसकी राह में छोटे-छोटे गड्ढे पड़ते रहते-राशन, गैस, किताबें और कभी-कभी भारी खड्ड-मेहमान, रिश्तेदार, बीमारी! पर पसन्द तो पसन्द है। वह बाज़ार से गुज़रती है, पैदल, प्रतिदिन। आँख बन्द करके तो चला नहीं जाता। रोज़ाना चीज़ें पसन्द आती रहती हैं, भूलती रहती है। अक्सर उसे कोई ऐसी चीज़ पसन्द आ जाती है, जिसकी या तो कोई उपयोगिता न हो या संगति।

कितनी अच्छी बात है, पर्स अक्सर ख़ाली रहता है। अन्यथा घर अलाबला से भर जाता। नहीं, वह गलत कह रही है। पर्स तो इस कदर भरा रहता है कि कई बार ज़िप भी ठीक से बन्द नहीं हो पाती। पर उसमें रहते हैं दो-एक मटमैले रूमाल, सड़ियल-सा एक पेन, जूड़े के काँटे, मीठी सुपारी की छोटी-सी डिबिया, कॉलेज

के लॉकर की चाबियाँ, साइन्स की नवीं कक्षा की पाठ्य-पुस्तकें, डायरी और एक छोटी डिक्शनरी। चौक तक पहुँचते-पहुँचते पर्स की दौलत में इज़ाफा हो जाता-दो मरियल से नीबू या पाव भर भिंडी उसमें जुड़ जाते।

लेकिन इस साड़ी पर से आँख हटाये नहीं हट रही थी। वह देर तक नादीदी नज़र से उसे देखती रही। फिर उसने अपना चिरपरिचित लटका अपने असमर्थ लटकते पर्स में से निकाला, "चलो, चलो, आगे बढ़ो, तुम्हें तो यह कतई सूट नहीं करेंगी। कार्टून लगोगी। चिलचिलाती धूप में, स्कूल की धूल भरी इमारत में इस नफीस शिफॉन का क्या काम! शहर के टुटहा रिक्शों में पहले दिन ही खोंच लग जाएगी, जो बच्चे ज़रा ज़ोर से खींच देंगे तो चिरती चली जाएगी। अपनी ज़िन्दगी की रोज़ाना दौड़-भाग देखी है। पचास चक्कर ऊपर, पचास चक्कर नीचे। पाँच चक्कर बाज़ार, दो चक्कर स्कूल!"

ऐसी बामशक्कत ज़िन्दगी में तो बस, लोहे की चप्पलें, टाट की धोतियाँ और गाढ़े का ब्लाउज चल सकता है। फिर मान लो किसी तरह हौसला करके वह साड़ी खरीद भी ले तो काला ब्लाउज़ तो घिसकर सिलेटी हो चुका है। वही हमेशा का रोना। जब तक साड़ी खरीदो, बजट फेल। फिर ब्लाउज़ बनवानेवाला ख़ुशनसीब महीना आता ही नहीं। आख़िर इन्तज़ार का दम टूट जाता है और चलो भई, निकालो सफ़ेद ब्लाउज़ और पहन डालो कोई भी साड़ी, हरी, उन्नाबी, नीली, पीली, छपी, सादी या बार्डर लगी। कैसी हड़बड़ी में वह तैयार हुआ करती है, पाउडर-लिपस्टिक की बात छोड़ो सिन्दूर डालने तक का नियम तो निभ नहीं पाता। घड़ी कभी लगा ली, कभी नहीं लगाई। जूड़ा कभी बनाया, नहीं तो ऊपर-ऊपर बालों में कंघी फिराकर रबड़ बैंड से कस लिए। कैसी दिली तमन्ना थी उसकी कि शादी के बाद हमेशा बनी-ठनी घूमने निकला करेगी। घंटों शीशे के सामने श‍ृंगार किया करेगी। तब उसने कब सोचा था कि ये छोटी-छोटी ख्वाहिशें भी मृगतृष्णा बन जाएँगी।

काली साड़ी देखने के बाद उसे अपनी तमाम गोरी सहेलियाँ याद आईं जिन पर यह फब सकती थी। उफ़, फिर ख्वाहिशें! कितनी ख्वाहिश होती है एक बार दिल खोलकर अपनी सब सखियों पर उपहार लुटाने की। उत्सव-पर्व की प्रतीक्षा किए बग़ैर वह एक दिन उन्मुक्त खिलखिलाना चाहती है। अपनी सखियों के साथ चिलचिलाती धूप में वह स्कूल की बजाय पिक्चर जाना चाहती है, बेमतलब तू-तड़ाक, गप्पें मारना चाहती है, जिनमें नाम के पीछे ये 'जी' 'जी' की दुमें न लटकें।

यह साड़ी उज्ज्वला पर कितनी ख़ूबसूरत लगेगी जैसे ताजमहल पर स्याह नकाब। उसने दुकान में जाकर दाम पूछे। काफी हिमाकत भरे थे। उसने कई तरह से जोड़-तोड़ बैठाया। इसके आधे पैसे उसने एक गोल डिबिया में छिपाकर साड़ियों

के पीछे अलमारी में रखे हुए हैं। बाक़ी पैसों का इन्तजाम विनोद कहीं-न-कहीं से कर ही देगा। यों आमतौर पर कल्पना को अपनी डिबिया से पैसे निकालना पसन्द नहीं। पर इस साड़ी पर दिल कुर्बान, डिबिया कुर्बान!

ये पैसे बड़े जीवट की कमाई हैं। ये पैसे उसने घर में ब्लैक मार्केटिंग कर करके जोड़े हैं। जैसे साबुन आया-ग्यारह रुपए चालीस पैसे का, मसाले नौ रुपए अस्सी पैसे और चायपत्ती सवा छह की; उसने घर आकर हाथ झाड़कर विनोद के सामने बिसूर दिया, "तुमने तीस रुपए दिए थे, एक पैसा नहीं बचा बल्कि एक दुकान पर अठन्नी उधार करके आई हूँ।"

चलो, हो गए ढाई रुपए अन्दर!

फिर डिब्बे, बोतल और रद्दी अख़बार की बिक्री पर उसका शाश्वत अधिकार है। वह भी अन्दर। कभी-कभार विनोद की जेबें टटोलकर कुछ-न-कुछ झाड़ ही लेती है। ये सब पैसे वह उस प्लास्टिक की गोल डिबिया में डाल देती है। यह उसकी ऊपरी कमाई है। इस डिबिया पर वह जान छिड़कती है। उसे पता है उसकी कई सहेलियाँ साड़ी की पर्तों में नोट छिपाकर रखती हैं। पर रेजगारी तो पर्तों में दबाई नहीं जा सकती, साड़ी खींचते ही छन्न से गिरेगी, जगहँसाई अलग। वेतन मिलने पर बड़े हलके, नामालूम ढंग से वह इस रेजगारी के नोट बनाती है। यह काम शनिवार की दोपहर में किया जाता है जब विनोद फैक्ट्री में होता है और बच्चे स्कूल में। कल्पना के स्कूल में शनिवार को आधे दिन के बाद छुट्टी हो जाती है। वह तमाम खुफ़िया काम बच्चों के आने के पहले निपटा लेती है और एक नए आत्मविश्वास से घर-परिवार का सामना करती है। उसे लगता है, इस डिबिया में उसकी आत्मा रखी है। उसकी संजीवनी शक्ति। उसे लगता है जब तक इस डिबिया में रुपए हैं, वह किसी से भी लोहा ले सकती है। इसमें बहुत नहीं तो पचासी रुपए होंगे। पर इन पर उसे एतबार है। घर की मँझदार में ये पैसे पतवार हैं।

लालच और कंजूसी पर विजय पा उसने तय कर लिया, वह घर जाकर पैसों का इन्तज़ाम करेगी और आकर अपनी उज्ज्वला के लिए यह साड़ी ख़रीद लेगी। कौन बड़ी बात है। उसके नाना भी बड़े शहदिल इनसान थे। बात की बात में छिद्दू अहीर को चाँदी की लुटिया दे डाली। उसके मामा पश्चिमी पंजाब में अपना सब कुछ लुटा आए थे। कभी सरकार से क्लेम में एक कौड़ी न माँगी। अपने बूते पर व्यापार किया और बड़े आदमी बन गए। उसके भैया कितनों को खिलाकर खाते हैं। रात-दिन कारखाने में घर्र-घर्र मशीन चलती है। मित्रता के आगे पैसे क्या चीज़ हैं, तुच्छ-तुच्छ!

घर में छोटी-छोटी दुर्घटनाएँ हुईं, जिनसे वह बेदाग बची। साबुन ख़त्म था,

दूधवाला पैसे लेने ख़ुद आ धमका, बच्चे की इंगलिश रीडर खो गई थी, तत्काल ख़रीदी गई। इस सबका सामना विनोद ने बड़ी दिलेरी से किया, बिना त्यौरी या तेवर के। कल्पना कृतकृत्य हो गई। निःसन्देह उसे प्रथम कोटि का पति मिला है। औसत पतियों की तरह ख़र्च करते समय न वह झींकता है, न झल्लाता है। परिवार के सामने अपनी ज़रूरतों को नगण्य समझता है। उसके कितने ही दोस्त पान-सिगरेट में भक्-भक् नोट फूँकते हैं। वह इन सबकी ओर ताकता भी नहीं।

चटाक! महरी के हाथ से शीशे का गिलास टूट गया। कल्पना दनदनाती हुई रसोई में घुस गई। मालकिनपना साबित करने का बेहतरीन मौक़ा! विनोद छत पर बैठा उपन्यास पढ़ रहा था। ऐसे में महरी को बहुत ज्यादा धमकाया नहीं जा सकता। कल्पना ने पैसे के महत्त्व पर एक बड़ा ही सारगर्भित भाषण दिया। फिर उसने अपनी पिछली महानताओं का वर्णन किया जब महरी ने पूर्व वर्षों में शीशे के बर्तन तोड़े थे और कल्पना ने उसकी तनखा में से पैसे नहीं काटे। इस पूरी वक्तृता के दौरान महरी एक भी बार न बमकी न बड़बड़ाई। वह मुँह लटकाये काम करती रही। इससे कल्पना को लगा, उसके भाषण का महरी पर सही असर हुआ है।

रात जब वह बिस्तर पर लेटी तो उसके ज़ेहन में वह काली साड़ी फिर कौंध गई। साड़ी क्या पूरा-का-पूरा शो-केस ही कौंध गया। अरे यही तो वह साड़ी थी, जिसे ख़रीदने का दृढ़ संकल्प कर वह घर आई थी। उसे उज्ज्वला का गोरापन और अपनी त्यागमयता भी याद आई। उज्ज्वला कुछ इस कदर सुन्दर है कि उसके सामने अन्य सभी सुन्दर चीज़ें व्यर्थ लगने लगती थीं। यहाँ तक कि पैसा भी। इच्छा होती है उस पर लुट-लुट जाने की। कल्पना उस पर कुछ इस कदर फिदा है कि कई बार उसे शक होता है, कहीं भगवान ने उसके सीने में औरत की जगह मर्द का दिल तो फिट नहीं कर दिया। कल्पना को लगा, यह उज्ज्वला के रूप का ही कमाल है कि उसका पति हमेशा इतना लुटा हुआ-सा मालूम होता है।

कल्पना को अपने हृदय की विशालता, मुट्ठी के खुलेपन और फकीराना तबीयत पर सहज ही नाज़ हुआ। क्यों न हो, वह अपनी दोस्त के लिए एक बेशकीमती साड़ी खरीदने जा रही है। इतनी कीमती साड़ी तो लोग आजकल शादी-ब्याह में भी उपहार नहीं देते। बस, ग्यारह रुपए लिफ़ाफ़े में डाल, रोनी सूरत बना, हाथ में थमा देते हैं। फिर डटकर दावत खाते हैं कि कहीं वसूली में कोताही न रह जाए। वह तो भागमभाग जाएगी। बैठने की उसे फुरसत कहाँ, पैकेट उज्ज्वला को थमाकर अनुरोध करेगी, "अभी न खोलना प्लीज़, मेरे जाने के बाद। छोटी-सी चीज़ है, चलते-चलते नज़र पड़ गई, उठा लाई।" उसके अपने पास ऐसी साड़ी हो न हो, उसे परवाह नहीं। त्याग में ही सुख है। उसने एक नहीं अनेक

बार त्याग किया है। कोई संन्यासी भी क्या करेगा। बचपन में हमेशा उतरन पहनी और जूठन खाई। उतरन और जूठन थी अपने ही परिवार की, पर इससे क्या, कितनी लड़कियाँ उतनी समवाई रखती हैं। बड़ी होने पर गांधीजी का आदर्श अपनाया, 'सादा जीवन उच्च विचार' और अब नेहरूजी के आदर्श पर ज़िन्दगी जी रही है, 'आराम हराम है'। कई बार उसे लगता है, सिद्धान्त सब उसके हिस्से पड़े हैं। सुख किसी और के।

देखा जाए जो क्या सुख पाया। मर-गिरकर एल.टी. की, टीचर बन गए। शादी की, फटीचर बन गए। घर के साज-सामान खस्ताहाल, जितने पुराने लोगों के घर अचार-मुरब्बे होते होंगे, उतने पुराने कल्पना के घर के पर्दे, गद्दियों के खोल, तौलिये, दुचके हुए पतीले, फ्रेम उखड़ा आईना, बिना हैंडिल की बाल्टियाँ, बौड़म प्याले, तिड़की प्लेटें, टूटे डिब्बे और टेढ़ी साबुनदानियाँ। किस पर वह नाज़ करे, किसको सँजोए। कल्पना को ख़याल आया, उसकी बहन जब साल-दो-साल में मैके आती है तो एक न एक नया सोने का गहना उसके गले या कलाइयों में चमचमाता रहता है। उसके बच्चे एक से एक फ़ैशनदार कपड़े पहनते हैं। बहन बमुश्किल चार दिन मैके रहती है। पर उसकी विजयदुन्दुभी सारे साल बजती रहती है। वह आते ही अपनी वापसी का फर्स्ट क्लास रिजर्वेशन करा लेती है और दस-बीस रुपए छोटे भाई-बहनों पर ख़र्च कर डालती है। एक कल्पना है कि छुट्टियाँ शुरू होते ही हर साल अपने बच्चों को लेकर माँ के घर पहुँच जाती है। फिर अन्क्लेम्ड बिल्टी की तरह वह वहाँ पड़ी रहती है, जब तक विनोद दौड़-धूप कर उसकी वापसी के लिए रुपयों का मनीऑर्डर नहीं भेज देता। पैसा-पैसा अपने छोटे भाई बहनों से बचाती, अपने बच्चों को तसल्ली और तमीज़ सिखाती वह बाँदा की बदतमीज़ गर्मी में पड़ी भुनती रहती है। छुट्टी के बाद जब स्कूल खुलता है और टीचरें आपस में पूछती हैं, "तुम कहीं बाहर गई थीं?" तो सगर्व कहती है, "हाँ, माँ के यहाँ गए थे, वहाँ से देवघर चले गए; बड़ी ठंडक में छुट्टियाँ गुजरीं।"

यही सब सोचते-सोचते नींद उड़ गई जैसे डाल से पंछी। पास पड़ी चारपाइयों में से एक पर उसके दोनों बच्चे सो रहे थे। बान ढीली होने के कारण दोनों ही बीचोबीच खिसक आए थे। उनकी टाँगें, बाँहें कुछ इस तरह क्रॉस कर रही थीं मानो वे गुत्थमगुत्था हों। उनकी इस कदर निश्चलता से कल्पना का मन अनायास घबरा गया। उसने अपनी चारपाई से सरककर आगे बढ़कर दोनों को बारी-बारी से चूम लिया। न जाने उसे क्या होता जा रहा है। न बच्चों की चंचलता बरदाश्त होती है, न निश्चलता। मन तुरन्त गड़बड़ा जाता है जैसे आँधी में साइकिल।

दोनों किस कदर दुबले, पीले, थके और बेचारे लग रहे थे। वर्षों से उन्हें कोई

टॉनिक नहीं दिया गया। दस से चार तक कल्पना के बाहर रहने के कारण बच्चों की खाने सम्बन्धी आदतें भी बेहद बिगड़ गई हैं। भूख लगते ही वे टॉफी खा लेते हैं या आइसक्रीम या चूरन और फिर खेल में लग जाते हैं।

स्टाफ रूम में आई पत्रिकाओं में कल्पना अक्सर व्यंजन विधियाँ पढ़ती रहती है। कई बार वह तय करती है कि आज कुछ स्पेशल बनाएगी। पर आज तक उसमें से एक भी व्यंजन वह आजमा नहीं पाई। वे तरीके इतने पेचीदा होते हैं कि दो-तीन घंटे उनमें लग जाना आसान बात है। ये महँगे व्यंजन तो उन घरों के चोंचले हैं जहाँ औरतें पलंग पर पड़ी-पड़ी बोर होती रहती हैं और छठे-छमासे कभी रसोई का रुख करती हैं। वे औरतें अपना वज़न घटाने के लिए क्लीनिक में जाती हैं और सुबह-शाम गोलियाँ खाती हैं। दो वक़्त की दाल-रोटी बनाने के बाद कल्पना तो इतनी थक जाती है कि हाड़-हाड़ दुखता है। उस पर कॉपियाँ, रजिस्टर वर्क, फीस वसूली जैसे अतिरिक्त सिरदर्द। कॉलेज के दिनों की उसकी सहेली नरिन्दर कौर अक्सर उससे कहती, "कल्पना, क्या छड़ी सी देह पाई है। यार, चर्बी का कहीं नामोनिशान नहीं।" वह ख़ुद बड़ी गुलगुली, गोलमटोल थी; व्यापारी बाप की बेटी, असली घी के पराँठे और लस्सी पर पली। तब कल्पना ने उससे कहा था, "नरिन्दर, क्या तूने कभी मजदूरिनों को मोटी देखा है, वे तो छड़ी पैदा होती हैं और छड़ी मर जाती हैं।"

विनोद ने करवट ली और गहरी नींद में सो गया। करवट के साथ-साथ उसने बिस्तर की चादर भी ओढ़ ली, पुरानी आदत। कल्पना लाख उसके पैताने दूसरी चादर रख दे, पर वह वही ओढ़ लेता है, बिछानेवाली।

पूरे चाँद की चाँदनी आइसक्रीम की तरह विनोद के बालों पर पड़ रही थी, खुश्क स्याह बाल, रेशम से मुलायम। कल्पना ने विनोद से अक्सर कहा है, "दो ही चीज़ें मुलायक हैं तुम्हारे पास दिल और बाल, वरना सारा व्यक्तित्व फौलाद का।"

"इसका उल्टा होता तो तुम्हारा काम चल जाता?" विनोद ने एक बार पूछा। कल्पना का मन भीग गया।

विनोद, सच, कितना अच्छा है, हसरत और हौसले से भरा। किस कदर उसकी परवाह करता है, न कभी डाँट-डपट, न कभी शक-शुबहा। कल्पना थकी हो तो पाव-रोटी खाकर सब्र कर लेता है और ऊबी हो तो उसे और बच्चों को लेकर ढाबे में खाना खा आता है। उसका ज़रा मूड बिगड़े तो कैसे बेचैन हो जाता है। यह उसका प्यार ही है जिसके सरूर में कल्पना इस जाले लगे, रोगन मिटे दिन-दिन ढहते मकान में अक्सर रानी-महारानी की तरह महसूस करती है। मलका-ए-मुहब्बत! वरना और औरतों को देखो, मिसेज़ गुप्ता के चेहरे पर मनहूसियत

बरसती है। जितना वेतन उतने का श्रृंगार का सामान ख़रीदती हैं। पर गर्दन उठाकर बात नहीं कर सकतीं। सारा शहर जानता है उनके पति मिसेज़ कश्यप के दत्तक पति बने हुए हैं। रात–रात वहाँ पड़े रहते हैं। मिसेज़ मित्तल सारा दिन लड़कियों पर खीझती–बिफरती रहती हैं। उनके पति अपने वेतन में से एक भी पैसा खर्च नहीं करना चाहते। अपनी आलमारी में ताला डाल चाबी जनेऊ में बाँधकर सोते हैं।

मिसेज़ कार्णिक, मिसेज़ वर्मा, मिसेज़ ठाकुर सबकी सब पति की तंगदिली का रोना रोती हैं। दरअसल इन स्त्रियों के लिए इनका जीवन–धन मात्र धन बन कर रह गया है जबकि कल्पना के लिए वह जीवन है। ये कूढ़मगज औरते नहीं जानतीं कि मात्र लेने से सम्बन्ध का निर्वाह नहीं होता। सम्बन्धों को बहुत कुछ देना भी होता है।

फिलहाल उसे यह काली साड़ी उज्ज्वला को देनी है। कल ही। वह क्षण कितना विलक्षण होगा, हो सकता है, उस समय आसमान से पुष्पवर्षा हो या हो सकता है, ख़ुशी के मारे उज्ज्वला की आँखों में आँसू आ जाएँ। उज्ज्वला प्राय: ऐसी साड़ी नहीं पहनती। वह सफ़ेद पहनती है यहाँ तक कि चप्पलें भी। फिर भी वह इतनी शोख़ लगती है कि सारा शहर उस पर फिदा है। यहाँ तक कि विनोद भी। पर विनोद जो भी काम करता है, सपत्नीक करता है, मुहब्बत भी। कल्पना और विनोद, दोनों उज्ज्वला के दीवाने हैं।

सुबह स्कूल जाते–जाते कल्पना ने अपना नेक इरादा विनोद को बताया। विनोद की आँखें चमक गईं। इतना अच्छा प्रस्ताव। नई बातें उसे हमेशा आह्लादित करती हैं।

"वह साड़ी तुम आज ही ले लो। देर करने से हाथ से न निकल जाए।"

"क्या? लड़की या साड़ी?" कल्पना ने कहा और दोनों ठठाकर हँस पड़े।

"बोनस के कुछ रुपए बचे होंगे, ऐसा करते हैं, आज दोपहर मैं तुम्हारे स्कूल आ जाता हूँ। वहीं से कलाकेन्द्र चलकर साड़ी ख़रीद लेंगे, कम पड़े तो चेक दे देंगे।"

कल्पना का मन उमंग से इठला गया। ख़ुश–ख़ुश वह स्कूल के लिए चल दी। विनोद इसी प्रकार उसे बढ़ावा देता है। ज़िन्दगी के धक्के–मुक्कों से बचाता है। वह उसका संकटमोचक है, उसका शॉक–एब्जॉर्वर। साड़ी आ जाएगी। डिबिया को हाथ भी नहीं लगाना पड़ेगा। वह वहीं पड़ी रहेगी, अलमारी में बन्द इने–गिने तिलिस्मों की तरह। फिर विनोद को भी ख़ास बोझ नहीं पड़ेगा। बोनस उसकी अतिरिक्त आय है। अतिरिक्त आय से अतिरिक्त व्यय निकल आए तो क्या कहने! फिर जब चेक देकर कोई चीज़ ख़रीदी जाती है तो कल्पना को ऐसा लगता ही नहीं कि पैसे ख़र्च हुए हैं। कल्पना ने अपनी सहेली का भाग्य सराहा, जिसका

सम्पर्क इतने महान लोगों से हुआ है।

साड़ी ख़रीदने में ज़्यादा देर नहीं लगी। शो केस में से निकालकर रोशनी में साड़ी देखी गई। उसके रंग के पक्केपन की पुष्टि की गई। दुकानदार ने दुकानदार की तरह ख़ुशामदी लहज़े में कहा, ''बहनजी, ट्राई रूम में जाकर ट्राई करके देख लीजिए, ख़ूब खिलेगी आप पर।''

कल्पना ने साड़ी पूरी तरह पहनी तो नहीं, बस आँचल, वहीं खड़े-खड़े कन्धे पर फैलाकर सिर ढँक लिया और विनोद से बोली, ''देखो, कैसी लग रही है।''

विनोद ने अत्यन्त सराहना से उसकी ओर देखा। यह एक नई नज़र थी, उत्तेजित, उत्तेजक; मोहित, मोहक। कल्पना ने अचकचाकर आँचल हटाया और साड़ी दुकानदार को पैक करने के लिए दे दी।

जब वे साड़ी लेकर निकले, बाहर बेहद धूप थी। भूख-प्यास और थकान से तबीयत बेहाल थी। घर पहुँचे, खाना खाया। सुस्ती आ गई, सो रहे। बच्चों के आगमन से व्यस्तता का एक और दौर चला। उसी सिलसिले में शाम की चाय बन गई। बीमे का तिमाही भुगतान सिर पर था। उसका एजेंट आकर चेक ले गया। कल्पना के हिस्से की चाय भी पी गया। कल्पना का मन एकाएक झुँझलाहट से भर गया। ऊपर आकर उसने ख़ाली ट्रे मेज पर पटक दी और लेट गई बिस्तर पर। बिस्तर पर कलाकेन्द्र का पैकेट रखा था। कल्पना ने कैशमेमो देखा। उसे लगा, कपड़े बेवजह बहुत महँगे होते जा रहे हैं। कुछ साल पहले पचास रुपए में बढ़िया साड़ी आ जाती थी। अब सौ का नोट स्वाहा हुए बिना कुछ होता ही नहीं। फिर इस साड़ी में तो दो नोट निकल गए। दुकानदार फ़ौरन चेक कैश कराएगा।

तभी विनोद ऊपर आया। वह गर्मी से छुटकारा पाने के लिए नहाना चाहता था, पर पानी ऊपर चढ़ने का नाम नहीं ले रहा था। कल्पना उसके पीछे-पीछे आँगन तक गई।

''कहो?''

''कुछ नहीं, मैं सोच रही थी, यह साड़ी कुछ ज्यादा ही महँगी है।''

''तुम्हारी पसन्द है?''

''हाँ, लेकिन इतनी बड़ी चीज़ किसी को बेवजह देना मन को कुछ ठुकता नहीं।''

''यह तो उस समय सोचना चाहिए था।''

''तुमने पे किया है। तुम्हें नहीं सोचना चाहिए था क्या?''

''तुम्हारी हुक्मउदूली करने का जोख़िम मैं क्यों लेता?''

"अच्छा, अपने बोनस से हमें क्या दिलाओगे?"

"बोनस तो ख़त्म!"

"सब।"

"सब!"

कल्पना का मूड उखड़ गया।

"इस बार बोनस का तो पता ही नहीं चला। कौन रोज़-रोज़ मिलता है। इसी के लिए तुम धरना देते हो, हड़ताल करते हो! साल भर मनसूबे बाँधते हो। बोनस मिलेगा तो कूलर ख़रीदेंगे। बोनस मिलेगा तो गैस ख़रीदेंगे, बोनस मिलेगा तो..."

"मेरी तो अभी बनियानें भी नहीं आ पाईं और बोनस ख़त्म हो गया। मैं तो किसी से शिकायत नहीं करता।"

ऊपर से यह साड़ी!

"फिर यह साड़ी नहीं ख़रीदनी चाहिए थी तुम्हें!" कल्पना ने कहा।

विनोद का पारा चढ़ गया, "मैंने ख़रीदी है?"

"और नहीं तो क्या मैंने? फट से चेक काटकर पकड़ा दिया।"

"देखो कल्पना, मेरे साथ पैंतरे न बदला करो। मुझे सख्त चिढ़ है इससे।"

"मेरी तो हर बात से चिढ़ है तुम्हें। मेरे आगे हर वक़्त रोना ही रोना ले बैठते हो। दूसरों के साथ मिलकर ठहाके लगाए जाते हैं; चेक काट-काट कर सामान ख़रीदा जाता है। कटौती तो बस मेरे ही लिए रह गई है।"

"बेवकूफ़ी की बातें मत करो कल्पना। तुम्हीं ने तो कहा था!"

"इनसान अपना विवेक भी इस्तेमाल करता है। क्या तुम्हारी भी इच्छा नहीं थी? मैंने ज़रा-सा सुझाव दिया तो ऐसे लपककर तैयार हो गए जैसे तुम्हारे ही मन की बात हो। अभी मेरे लिए ख़रीदने की बात होती तो सौ बहाने बनाते!"

"यह बिलकुल मनगढ़ंत तोहमत लगा रही हो मुझ पर।"

"हाँ, मैं तो झूठी हूँ, मक्कार हूँ, निष्पाप तो बस एक वह है जिसे भेंट देने के लिए आपने अपना एकाउन्ट सिफ़र कर डाला।"

"मुझसे अब इस विषय पर बात न करना, समझीं!" कहकर विनोद अपने क्रोध-कक्ष में चला गया। कल्पना का मन भी तिक्त हो गया। दिमाग़ तमतमा रहा था। नहाने की बजाय वह भी क्रोध-कक्ष में गई।

घुसते ही उसने देखा, विनोद बिस्तर पर बैठा बड़े ग़ौर से काली साड़ी देख रहा है। कल्पना को लगा, वह साड़ी नहीं, साँप है। विनोद को लगा, यह साड़ी नहीं समझौता है। उसने उठकर बड़े नाटकीय अन्दाज़ से साड़ी कल्पना की गोद में रख दी। "हम किसी सुन्दरी के लिए साड़ी नहीं ख़रीदा करते हैं, भले ही कोई

विश्वसुन्दरी हो। हम अपनी सुन्दरी के लिए साड़ी लाए हैं।"

कल्पना ने झटके से साड़ी गोद से हटा दी।

"सच, उस क्षण तुम कितनी अच्छी लगी थीं, जब तुमने दुकान पर साड़ी का आँचल सिर पर डाला था। मैंने तभी सोच लिया था कि यह तुम्हारे लिए ही बनी है।"

"पर मैं तो काली हूँ।" कल्पना ने मान किया।

"कौन कहता है? तुम्हारा रंग मुझे बहुत पसन्द है। चाय और चॉकलेट के बीच का। ऐसा रंग पाने के लिए विदेश में सुन्दरियाँ घंटों सूर्य-स्नान करती हैं।"

"हटो।"

"देखो, बोनस के पैसों में बीस रुपए अभी बाक़ी हैं, जल्दी से यह साड़ी पहनकर तैयार हो जाओ। आज खाना बाहर खाएँगे।"

"और उज्ज्वला!"

"उसके लिए साड़ी उसका पति ख़रीदेगा। यह उसका सौभाग्य होगा।"

कल्पना सौभाग्य शब्द पर एतराज करना चाहती थी। पर उसने अपने को रोक लिया। उसका एकमात्र प्रेमी और इकलौता पति उसकी ओर निसार नज़रों से देख रहा था। कल्पना तैयार होने लगी।

लगभग प्रेमिका

मैं शादीशुदा थी।

मैं होस्टल में रह रही थी।

मैं पति-परित्यक्ता नहीं थी।

अभी पिछले हफ़्ते ही कुमार मुझे इन सांय-सांय करते गलियारों में खड़ा छोड़ गया था। उस वक़्त शाम थी। लगभग सभी कमरे बन्द पड़े थे। सुपरिंटेंडेंट ने कहा, 'लड़कियाँ शाम को अक्सर घूमने निकल जाती हैं। आठ बजे हाजिरी होती है। तब सब वापस आएँगी।'

कुमार ने मुझे फ़ोन नम्बर दिए, कुछ दिल्ली के और कुछ बम्बई के। उसने मुझे उन सब दवाइयों के नाम याद दिलाये, जो यकायक मेरी तबीयत ख़राब होने पर काम आती हैं लेकिन जो मुझे कभी याद नहीं आतीं। फिर एक बेहद उदास मुस्कराहट के साथ वह चला गया।

ऐसा पहली बार नहीं हुआ था। न जाने कितनी बार ज़िन्दगी हमारे साथ उखाड़-पछाड़ कर चुकी थी। इसी उखाड़-पछाड़ के अन्तर्गत हम फ़्लैट से चाल

और चाल से होस्टल में पहुँचते गए थे। छह साल बाद भी हमारे आस-पास बड़ी धुन्ध थी। मुझे नहीं पता था, कुमार दिल्ली में कहाँ ठहरेगा और उसकी जेब में जो तीन सौ रुपए हैं, वे कब तक उसका साथ देंगे।

यह बड़ी हास्यास्पद सच्चाई थी कि कहने को मैं प्रवक्ता थी लेकिन मुझे कुल डेढ़ सौ रुपए मिलते थे। पिछले तीन साल से मैं विमेन्स कॉलेज में अंशकालिक प्रवक्ता थी। हर साल कॉलेज में न जाने कितनी नई नियुक्तियाँ होतीं, पदोन्नतियाँ होतीं। और मैं वहीं-की-कहीं रह जाती। नई साड़ियों में जो नए चेहरे आते, उनके बारे में पता चलता, किसी का पिता घड़ियों का सबसे बड़ा व्यापारी है, तो किसी का चाचा इनकमटैक्स कमिश्नर है। मेरी जड़ें इतनी पक्की नहीं थीं। मैं अंशकालिक पद पर पूर्णकालिक कार्य करती थी, मेरी सहयोगी प्रवक्ता पूर्णकालिक वेतन पर अंशकालिक काम।

अब से हमें अलग-अलग शहरों में अपनी लड़ाई लड़नी थी। कुमार का कहना था, बम्बई की वह सारी सम्भावनाएँ टटोल चुका था। वैसे मुझे उम्मीद नहीं थी कि दिल्ली में कोई सम्भावना उसकी पकड़ में आएगी। यह शहर तो और भी बेमुरव्वत था। साइकिलों और धुएँ-भरी अँगीठियों के उस शहर से क्या आशा की जा सकती थी! इस शहर में न सही धुरी, रफ्तार तो थी। उस शहर से मुझे जन्मजात चिढ़ थी।

सुबह-सुबह जब आँख खुली, कमरे की मेरी साथी ज्योति देव अभी सोई हुई थी। मैंने एक बार अपने सँकरे, अकेले बिस्तर को देखा और अपने फेफड़ों में चेतना भरनी चाही, 'अब मैं आजाद हूँ।' कोई विशेष अनुभूति नहीं हुई। पास पड़ी मेज पर मेरा पर्स रखा था। उसमें सिर्फ़ सवा चार रुपए थे। सवा चार रुपए में कितनी देर आजादी बरकरार रखी जा सकती है!

'ठीक है, आजादी हम पन्द्रह अगस्त को मनाएँगे!' मैंने तय किया और चाय पीने चल दी।

साठ रुपए में जैसा खाना, चाय और नाश्ता मिल सकता था, मुझे मिल रहा था और बीस रुपए प्रति माह में कमरे का जितना टुकड़ा हासिल हो सकता था, मेरे पास था। पहले ही महीने सारा भुगतान कर जब दस-दस के सात साबूत नोट मेरे पास बच गए, तो मैं ख़ुशी से हक्का-बक्का रह गई। इतनी दौलत मेरे पर्स में कभी नहीं आई थी। मेरे मन में जिज्ञासा हुई, क्या कुमार भी अपने को इतना मुक्त पा रहा होगा? यह जानने का कोई जरिया नहीं था क्योंकि पत्रों में हम अपनी-अपनी माली हालत की बात कम और प्रेम की बातें ज्यादा करते थे। फिर एक अन्तर्देशीय

में गुंजाइश भी कितनी होती है!

फिलहाल यह अकेलापन और आत्मनिर्भरता अच्छी लग रही थी। बड़ी मुश्किल से ये नियायतें हासिल हुई थीं। होस्टल के बाएँ भाग में कुछ वरिष्ठ प्राध्यापिकाओं के कमरे थे। ये अपेक्षाकृत बड़े थे और इनमें गुसलखाने अन्दर को बने थे। होस्टल में रहते हुए भी वहाँ की चपलता से अछूती ये महिलाएँ अपने आप में एक अलग दुनिया बनाती थीं। इस दुनिया में प्रवेश पाने लायक परिपक्वता अभी न मेरे बालों में आई थी, न बातों में।

मैं अपने को कुछ-कुछ व्यवस्थित पा रही थी, यानी रोटी, कपड़ा, मकान, तीनों अपने आधे-पौने रूप में मयस्सर हो रहे थे। अकेली रातों का सहारा वियोग और विरह था। समस्या थी बाक़ी वक़्त की। अपनी क्लासों और अपने शरीर की देख-भाल के बाद भी कई घंटे फालतू बच जाते। शाम के वक़्त होस्टल में अकेले छूट जाना उदास से अधिक शर्मिन्दा कर देता।

इस समस्या पर बहुत सोचने के बाद मुझे महसूस हुआ कि यह अकेलापन सिर्फ़ एक चीज़ से भरा जा सकता है। सोच लेने के बाद मुझे ताज्जुब हुआ कि डेढ़ महीने से यह सीधी-सी बात मेरी समझ में क्यों नहीं आई! खामखाह अपने को बेवकूफ़ बनाती मैं तेरह नम्बर के मनहूस कमरे में बैठी रही। मैं जो अपने को साहित्य की अफलातून मानती हूँ, इतना तक न समझ पाई कि साहित्य में किन स्त्रियों को अमरता प्राप्त हुई है। अन्ना कैरिनीना, मैडम बोवेरी, लेडी शैटरली और मीराबाई। मेरा वर्तमान जीवन एक छोटे-से प्रेम प्रसंग से सार्थक और आकर्षक बन सकता था।

मैंने बहुत वैज्ञानिक ढंग से इस विषय पर सोचा। मैं नहीं चाहती थी कि कोई शोहदे किस्म का प्रेमी पल्ले पड़ जाए और मेरा पारिवारिक जीवन मुसीबत में पड़ जाए। मैं चाहती थी एक सीधा-सादा, संक्षिप्त, सुरक्षित-सा प्रेम प्रसंग।

इसी दृष्टि से मैंने कृष्ण को फोन कर दिया। कृष्ण ने जब सुना, मैं होस्टल में हूँ और कुमार दिल्ली में, वह भागा-भागा लंच-टाइम में आ गया। पिछले छह महीने से वह आई.एन.एस. 'महादेव' पर ड्यूटी पर था और जाने कहाँ-कहाँ से तट देख आया था।

कृष्ण एक भौंचक मुद्रा में विजिटर्स रूम में घुसा। मैंने उसका अभिवादन किया। उसने जल्दी-जल्दी कुछ प्रश्न पूछे, जिनका सम्बन्ध कुमार की ख़ैरियत और मेरे स्वास्थ्य से था।

फिर उसने शिकायत की, 'इतना कुछ हो गया और आपने हमें ख़बर तक नहीं की, भाभी!'

मैंने उलझन से उसकी ओर देखा। नीली मैक्सी में न मैं भाभी लग रही थी,

न उस नेवी यूनिफॉर्म में वह देवर। वैसे भी मुझे ये रिश्ते–छाप सम्बोधन प्रिय नहीं थे। मेरा एक सुन्दर–सा नाम था, सुजाता। मुझे याद है, मैं कुमार के इस दोस्त को कृष्ण नहीं, के.के. कह कर पुकारती थी। इसका नाम था कृष्ण कक्कड़। दोस्त के स्तर पर यह लड़का मुझे खास दिलचस्प नहीं लगता था। शायद इसकी नौकरी इसके लिए जिम्मेदार थी। लेकिन इसके अन्दर दूसरी बातें थीं, जिनकी वजह से यह हमारे घर में एक अच्छे दोस्त का ओहदा पा गया था। यह बहुत आसानी से हमारे किसी भी प्रोग्राम में शरीक़ हो जाता था, फिर चाहे वह प्रोग्राम सिनेमा का हो, या मोटरबाइक साफ़ करने का।

कृष्ण ने बाहर चल कर कॉफी पीने का प्रस्ताव रखा।

एम.जी. कैफे में मटन–समोसे उतने ही कड़े थे, जितने कि पहले हुआ करते थे और कॉफी उतनी ही कड़वी।

कृष्ण बता रहा था, पिछले दिनों उसने कितनी जान–लेवा ड्यूटी की। कभी–कभी खड़े–खड़े यह हालत हो जाती थी कि जब बैठता था, तो टाँगें मुड़ती ही नहीं थीं। मैंने पूछा, 'इतनी जगह गए, कुछ शॉपिंग भी की?'

'किसके लिए?'

'भविष्य के लिए।'

वह मुस्कराया, 'आप तो जीवन–बीमा के प्रतिनिधि की तरह बोल रही हैं!'

मैंने उससे निहायत औरताना अन्दाज़ में कहा, 'तुम शादी क्यों नहीं कर लेते?'

'कोई अच्छी लड़की नहीं मिलती।'

'अच्छी लड़की कैसी होती है?'

वह रुका, हँसा और चमकती आँखों से बोला, 'आप जैसी!'

मैं बहुत हलका महसूस करने लगी। यह बहुत बड़ा कॉम्प्लीमेन्ट था। मेरी तीव्र इच्छा हुई कि काश, कुमार इस वक़्त यहाँ मौजूद होता, यह बात उसके सामने कही गई होती। तब उसे पता चलता, सुजाता कोई मामूली लड़की नहीं है–आम पत्नियों–सी सपाट और श्रीहीन। वह अभी भी मिसाल बन सकती है।

मैं मन–ही–मन सोचने लगी कि यह बात पत्र में कैसे लिखी जाए कि विश्वसनीय लग सके।

कृष्ण ने सिगरेट बुझाई, 'आप बुरा तो नहीं मान गईं?'

'किस बात का?'

'यानी आप बुरा नहीं मानी हैं!'

मैं कुछ दूर की मेज पर बैठी एक लड़की की विचित्रपुरी साड़ी देख कर सोच रही थी, यह कितने में आती होगी।

‘भाभी, आप मछली खा लेती हैं?’

‘नहीं, मुझे बू बहुत बुरी लगती है।’

‘मैं तो पकी हुई मछली की बात कर रहा हूँ। हमें जहाज पर इतनी मछली खाने को मिली कि अब मैं कई बार सब्ज़ियों को भी मछली समझकर दबा-दबा कर उनमें काँटे ढूँढ़ने लगता हूँ! और केकड़ा, बाप रे बाप! रोस्ट हो जाने पर क्या गजब का स्वाद छोड़ता है!’

‘तुम तो बिलकुल भ्रष्ट होकर लौटे हो!’ मैंने कहा, ‘तभी समुद्र-यात्रा के बाद हमारे पुरखे गो-मूत्र पिला कर तबीयत साफ़ करवाया करते थे!’

वह हँसा-चमकते दाँतों और आँखों वाली एक बेफिक्र हँसी।

मुझे बाहर निकलते-निकलते उससे रश्क हुआ। एक यह था अलमस्त, आजाद और अकेला। एक मैं थी, जो अकेली होकर भी अकेली नहीं थी। किसी बात पर हँसती थी, तब भी लगता था, जैसे इसका ताल्लुक सम्पूर्ण मन:स्थिति से नहीं है।

सामने से एक बेहद जवान लड़की मिनी ड्रेस में आ रही थी। कृष्ण उसे ध्यान से देख रहा था। मुझे लगा, मैं साथ न होती, तो वह ज़रूर सीटी बजाता। पर इस वक़्त वह मौसम की बात कर रहा था।

होस्टल का फाटक सामने था। बहुत-से लड़के-लड़कियाँ झुंड बनाये बातचीत कर रहे थे।

मैंने विदा ली।

अभी भी चाय के वक़्त में बहुत समय था। मैंने विजिटर्स रूम में पड़ी पत्रिकाएँ उलटीं-पलटीं। पढ़ने को ख़ास कुछ नहीं था, सब फ़िल्मी पत्रिकाएँ थीं, जिनमें से जगह-जगह से बड़ी सफ़ाई से पृष्ठ उड़ा लिये गए थे। तभी डॉ. वर्मा घूमती हुई उधर आ निकलीं।

‘अरे, तुम यहाँ अकेली बैठी हो! तुम्हारे कॉलेज में जलसा नहीं था क्या आज?’

मैंने गरदन हिला दी।

वह बोलीं, ‘मैंने तो आज के जलसे में अपने कॉलेज के माली को मुख्य अतिथि बनाया था। उसी ने गांधीजी के चित्र पर पहला हार चढ़ाया। मैंने लड़कियों से कहा, ‘भई, हमें वी.आई.पी. गेस्ट से क्या लेना-देना! गांधी जयन्ती पर हम गांधीजी के आदर्शों का सम्मान करें!’

वह एक स्थानीय कॉलेज की प्रधानाचार्य थीं। अपने कारनामे बताने की इतनी

शौक़ीन कि अक्सर उन्हें यह भी खयाल न रहता कि श्रोता कौन है और कितने प्रतिशत उन्हें सुन रहा है। इसके पहले कि वह अपनी थीसिस के चैप्टर का सारांश सुनाना शुरू करें, मैं उन्हें नमस्ते कर अपने कमरे में चली गई।

कमरा ख़ाली था। ज्योति अभी लौटी नहीं थी। मेरे मन में सबसे पहले उसकी ग़ैरमौजूदगी का फ़ायदा उठाने की बात उठी। मैंने उसकी टेबिल पर पड़ी किताबें, काग़ज़ात वग़ैरह देखने शुरू किए। निहायत बेमजा भूगोल की किताबें थीं। कुछ पन्नों पर नोट्स लिखे हुए थे। काग़ज़ों के नीचे मराठी की एक बी.ए. गाइड थी।

मैंने गाइड के पन्ने उलटे। एक नीला अन्तर्देशीय पन्नों के बीच दबा मिला। मुझे लगा, ज़रूर यह कोई प्रेम-पत्र होगा। मैंने खोल कर देखा। लिपि देवनागरी थी, लेकिन भाषा मराठी। अन्त में लिखा था, 'तुझीच, आई।' माँ की चिट्ठी इतनी सँभाल कर रखी हुई थी, इसी से पता चलता था कि यह बड़े फीके किस्म की अविवाहित लड़की है।

जब वक़्त किसी भी तरह नहीं कटा, तो मैंने ज्योति की एटलस ली और नक्शे देखने लगी। तभी उसमें से एक फोटो खिसक कर गिरा। देख कर मैं चकित रह गई। ज्योति के साथ चित्र में एक पुरुष था। दोनों का पोज़ बिलकुल ऐसा था जैसा कि नव-विवाहित दम्पतियों का हुआ करता है। फोटो के पीछे लिखा था, 'मधुर मिलन-दिलीप'। मेरे सामने ज्योति अनायास एक बहुआयामी व्यक्तित्व हो उठी, जिसकी अपनी रहस्यमय ज़िन्दगी थी, जो इस महानगर में महज भाड़ नहीं झोंक रही थी।

आज शनिवार था और आज की आख़िरी डाक से भी कुमार की चिट्ठी नहीं मिली थी। मुझे बड़ा गुस्सा आया। चिट्ठी न आने का मतलब था, न सिर्फ़ शनिवार बल्कि रविवार भी तबाह! मुझे लगा, उसने ज़रूर कुछ आवारा क़िस्म के दोस्त ढूँढ़ लिए होंगे। असन्तोष से भुनभुनाती मैं डाइनिंग हॉल में गई।

रविवार की सुबह ज्योति ने मेरे उठते-उठते तक हम दोनों का नाश्ता कमरे में ही मँगवा लिया। लीलू चिवड़ा और मेथी-बड़े आज की स्पेशलिटीज थीं। मैंने बिना नहाए लेटे-लेटे ही चाय पी और खुली आँखों सपने देखने की कोशिश करने लगी। ज्योति ने फ़ौरन तैयार होना शुरू कर दिया। सपनों की जगह मुझे चिन्ताओं ने घेर लिया। कुमार कहाँ रहता होगा, कैसे खाता होगा, कहीं चाय और सिगरेट पर ही दिन न बिताता हो, उसकी लेक्चरशिप की इंटरव्यू का क्या हुआ! मुझे लगा, सपने देखने की मेरी क्षमता ख़त्म हो चुकी है।

तभी चपरासी ने आकर कहा, 'विजिटर।' ख़ाली होने के बावजूद इतनी सुबह तैयार होकर नीचे जाने का खयाल अच्छा नहीं लगा। मैं तो अभी अपने दिमाग़ के साथ लड़ रही थी कि शरीर के साथ-साथ वह भी छुट्टी क्यों नहीं मनाता!

मैं खीज कर उठी और मुचड़े ड्रेसिंग गाउन में नीचे उतर गई।

विजिटर्स रूम में कृष्ण तरोताजा मुद्रा में बैठा था। मेरा हुलिया देख कर हताशा से बोला, 'लीजिए, आप अभी सो कर ही नहीं उठी हैं और हम हैं कि 'द फॉक्स' के मार्निंग शो के टिकट भी ख़रीद लाए!'

मैंने घड़ी पर नज़र डाली, 'तो तुम यहाँ क्या कर रहे हो, पिक्चर शुरू हो गई होगी!'

कृष्ण ने चोट खाई आँखों से मुझे देखा, 'टिकट एक नहीं, दो लिये हैं और आपको चलना है!'

मैंने कहा, 'मैं सुबह दस बजे डॉक्टर के यहाँ जा सकती हूँ, या दफ़्तर, पिक्चर तो कतई नहीं!'

'इसका मतलब, एक टिकट ख़राब जाएगा।'

'देखो के.के. अच्छे बैचलर अपना वक़्त भाभियों और दीदियों में ख़राब नहीं किया करते।'

कृष्ण चिढ़ गया।

'आज आप मेहरबानी कीजिए, आगे से मैं आपकी सलाह मानूँगा।'

नहाने का समय नहीं था। काफी जल्दी करने पर भी जब हम होस्टल से निकले, पौने ग्यारह बज रहे थे।

कृष्ण का मूड ख़राब लग रहा था।

फ़िल्म पूरी मुझसे देखी नहीं गई। उसमें दो नायिकाएँ थीं–एक-दूसरे से भावनात्मक और शारीरिक स्तर पर सम्पर्क स्थापित करती हुई।

अस्वाभाविक और अप्राकृतिक रिश्ते मुझे कभी अपील नहीं करते, चाहे वे कितने ही आधुनिक ढंग से प्रस्तुत किए जाएँ। मेरे सिर में दर्द होने लगा।

मैंने कहा, 'मैं चाय पीना चाहती हूँ।'

कृष्ण ने कहा, 'हम पिक्चर के बाद 'मोकैम्बो' में खाना खाएँगे।'

मैंने कहा, 'मैं इसी वक़्त बाहर जाना चाहती हूँ।'

हम लोग उठ कर गुरडोन में आए। कृष्ण का मूड काफ़ी बिगड़ा लग रहा था।

मैंने पर्स से निकाल कर एस्पिरीन की टिकिया चाय के साथ ली। फिर मैं बाएँ हाथ से कनपटियाँ दबाती चाय पीने लगी।

एस्पिरीन का असर होने के बाद मुझे ध्यान आया, कृष्ण मेरे सामने मुँह बनाए बैठा है। मुझे अचानक उस पर बड़ा तरस आया।

'मैं तो यहाँ से होस्टल चली जाऊँगी, के.के.। तुम जाकर पिक्चर देखो।'

'मैं सोच रहा था, शायद आपको अस्पताल ले जाना पड़े।'

'तुम्हारा आज का दिन बिगाड़ने का मुझे अफ़सोस रहेगा!' मैंने उससे विदा ली।

होस्टल पहुँच अपने बिस्तर पर लेट कर मुझे महसूस हुआ, के.के. अब उतना कोऑपरेटिव नहीं रहा है जितना पहले था। कुछ देर में व्यवस्थित होने के बाद मुझे लगा, मैं भी अब उतनी कोऑपरेटिव नहीं रही हूँ, जितनी पहले थी। शायद यह उम्र का गठिया था, जो धीरे-धीरे मेरा लचीलापन नष्ट कर रहा था।

अब छोटी-छोटी बातों में उतना मज़ा नहीं आता था, बल्कि छोटी-छोटी बातें खिझाती थीं खासतौर पर कुमार की बातें। ताज्जुब यह था कि शादी के पहले इन्हीं छोटी-छोटी बातों पर मैं फिदा हुई थी। मसलन, वह सिगरेट कभी अन्त तक नहीं पीता था, तीन-चार कश के बाद उसे कमरे के किसी भी कोने में कुचल कर फेंक देता था। चाय का पहला सिप वह गर्म और बाक़ी चाय ठंडी पीता था। वह अपने जूते न ख़ुद पॉलिश करता था, न मुझे करने देता। चमक उतरने पर वह नए ख़रीद लेता।

मुझे लगा, अगर कुमार की आदतें इतनी फिजूल न होतीं, तो हम अब तक बहुत कुछ बचा सकते थे। भविष्य एक बार फिर अपनी अनिश्चितता से मुझे आतंकित कर उठा। ज्यों-ज्यों वक़्त बीत रहा था, मैं समय के सफ़ेद पन्नों से डरती जा रही थी।

बिस्तर पर पड़े-पड़े मैं परेशान हो उठी। कायदे से मुझे अपने वर्तमान पर ध्यान देना चाहिए था, अपने प्रेम-प्रकरण और प्रेमी के प्रति अधिक सहिष्णुता बरतनी चाहिए थी लेकिन मैं थी कि जीवन के वित्तीय मामलों से मन-ही-मन उलझ रही थी।

निर्णय ले कर मैं उठी, नहाई। बहुत ध्यान से तैयार हो मैं के.के. को फ़ोन करने गई, गोया फ़ोन में टेलीविज़न भी लगा होगा। कृष्ण अपने मेस में नहीं था। मैं निराश हो आई। इस वक़्त मैं विजय-अभियान पर निकली थी। यों लकदक तैयार होने के बाद वापस अपने कमरे में जाना मुझे मंजूर नहीं था। कुछ देर मैं गलियारे में खड़े दूसरे विजिटर्स देखती रही, फिर बाहर चल दी। बिना किसी मकसद के मैंने कोलाबा जाने वाली बस पकड़ ली। कुछ देर खिड़की से बाहर का दृश्य देखने के बाद ही मुझे यह अहसास हुआ कि मेरे पहलू में बैठा यात्री निश्चल नहीं है।

मैंने आश्चर्य से सुना, 'बेबी, विल यू हैव डिनर विद मी, फिफ्टी रुपीज!'

वह बेहद प्रौढ़, लगभग वृद्ध, पारसी था। उसका सफ़ेद बन्द गले का कोट काफी ढीला और पुराना लग रहा था।

आशय समझते ही मैं भय से जड़ हो गई, 'नो, शट अप!' कहती मैं उठ कर खड़ी हुई और अगले स्टॉप पर बस रुकते ही उतर गई।

इस अजनबी बस स्टॉप पर उतरते ही मुझे एक साथ राहत और संकट का आभास हुआ। अगर मैं किसी ख़तरे में फँस जाती तो। मुझे अचानक यह शहर अपने विरुद्ध लगने लगा।

कृष्ण ने नया कैमरा ख़रीदा था। फ़ोन पर बोला, 'आज दोपहर कमला नेहरू पार्क चलेंगे। पूरी रील ख़त्म करनी है।'

मैं आज बेहद ख़ुश थी।

मेरी ख़ुशी की वजह दूसरी थी।

कुमार का आज पत्र आया था कि उसे विश्वविद्यालय में लेक्चरशिप मिल गई है। सोलह को वह ज्वॉइन कर रहा है। उसने लिखा था, 'अब तुम सब छोड़-छाड़ कर जल्दी से चली आओ। चिट्ठी मिलते ही चल पड़ना। इस्तीफा दिल्ली आकर डाक से भिजवा देना। तुम्हें चकनाचूर कर देने की तबीयत हो रही है...!'

मैं बेहद उतावली थी। शाम को कोई गाड़ी नहीं थी। मैं अगली सुबह ही चल देना चाहती थी, इसलिए आज कई काम निबटाने ज़रूरी थे। फिर चेतना में कुमार कुछ इस तरह समाया हुआ था कि दिमाग़ कुछ भी ग्रहण नहीं कर पा रहा था।

मैंने कहा, 'मैं आज नहीं आ सकूँगी...कल मैं दिल्ली जा रही हूँ।'

कृष्ण को यकीन नहीं हुआ।

'लेकिन भाभी, आज आपको मेरे साथ ज़रूर चलना है, नहीं तो मैं यह कैमरा अभी तोड़ डालूँगा!'

हार कर मैं बोली, 'कहीं पर्यटकों की तरह कैमरा कन्धे पर डाल होस्टल न आ जाना। मैं तुम्हारे दफ़्तर के बाहर मिलूँगी।'

आज स्टाफ-मीटिंग भी थी।

वहाँ से मैं सीधी कृष्ण के दफ़्तर पहुँच गई। वह बाहर ही खड़ा था।

टैक्सी में बैठने के पहले वह न छुपने वाली निराशा के साथ बोला, 'आप होस्टल जाकर चेंज करना चाहें, तो पहले वहाँ चलें।'

कुछ क्षण बाद मेरी समझ में आया, कृष्ण क्या कह रहा था, मैंने सफ़ेद साड़ी पहनी हुई थी और सफ़ेद ब्लाउज। लेकिन उसका कमेंट मुझे अच्छा नहीं लगा।

'नहीं, मैं ऐसे ही चलूँगी! यह ज़रूरी नहीं है कि तुम मेरी तस्वीर लो!'

'आप बहुत जल्द बुरा मानती हैं!' कृष्ण ने कहा।

कमला नेहरू पार्क में जिन-जिन स्थलों पर अनगिनत लोग, अनगिनत लोगों की तस्वीर लेते हैं, उन्हीं-उन्हीं जगहों पर हमने भी एक-दूसरे की तस्वीर खींची, मसलन 'जूते' से बाहर झाँकते हुए, रेलिंग के सहारे, फव्वारे के सामने और षटकोण बरामदे के आगे।

फ़िल्म ख़त्म होने में नहीं आ रही थी।

मैंने घास के बने भालू, ऊँट और हिरन की भी तस्वीर ले डाली। कृष्ण ने दुखी होकर कैमरा मेरे हाथ से ले लिया।

मैंने कहा, 'मुझे सामान बाँधना है।'

उसने कहा, 'नाज में कॉफी पी लें, न जाने फिर कब मिलना हो पाए!'

मुझे उसकी अर्द्धवयस्कता से बड़ी चिढ़ हुई। उसे क्या पता, आज का दिन मेरे जीवन में कितना महत्त्वपूर्ण था।

नाज की छत से जहाँ तक नज़र जाती थी, आकाश का खुला विस्तार था, और मैं यह सोचकर ख़ुश थी कि यही विस्तार दिल्ली तक जाता है।

मैंने जल्दी से कॉफ़ी ख़त्म कर दी।

मैं बहुत कम बोल रही थी। कृष्ण ने कहा, 'मुँह क्यों बना रखा है?'

'फोटो खिंचवाने के लिए!' मैंने कहा, 'लेकिन मेरे ऊपर ऐसे कमेंट मत किया करो, मैं माइंड करती हूँ!'

'और मैं माइंड नहीं करता कि आप तब से ऐसे व्यवहार कर रही हैं जैसे मैं आपका फोटो नहीं, ऐक्स-रे ले रहा हूँ!'

मैंने कहा, 'तुम गलत व्यक्ति के साथ यहाँ आ गए हो! तुम्हें दफ़्तर की टाइपिस्ट के साथ आना चाहिए था!'

'क्या यह चुनौती है?'

'चुनौती प्रतिद्वन्द्वी देते हैं, मैं तो स्पर्धा में ही नहीं हूँ!'

'मेरा मन हो रहा है, कैमरे को आधे दाम पर बेच दूँ!'

'तुम मूर्ख हो!'

कृष्ण बेहद चोट खा गया, 'भाभी, पता नहीं, कब मिलना हो, आज तो मुझे गम्भीरता से लें!'

मैं खिलखिला कर हँस पड़ी, 'गम्भीरता से तो उपनिषदों को लिया जाता है और बीमारियों को!'

मुझे लगा, मैं इस लड़के को कितनी आसानी से ख़ुश अथवा नाराज कर सकती हूँ।

धूप पूरी उतर गई थी। सूरज समुद्र में छलाँग लगाने की तैयारी कर रहा था।

मैंने कृष्ण से कहा कि अगर वह कभी दिल्ली आए तो हमारे यहाँ ही ठहरे।

'ऐसी रस्मी बातें करने के लिए प्लेटफ़ार्म बेहतर होता है!' कृष्ण ने कहा।

मुझे तेईस नम्बर बस पकड़नी थी, उसे सत्तर। उसने कहा, वह मुझे चढ़ा कर अपने क्यू में चला जाएगा।

तेईस नम्बर बस जल्दी आ गई।

मैंने खिड़की से देखा, कृष्ण खड़ा देर तक हाथ हिलाता रहा।

प्रत्युत्तर में मैं हाथ न हिला पाई, सिर्फ़ मुस्करा दी।

मुझे लगा, इस कदर मचलते हुए हाथ हिलाने के लिए कितना यौवन और मस्ती चाहिए!

मैं तो एक ही प्रेम में खंडहर हो गई थी।

मेरे लिए बेहतर यही था कि मैं आगामी जीवन पर चिन्तन करती हुई लॉण्ड्री से अपनी साड़ियाँ ले आऊँ।

रायेवाली

मुहल्ले में सभी के दो-दो नाम थे, एक घर का, जो आँगन से लेकर गली की आख़िरी हद तक ज़ोरों से गुहारा जाता, दूसरा जो स्कूल के रजिस्टर में दर्ज रहता। घर के नाम का कोई नामकरण संस्कार नहीं होता था, वह अपने आप ही पड़ जाता। जैसे पप्पू की बहन पैदा हुई तो पप्पू ने कहा, 'हाय अम्मा यह तो ऐसी मुलायम है कि इसे मैं हप्प कर जाऊँ।' और बहन का नाम हप्पो पड़ गया। इसी तरह राकेश का नाम तोते, शारदा का नाम ठुन्नो और अमरवती का नाम इमरती पड़ गया। स्कूल वाला नाम बाकायदा लड्डू हाथ में देकर निकाला जाता था। लेकिन उसका प्रयोग केवल हाईस्कूल के प्रमाण-पत्र और शादी के कार्ड तक सीमित था।

लड़के अक्सर अपने टकसाली नाम से मशहूर हो जाते थे। मुन्नू बाबू ने बजाजे की दुनिया में बड़ा नाम कमाया और तोते भाई की पतंगबाजी में टाँग जाती रही। मुहल्ले के दो-चार ज़हीन लड़के नौकरी पर लग गए, उनका स्कूली नाम जड़ पकड़ गया। शादी-मंडी में उनकी कीमत थोड़ी और बढ़ गई। बड़ी बुआ उठते-बैठते तोते को कोसने लगीं, 'चार अच्छर नांय पढ़ौ, बटमार तोते का तोते ही रह जाएगौ।'

लड़कियों का मामला और भी पेचीदा था। हप्पो की शादी हुई तो ससुराल वालों ने अच्छा-खासा कालिन्दी नाम बदल कर लक्ष्मी रख दिया। कुछ महीनों बाद, जब कालिन्दी के नाम परिवर्तन के बावजूद, घर के कारोबार में कोई समृद्धि, नहीं आई तो घरवालों ने उसका नाम हिकारत से 'रायेवाली' रख दिया। यह नाम उन्हें ढूँढ़ना नहीं पड़ा था, तैयार मिल गया। मोहन बाबू की बारात में जितने लोग गए थे सब उसका जिक्र रायेवाली के नाम से करते रहे। इससे यह बात भी अच्छी तरह स्पष्ट हो जाती थी कि नई बहू मथुरा की नहीं, वरन् राया की है, तभी तो वग़ैरह-वग़ैरह। राये में उस दिन...बाप रे बाप, सड़क कित्ती ख़राब थी, तांगे का पहिया उतरते-उतरते बचा। और धूल इत्ती कि कुछ पूछो मत, मिठाइयाँ भी सारी

किसकिस, पान कड़वा और कचौड़ियाँ ठंडी। मोहन बाबू की माँ इन सब बातों को तो भूल सकती थी लेकिन वह कुछ और बातें बर्दाश्त नहीं कर सकती थी। जैसे राये की औरतें साबुन ज़्यादा ख़र्च करती हैं, नमक कम डालती हैं, इनमें सेवा भाव की कमी होती है, और इन्हें नींद बड़ी जल्दी आ जाती है। परिवार के एक बुजुर्ग बारात की विदाई पर सवाक् चिन्ता प्रकट कर चुके थे, 'राये की छोरी मथुरा के मोहन को कैसे सँभारेगी, योग ठीक हो जाए तो है।' मोहन बाबू ने यह सुना था और अपने अन्दर एक नवीन गुरुता का बोध किया, बावजूद किराए की शेरवानी, चूड़ीदार पाजामा, साफ़ा, कलगी के। साथ ही साथ उसने यह भी मान लिया कि इस वक़्त लड़की लघुता के बोझ से ही सिर लटकाए बैठी है।

घर पहुँचने पर मोहन के पिता लाला जग्गोमल ने नव-विवाहित बेटे की पोशाक वापस करने में वह तत्परता दिखाई कि बीस मिनट के अन्दर दूल्हा घर में केवल लँगोट पहने नजर आ रहा था। उसकी माँ जल्दी से पट्टीदार पाजामा और मोटी पॉपलीन की पीली कमीज निकाल कर लाई, जो खासतौर पर इस मौक़े के लिए सिलवा कर रखी गई थी।

अब जब शादी हो गई थी, दो--दो बार नाम परिवर्तन हो चुका था, बहू को महीने भर बरत लिया था, सबका एक मत था, 'राये की छोरी, काम-काज में कोरी।'

परिवार के बच्चों का उत्साह नए सदस्य के प्रति अभी भी शिखर पर था। सूरजभान कौतुक से कालिन्दी की आलता रँगी एड़ियाँ और मेहँदी रँगी हथेलियाँ देखता और अपनी अम्मा के पीछे पड़ जाता, 'अम्मा, तू भी रंग लगा ले।' उसकी अम्मा बाएँ हाथ का एक चाँटा गाल पर जमा देती, 'सब हाथ-पाँव रँग कर बैठ जाएँ तो काम कौन करे, तेरी सास। कालिन्दी बर्तन रगड़ते-रगड़ते अपनी हथेलियों पर राख का धुँधलापन देखती और चुप रह जाती। कुनबे में कहीं ज्यौनार-बढ़हार होती तो यही जेठानी उसके झाले, बेंदी, चुटीला और चाँदी की चोबदार कमरपेटी बाँध कर इतराती हुई पान की गिलोरी मुँह में दबातीं और कालिन्दी को सुनातीं, 'देखा हम पे कित्ती सजती है तुम्हारी ये मामूली रकम। पहनने का ढब हो तो ठीकरे भी जवाहर।' सास सिर मटकाती, 'मथुरा की छोरी की बहार ही और होती है। मथुरा तीन लोक से न्यारी ठहरी। साच्छात बंसीवारे रहे हैं यहाँ पर। मथुरा वारे खड़े से दूध पीते हैं। जो खसबू वाला तेल यहाँ के छत्ता बाज़ार में मिले है, राये में बाकौ नाम भी नांय जानती है कोई, चाहे जासै पूछ लो।'

कालिन्दी का पति अभी स्वतंत्र रूप से कुछ करता नहीं था। वह पढ़ता भी नहीं था, हालाँकि कालिन्दी के माँ-बाप उसकी पढ़ाई के खाते में अब तक पाँच सौ रुपए, एक हाथ-घड़ी, एक कम्बल और एक टिन घी दे चुके थे। ये चीज़ें घर

में भी नज़र नहीं आती थी। मोहन की बहन की शादी में ये चीज़ें हस्तान्तरित हो गई थीं। इनकी बाबत एक बार कालिन्दी ने पूछा तो मोहन ने झिड़क दिया, 'अपने काम से काम रखा करो, बेफिजूल नहीं फँसा करो। औरत है या सपट्टर।'

कालिन्दी ने आठ जमातें पास की थीं। उससे आगे पढ़ने के लिए राये में स्कूल नहीं था। मोहन सातवीं में तीन बार फेल होकर अब बाप की दुकान पर बूरा तौलता था। उसने अपने बाप को माँ से और भाई को भाभी से बात करते वर्षों सुना था। उसे पता था औरतों से कैसे बात करना चाहिए। पता तो उसे और भी बहुत कुछ था, पर उसकी इस गृहस्थी में ज्यादा गुंजाइश नहीं थी।

रात दस बजे वह दुकान का आख़िरी दरवाज़ा बन्द कर घर आता, ब्यालू करता और माँ के पाँव दबाता। यह उसका रोज़ का नियम था। माँ दुनिया–जहान की बातें करती रहती। जब बातें चुकने का ख़तरा पैदा होता, माँ भजन शुरू कर देती। मोहन उबासी लेता हुआ संगत करता और अंततः हिम्मत बटोर जैसे ही उठ कर जाने की कोशिश करता, माँ अपनी आवाज़ उठा कर पुकारती, 'अरी ओ, क्या नाम रायेवाली, जरा मेरी कमर तो दबा जा...।'

टुकड़ा–टुकड़ा नींद की अभ्यस्त कालिन्दी अचकचाकर उठ बैठती, देखती पति अभी तक सो नहीं पाया है। उसका मन मोहन के प्रति नरम हो जाता। उसे छुट्टी दिलाने की ख़ातिर वह बरामदे में आ जाती और देर तक माँ की कमर पर श्रम करती।

माँ की सामाजिकता इस वक़्त शिखर पर होती, 'नैक सौ तेल ले ले। हाँ जे। जे बहौत दुखतौ है रामजी। नैक ज़ोर से दबा, दर्द की नस पकड़ के हींच।'

'अब सरीर बहुत थक गयौ। तू तो ब्याही आई तो लुगाई ही। मैं ग्यारह साल की ब्याही थी। मेरी सास खड़े से पैर दबवाती थी सारी–सारी रात। ये जो अगले दाँत टूटे हैं, तभी के हैं। खड़ी–खड़ी एक बखत ऊँघ गई। सास ने दूसरी टाँग वह कस कर चलाई कि गिरी सामने की चौखट पे धम्म से। ऊपर के चार दाँत मगज में चढ़ गए। अब वो जमाने नहीं रहे। अब तो बहुओं का राज है।'

कालिन्दी को याद आता अभी पिछले सावन में तो वह सहेलियों के साथ झूला झूला करती थी :

नन्ही नन्ही बुँदियाँ रे, सावन का मेरा झूलना
एक झूला डाला मैंने अम्मा के राज में,
हो अम्मा के राज में

संग में सहेलियाँ रे, हिलमिल के मेरा झूलना
नन्ही नन्ही बुँदियाँ रे...।

शान्ता के गाना शुरू करने पर कालिन्दी शरारत से गाना आगे बढ़ाती :

एक झूला डाला मैंने सासू के राज में...
आधी आधी रतियाँ रे, चक्की का मेरा पीसना
नन्ही...

तब सब सहेलियाँ खिलखिला कर हँस पड़तीं।

पौ फटने से पहले कमर शान्त नहीं होती थी। कुछ ही देर बाद एकदम शोर मच जाता, 'नल आ गए, नल आ गए... बड़ी कूंड एकदम ख़ाली पड़ी है, कपड़े धुलने हैं, बाल्टियाँ भरनी हैं। रात बर्तनों में चुहियाँ मूत गई हैं। अरी बहू, तूने तो कुम्भकरन को मात कर दियौ। शरम कर, दिन चढ़े भरतार को ले कर सोई पड़ी है।'

इस उलाहने के साथ-साथ बहू बाल्टियाँ लेकर नल की तरफ़ भागती और भरतार लोटा उठा कर मैदान की तरफ़।

बाद में यही मोहन भयंकर वेश्यागामी हो गया। अब वह पत्नी का इन्तज़ार न करता। भरी दोपहर, चौक में राजो पहाड़न के यहाँ हाजत रफा कर, वह रात-रात भर माँ के साथ बैठ भजन गाता। माँ उसे श्रवणकुमार की कथा सुनातीं, वह संकल्प करता कि वह श्रवणकुमार से भी अधिक महान बनेगा। माँ उससे पैर दबवाती, वह सिर भी दबा देता। राजो की नथनी के सपने लेता वह माँ के खटोले के पास ही अपना झिंगोला बिछा लेता।

लेकिन ये बातें उसकी निजी थीं, जैसे अंटी में बँधे रुपए। इनसे पत्नी पर उसका कब्जा कम नहीं होता, कुछ बढ़ ही जाता था। आँगन बुहारती कालिन्दी को देखकर उसे कोई असुविधा न होती। बल्कि वह सोचता यह उसका सही इस्तेमाल है।

सीने-पिरोने, काढ़ने-बुनने की शौकीन कालिन्दी ढोलक भी बहुत बढ़िया बजाया करती थी। राये में कोई ब्याह-शादी उसकी ढोलक के बिना आरम्भ न होता। बचपन में आटे के कनस्तर पर ही हाथ आजमाया करती। ज़रा बड़ी हुई तो कोठरी में टँगी ढोलक उसकी अच्छी साथी बन गई। सहेलियाँ चिढ़ाया करतीं, 'अपने ब्याह में भी यह ख़ुद बजाएगी, हमारी बजाई तो इसे पसन्द नहीं आएगी।'

माँ ने पचरंगी ढोलक दहेज में दी थी। ससुराल में एक-एक चीज़ की शिनाख्त कुछ इस प्रकार की गई कि ढोलक फालतू सामान-सी बच्चों के हाथ पड़ गई। सूरजभान का छोटा भाई ब्रजभान पहले उससे कुर्सी का काम लेता रहा, फिर पहिए का। साल के अन्त में जब वह इम्तहान में अनुत्तीर्ण हुआ तो उसके पिता ने एक लात मार कर ढोलक फाड़ दी, 'पतुरियों वाले शौक रखता है, पहले नाक पौंछना तो सीख। पूरे एक सौ पाँच रुपए पानी में मिल गए। अगले बरस तेरी फीस फिर से कौन भरेगा, तेरा ससुर!'

कालिन्दी का कलेजा फट कर रह गया। उसे लगा यह लात उसी को मारी गई है। ऐसे अपमान अब अजनबी नहीं रहे थे, फिर भी वह इनकी आदी नहीं हो पाई थी। बल्कि रोज़, पहले से ज़्यादा चोट महसूस होती थी। व्यक्तित्व के सभी हिस्से मार खा-खा कर कच्चे और कमज़ोर पड़ गए थे। ऐसे मौक़ों पर उसे लगता कि मोहन के स्वतंत्र होने से पहले ही वह ढोलक हो जाएगी। दाऊजी, बाऊजी के सामने वह बोल भी क्या सकती थी।

पति के सामने उसने दो-एक बार बोलने का प्रयत्न किया था। लेकिन उसने पाया कि मोहन के दिमाग़ में बोरों की गिनती, माँ का गठिया और घर का ख़र्च कुछ इस तरह भरा है कि किसी चर्चा की वहाँ गुंजाइश नहीं है। उलटे वह कालिन्दी से पूछता, 'क्या बात है, घर में कोई भी तुमसे ख़ुश नहीं है?'

एक बार कालिन्दी ने कहा था, 'मैं भी तो ख़ुश नहीं हूँ।'

'तुम्हारी ख़ुशी क्या होती है? तुम कोई लाट कलेट्टर की जाई हो।'

'लाट कलेट्टर की जाई तो वे भी नहीं हैं।' कालिन्दी का इतना कहना था कि मोहन पंचम स्वर में चीखने लगा, 'जुबान लड़ाती है, बदजात कहीं की। मेरी माँ को कुछ कहा तो जीभ काढ़ कर धर दूँगा।'

शोरगुल सुनकर तमाम अदालत हाज़िर हो गई। तुरन्त नालिश हुई। प्रत्यक्ष गवाहों की कमी नहीं थी। माँ की प्रचंड मुद्रा ने न्यायाधीश की भूमिका अदा की और मोहन ने बतौर सजा, पास रखा पीतल का लोटा दन्न से मुजरिम के सिर पर दे मारा। कालिन्दी को चक्कर आ गया। उसे उसी हाल में पड़ी छोड़ सब मोहन की ख़ुशामद में लग गए, 'आगरे वाली से बात पक्की हुई होती तो आज यह दिन न देखना पड़ता। रात-दिन खटता है, कभी दिन-त्यौहार छुट्टी मिले तो यह चुड़ैल पीछे लग जाती है। ऐसी लुगाई की जीभ तो कैंची से काट कर नाली में फेंक दे।'

मोहन को यकीन हो जाता है कि वह घर का सही नेतृत्व कर रहा है। अपनी मर्दानगी में उसकी आस्था द्विगुणित हो जाती।

मोहन के छोटे भाई श्याम का विवाह था। तिलक की रस्म हो चुकी थी। घुड़चढ़ी का, तीन दिन बाद मुहूर्त था। शुक्रवार को रस्म थी। बृहस्पतिवार दोपहर को राये से एक ख़त आया जिसका ऊपर का एक कोना फटा हुआ था। पत्र सबसे पहले बच्चों के हाथ पड़ गया। बच्चे कुछ देर आपस में यह सलाह करते रहे कि यह चिट्ठी मिल कर बाँच ली जाए। बड़ा बच्चा होने के नाते सूरजभान ने चिट्ठी पढ़नी आरम्भ की। हमेशा की तरह पोस्टकार्ड पर टेढ़ी-मेढ़ी लाइनें खींच कर, बिना किसी विरामचिह्न, लिखा था :

'प्रिय बेटी हप्पो राजी रहो आगे यहाँ का समाचार सुभ नहीं तुम्हारी मैया सोमवार सात बजे पेट के फोड़े में चीरा लगते ही सरगवास कर गई बड़ी तकलीफ पाई मछली की नाईं तड़फ-तड़फ कर पिरान निकले लल्ला बब्बू तब से रोते भए चिट्ठी को तार समझ फौरन से पेश्तर पहुँचो तुम्हारे बाबू।'

मजमून पढ़ बच्चों के होश उड़ गए। वे दौड़े-दौड़े अन्दर गए और बर्तन माँजती रायेवाली के पास दूर से ही चिट्ठी पटक इधर-उधर खिसक गए। घर से आया पोस्टकार्ड देख कालिन्दी लहककर उठी। राख भँड़े हाथों से ही उसने चिट्ठी पकड़ ली।

एक बार पढ़, उसे कुछ समझ नहीं आया। उसने पलट कर पता देखा, फिर पढ़ी। जैसे ही उसे यकीन हुआ, वह अवसन्न जहाँ की तहाँ बैठ गई।

कुछ देर बाद सास अपनी दैनिक गश्त पर निकली तो पाया काम अधूरा छोड़ रायेवाली आराम फरमा रही है। उसने अपना तरकश सँभाला और एक बाण चलाया। तब तक सन्न बैठी रायेवाली की ऐसी हृदय-विदारक चीख निकली कि घर तो घर, दुकान के लोग भी जुड़ गए। सास एकदम हवन्नक हो गई, 'लो, मैंने न कुछ कहा, न सुना, बस यहाँ से गुजरी तो इसे चुड़ैल चढ़ गई। कैसी इन्जन जैसी चिल्ली मारी है कम्बख्त ने।'

पोस्टकार्ड कुछ क्षण बाद बरामद हुआ जब कालिन्दी अचेत होकर एक ओर लुढ़क गई।

पत्र पढ़ कर सब सोच में पड़ गए। ब्याह का मौक़ा था, बेहिसाब काम था। आपस में सलाह-मशविरा कर यह फैसला हुआ कि इस वक़्त रायेवाली को राये भेजना ठीक नहीं। घर के काम में घर के लोग काम न आएँगे तो क्या ग़ैर आएँगे!

इसीलिए रात में जब सिसकते-सिसकते कालिन्दी ने पति से कहा कि वह उसे जल्द-से-जल्द राये पहुँचा दे तो उसने फैसला सुना दिया।

कालिन्दी को विश्वास न हुआ, 'हटो, यह क्या मज़ाक है, ऐसे में भी कोई रोकता है?'

मोहन तमककर बोला, 'मज़ाक करते होंगे तेरे यार, हम तो साफ़ बात करते हैं।'

कालिन्दी अड़ गई, 'मैं तो ज़रूर जाऊँगी। सब कहेंगी, माँ के मरने में भी नहीं आई।'

मोहन भी अड़ गया, 'सोच लो, यह घर या वह घर। इस मौक़े पर चली गई तो वापस घुसने न दूँगा, पड़ी रहना सारी उमर बाप के द्वारे!'

कालिंदी सन्न रह गई। यह तो उसने सोचा भी न था। एक मन हुआ आधी रात में उठ कर भाग जाए। लल्ला बब्बू के आँसू भरे चेहरे आँखों में उतर आए।

पर उसके हाथ में अधेला भी न था। रात-भर माँ आँखों के आगे घूमती रही, तरकारी काटती, पराँठे सेंकती, उसके बाल गूँथती, हँसती, लेटती, बैठती, उठती, चलती-फिरती माँ!

सुबह घर मेहमानों से भर गया। पूरी, कचौड़ी, मिठाई, नमकीन, बच्चों की धकापेल, नाइन की गाली-गलौज में कब सुबह हुई, कब दोपहर, कुछ पता न चला। कालिन्दी सूखा मुँह लिये सारा दिन दौड़ती रही, शरबत बनाती, पत्तल लगाती, पैर छूती, पानी पिलाती। सास ने कहा, 'कल से बुखार है इसे, पर देवर के ब्याह का उछाह तो देखो, बिना खाए-पिए जुटी हुई है।'

शाम चार बजे, जब गीतों के लिए औरतों ने ढोलक सँभाली, कालिन्दी का सिर फटा जा रहा था। वह अपने कमरे में जाकर पड़ गई। सारा दिन काम करते, उठते-बैठते माँ की सूरत आँखों के आगे मँडराती रही थी। अब एकबारगी बाँध टूट गया। तभी बाहर से औरतों की चहल-पहल 'रायेवाली कहाँ गई, रायेवाली को बुलाओ' शुरू हो गई। उसके साथ ही कालिन्दी को अपने सिरहाने सास की दबी घुड़की सुनाई दी, 'मेरे घर में आज के दिन असगुन न मना रायेवाली, कल अपने घर जाकर जी भर रोइयो।'

कालिन्दी उठी और औरतों की महफिल के बीच आ गई। ढोलक उसकी तरफ़ सरका दी गई। एक बार फिर माँ की सूरत उसकी आँखों के सामने कौंध गई। उसके हाथ नहीं उठे। सबका समवेत उलाहना, शोर, तमाशा, सास की बनैली आँखें देख, उसने पलक मूँद कर जबरन हाथ उठा एक हल्की-सी थाप लगाई और ढोलक उसके हाथों में खनकती गई खनकती गई। कुछ चंचल लड़कियाँ उठ कर नाचने लगीं। कालिन्दी भी ढोलक छोड़ खड़ी हो गई और सबके साथ मिल कर उसने वह चक्करदार लहरिया नाच नाचा कि सारी महफिल दंग रह गई। साथ उठी लड़कियाँ हाँफ गईं लेकिन कालिन्दी नाचती रही, नाचती रही और तब तक नाचती रही, जब तक नाचने वालों के बीचोबीच गिर कर चारों खाने चित्त न हो गई।

वसन्त-सिर्फ़ एक तारीख़

सच पूछो तो मैं महीनों बाद घर से निकली थी। यानी, चौक से आगे। चौक तक के तो दिन में दस चक्कर रोज़ ही लग जाते थे। बेसन से लेकर बॉर्नविटा तक की खरीदारी मेरे ही जिम्मे थी। यहाँ तक कि अब मैं आँख मूँदकर चलूँ तब भी बता सकती हूँ कि यह मलाईवाली का चबूतरा है, यह गुलाब का चाट ठेला है,

यहाँ पर एक पागल आदमी बैठता है और यहाँ होम्योपैथिक डॉक्टर की उजाड़ दुकान, यहाँ गर्म इमरती हर वक़्त छनती है और यहाँ भाँग की गोली मिलती है। आगे पुराना बजाजा है। उससे आगे टोकरियाँ बिकती हैं, नीम के नीचे मिर्च-मसाले और उससे आगे धागे मिलते हैं। ठहरिए, बीच में कीलवाले की दुकान तो छूट ही गई। यहाँ चौक से संगम जाने के लिए रिक्शे सस्ते मिलते हैं और दातुनें भी। यहीं से एक तरफ़ सब्ज़ी बाज़ार शुरू होता है, दूसरी तरफ़ मिठाई बाज़ार।

लेकिन यों ठीक से तैयार होकर तो मैं महीनों बाद निकली थी। मैंने सोचा था लोग मुझे देखकर सवालों का ताँता लगा देंगे, 'कहाँ जा रही हो?' 'कैसे निकलना हुआ?' 'ख़ैरियत तो है?' वग़ैरह-वग़ैरह। लेकिन बिजलीघर तक पहुँचते-पहुँचते मैंने पाया लोगों को फ़ुर्सत नहीं है। लोग बेतहाशा भागे जा रहे हैं, साइकिलों पर, स्कूटरों पर, रिक्शों में। वे न आपस में बोल रहे हैं, न इधर-उधर देख रहे हैं, बस भागे जा रहे हैं। उनके ठीक सिर के ऊपर नीले आसमान में एक गुनगुना बादल ठुमक रहा है। लेकिन वे भागे जा रहे हैं। सड़क के उस पार एक बारजे से एक बेहद प्यारी बच्ची लाल मफ़लर बाँधे खड़ी हँस रही है लेकिन वे भाग रहे हैं।

ये वसन्त के दिन थे। ॠतुराज का महीना। जगह-जगह गुलाबी, पीले, नीले फूल सिर उठाकर खिलखिला रहे थे। सड़क के किनारे की पटरियों की दरारों तक में घास फूट आई थी। लोग अभी भी भाग रहे थे। मैं डर गई। कहीं शहर ही तो ख़ाली होने नहीं जा रहा? क्या कोई महामारी फैलने वाली है या भूचाल आनेवाला है या...? मैंने घबराकर रिक्शेवाले से पूछा, "भई तुम्हें पता है, ये इतने सारे लोग कहाँ जा रहे हैं?"

"जा रहे होंगे काम से।"

मुझे तसल्ली नहीं हुई। फ़ुहारे के पास मैंने मूँगफली वाले से फुटकर लेते हुए पूछा, "आज कोई ख़ास बात है क्या? ये इतने सारे लोग कहाँ जा रहे हैं?"

"दस बजा है, औफीस जाय रहे होइहैं," उसने मेरी तरफ़ हैरानी से देखा।

बेक़ार रहते-रहते मुझे तो यह भी भूल चुका था कि दस बजे का समय दफ़्तर जाने का होता है। वर्षों से हमारे घर से कोई दफ़्तर नहीं गया था। बेरोज़गारी हमारा पुश्तैनी रोज़गार था।

फिर भी हमारा गुज़र किसी तरह होता ही था। दरअसल हम लेखन को समर्पित दम्पती थे। सारी दोपहर हम कलम घसीटते थे, शामें कॉफी हाउस में बीतती थीं। सुबह हम अखबारों के दफ़्तरों में ताक-झाँक करते पाये जाते थे। ये

सब अपने आप में पूर्णकालिक काम थे। फिर भी समाज के मान्य अर्थों में हम बेरोज़गार थे। हर महीना जब बीत जाता, हमें हल्का अचम्भा और गहरी ख़ुशी होती कि हम भूख, महँगाई, बीमारी और दुर्घटनाओं को चकमा देते हुए एक और महीना ज़िन्दा रह लिए।

लेकिन आज चूँकि मौसम अच्छा था, जेब में रिक्शे के लिए पैसे थे, धोती में कलफ़ था, चप्पल साबुत थी, इसलिए मैं अपने पुश्तैनी रोज़गार को चुनौती देती हुई अपनी आकांक्षाओं का आकाश तलाशने निकल पड़ी थी। आज मैंने दुर्जन सिंह और जाननिकाल सिंह को भी साथ नहीं लिया था। नहीं तो दुर्जन सिंह और जाननिकाल सिंह भला मुझसे छूटते हैं! मेरी उँगली से बँधे, मेरी धोती से लिपटे, परिवार नियोजन के ये नन्हे-नन्हे प्रश्नचिह्न हर घड़ी मेरे अगल-बग़ल दिखाई देते हैं। लेकिन आज मैंने उन्हें चिज्जी का चस्का देकर कहा, "बेटे, आज अम्मा को जाने दो, हो सकता है जब अम्मा लौटे तो उसकी जेब रकम से भारी हो," दुर्जनसिंह और जाननिकाल सिंह कुछ समझे नहीं, वे दस पैसे लेकर लाई के लड्डू लेने दौड़ गए।

मेरी संवेदना वसन्त का आनन्द ले रही थी। मेरी चेतना एक महत्त्वाकांक्षी योजना बना रही थी। मेरी पहचान की एक महिला अभी पिछले महीने गांधी कॉलेज की प्राचार्या बनकर शहर में आई थी। जिस दिन यह जानकारी मुझे मिली, मेरे आह्लाद की कोई सीमा न रही। मुझे अनायास याद आ गई, गर्म कपड़ों के ट्रंक में सबसे नीचे गोल लपेटकर रखी गई अपनी डिग्रियाँ। इस बीच कितनी ही बार कपड़ों को धूप दिखाई गई थी। उनमें फ़िनायल की गोलियाँ डाली गई थीं। कपड़े धुलवाए गए थे, जमाए गए थे, उठाए गए थे। यहाँ तक कि ट्रंक पर रोगन भी कराया गया था। लेकिन वे दो काग़ज़ मेरी जड़ता के टेलिस्कोप बने वैसे ही पड़े रहे।

इनसे जब मेरी पहचान हुई ये प्राचार्या नहीं थीं, मेरी प्राध्यापिका थीं। ये छायावादी किस्म के गीत लिखा करती थीं, जो हमें निराला, पन्त और महादेवी वर्मा की कविताओं के साथ-साथ अनिवार्य रूप से उनके कंठ से सुनने पड़ते थे। उनकी चापलूसी करने का अचूक तरीका यह था कि उनके गीत कंठस्थ कर लिए जाएँ। इसी चक्कर में मैंने उनके बहुत से गीत याद कर डाले थे। उनके आगमन ने मेरे अन्दर महत्त्वाकांक्षाएँ जगा दी थीं। मैं बेरोज़गार से बारोज़गार होना चाहती थी! मैं घर का खूँटा छुड़ाकर आज़ाद होना चाहती थी।

गांधी कॉलेज हूबहू वैसा कॉलेज था जैसा हर शहर के हर चौराहे पर होता है। केवल लड़कियों का यूनीफार्म भिन्न रंग का था। यह केवल इसी प्रदेश का

कमाल था कि स्कूल को भी कॉलेज कहा जाता था। उसी तरह की प्राचार्या बनी श्रीमती शान्ता सक्सेना इस वक़्त, उसी तरह की एक टीचर से शाब्दिक हिंसा कर रही थी जिस तरह युगों-युगों से प्राचार्याएँ टीचरों से करती आ रही हैं। गांधी कॉलेज में दीवारों के अलावा कुछ भी गांधीवादी नहीं था।

मेरे बैठने का उनके तापमान पर कोई असर नहीं हुआ। टीचर को पूरी तरह रुआँसा बनाकर वे मेरी ओर एक निहायत रूखे अन्दाज़ में मुखातिब हुईं।

मैंने जल्दी से कहा, ''मैं आपकी भूतपूर्व छात्रा चन्दा चौधरी, कुछ याद आया?''

उनकी त्योरियाँ घटीं लेकिन मिटीं नहीं।

''कहाँ, अच्छा बरेली में।''

''नहीं, रायबरेली में,'' मैंने कहा और हँस पड़ी।

वे नहीं हँसीं, वे हँस नहीं पाईं। वे शायद अब हँसती नहीं थीं।

''ओह, बड़ी पुरानी बात हुई यह, कहो क्या काम है?''

''काम तो कुछ नहीं मिसेज सक्सेना, आपका लिखा एक गीत याद आ गया तो मिलने चली आई...

नेह सरि में तिर रहे हैं भावना के दीप मेरे,
उर्मियाँ उन्मुक्त मन से गा रही हैं गीत मेरे।''

स्मृति के गोदाम से मैंने बमुश्किल यह कबाड़ ढूँढ़कर निकाला था।

उन्होंने हैरानी से सुना जैसे यह किसी और की कविता हो और सिर हिलाया, ''अच्छी है, अब आज ऐसी चीज़ें कहाँ लिखी जाती हैं। अब तो गद्य, पद्य, नाटक, फ़िल्में सबमें घूम-फिरकर बस सैक्स-वैक्स ही होता है।''

मैंने प्रतिवाद करने की बजाय विषयान्तर करना उचित समझा। मैंने बताया मैं उनकी कितनी प्रिय छात्रा थी। मुझे उनके कितने गीत अभी तक याद हैं और उनके मार्ग निर्देशन में मुझे काम करना कितना अच्छा लगेगा।

ख़ुश होकर वे अपनी मेज़ का दराज़ खोलने की कोशिश करने लगीं। असफल होकर उन्होंने घंटी बजाई। एक मरियल सी दाई ने आकर फ़ौरन दराज़ खोल दिया।

तभी लड़कियों का एक झुंड आया। उनमें से एक लड़की ने आगे बढ़कर कहा, ''गुरुजी, हम पानी पीने बाहर जा सकते हैं? कॉलेज के नल बन्द हो गए हैं।''

''नल बन्द हो गए हैं तो मैं क्या करूँ। प्यासी बैठो। तुम लोगों को बाहर जाने का बहाना चाहिए।''

लड़कियाँ होंठों पर जीभ फिराती वहाँ से हट गईं। मिसेज़ सक्सेना ने दाँत पीसे, "उफ़् ये लड़कियाँ! कॉलेज आती ही क्यों हैं। कभी इनकी किताब घर पर रह जाती है, कभी इनके पेट में दर्द उठ जाता है, कभी प्यास लग आती है। कभी इनकी माँ की तबीयत ख़राब हो जाती है...इसलिए तुमने देखा चन्दा, मैंने बड़ा फ़ाटक बन्द कराया हुआ है, तब भी तो सुनती नहीं। फलाँदने की कोशिश करती हैं। कितनी बार मैंने लड़कियों को ख़ुद पकड़ा है, अपने हाथ से।" उन्होंने अपना गदबदा हाथ टेबल पर पूरा पसार दिया।

गेट पर एक दाई हाथ में नीम की लचीली टहनी लिए बैठी हुई थी। आसपास मँडराती लड़कियों को वह ऐसे भगा रही थी जैसे कौवे भगा रही हो। मैंने देखा, इस कमरे में जो भी आता, उसकी शक्ल पर मुर्दनी छा जाती।

अध्यापिकाएँ पास रखी टेबिल से चौड़े-चौड़े उपस्थिति रजिस्टर उठाकर कमरे से बाहर क्लासों में जा रही थीं। उनके चेहरों पर मौसम का कोई रंग नहीं था। उनकी शक्लों पर बेहिसाब सुस्ती थी। चपल, चंचल, ताजा दिमाग़ बच्चों पर इनकी भंगिमा का क्या असर पड़ता होगा, यह पता लगाना मुश्किल न था।

खिड़की के पीछे पीपल पागल-सा पत्ते गिरा रहा था। अन्दर गोबर रंग की कीमती साड़ी में श्रीमती शान्ता सक्सेना प्रशासन में मगन थीं। उन्हें इसकी कोई ख़बर नहीं थी कि पोनप्पा रोड आजकल कितनी ख़ूबसूरत हो गई है, ड्रमंड रोड रात में रजनीगन्धा और रातरानी की मिली-जुली गन्ध से मतवाली हो जाती है; यूनिवर्सिटी की लड़कियों ने स्वेटर उतार फेंके हैं और मेहँदी हसन आजकल हिन्दुस्तान आया हुआ है। वे ज़ोर से फ़ोन पर चिल्ला रही थी, 'हैलो, सीमेंट क्यों नहीं भेजी? क्या कहा, उनत्तीस तारीख, नहीं-नहीं बहुत लेट हो जाएगा।'

वसन्त और वित्त-वर्ष की टक्कर में वसन्त हार गया था।

घंटी बजने पर एक बार फिर कुछ चहल-पहल पैदा हुई। कुछ अध्यापिकाएँ आईं, कुछ गईं। एक अध्यापिका टेबल के पास चुपचाप आकर खड़ी हो गई।

"क्या है?" श्रीमती शान्ता सक्सेना ने उसकी ओर देखा।

"दीदी, वह मेरी ऐप्लीकेशन आपने देखी होगी?"

"हाँ, बताया तो तुम्हें। कल ही कहा था न, तुम्हें छुट्टी नहीं मिल सकती। टेम्परारी प्राइमरी टीचर को हम कैजुअल के सिवा और कोई छुट्टी नहीं देते।"

"आपकी बात सही है, दीदी, लेकिन डॉक्टर ने हमें अब आने को मना किया है।" अध्यापिका गर्भावस्था के अन्तिम चरण में थी।

अध्यापिका इतनी पीली, दुर्बल, निरीह और कातर लग रही थी कि मुझे लगा, घबराहट में उसका प्रसव यहीं, इसी वक़्त न हो जाए।

श्रीमती शान्ता सक्सेना ने एक बहुत भारी-भरकम रजिस्टर अपने सामने खोलकर रख दिया और हिसाब मिलाने लगी। तभी एक पृष्ठ पर वे चील की तरह झपटीं, "यह दो रुपए सत्तर पैसे का हिसाब क्यों नहीं मिल रहा है, फीस बाबू को बुलाओ, ऐ रमपतिया, फीस बाबू कहाँ हैं?"

अध्यापिका ने हताश स्वर में कहा, "दीदी, फिर आप ही बताइए हम क्या करें?"

"इस्तीफा दे दो, तुम्हारी भी मुश्किल दूर हो जाएगी, हमारी भी, ठीक है न! भई हम तो साफ़ बात करते हैं। अब मार्च के महीने में लड़कियों की पढ़ाई कैसे हर्ज कराएँगे। यही तो कोर्स ख़त्म करने के दिन हैं। फिर इम्तहान का काम सर पर है। तुम्हारे बस का नहीं अब पढ़ाना-वढ़ाना। इस वक़्त क्या कोई क्लास नहीं है?"

"दीदी, आपसे बात करना ज़रूरी था। इसलिए पाँच मिनट रुक गए।"

"बस यही तो है। काम आधा-पौना करती हो और छुट्टी माँगने में सबसे आगे। ऐसी हरकतों से परमानेंट भी कैसे होगी! आराम से घर बैठकर बच्चे पैदा करो। अरे काम करने के लिए डैडिकेशन चाहिए। आज की पीढ़ी में तो यह है ही नहीं।"

अध्यापिका मुँह लटकाए धीमे क़दमों से सामने से हट गई। उसका चेहरा बेहद निराश और मृत लग रहा था। उसकी आँखों में कुछ ऐसी व्यग्रता थी जैसी प्राण निकलने से पहले चिड़िया की आँखों में होती है।

बैठे-बैठे मेरी कमर अकड़ गई थी। बीच में प्यास भी लगी थी पर नल बन्द होने की बात मुझे याद थी। मैंने उठने का उपक्रम किया।

श्रीमती शान्ता सक्सेना ने कहा, 'अरे चन्दा, तुम्हारी नौकरी का इन्तज़ाम तो मैंने कर ही लिया है, सम्पर्क बनाये रखना। ये श्रीमती जी ज़्यादा-से-ज़्यादा एक हफ़्ते की मेहमान हैं। भई तुम पुरानी छात्रा हो, तुम्हारी मदद हम नहीं करेंगे तो क्या गैर करेंगे।"

मेरे पैरों में कँपकँपी उठी, जैसी स्कूल के दिनों में दौड़ने से पहले उठा करती थी। दिमाग़ में कोई दमामे बजा रहा था।

शायद मैं उनके कमरे से शालीनतापूर्वक उठी थी। शायद मैं फाटक से बाहर आ गई थी। शायद मैं लड़खड़ाई नहीं थी। तभी तो इस वक़्त मैं रिक्शे में बैठी थी। अगल-बग़ल के फुटपाथों पर नगर महापालिका द्वारा लगाए गए नीले, पीले, गुलाबी फूल उसी तरह इतरा रहे थे पर मैं उधर नहीं देख रही थी। मेरे अन्दर एक वसन्त अभी-अभी झुलसकर मर गया था।

लड़के

हालात इससे बदतर हो नहीं सकते थे, या शायद हो भी सकते थे। सबसे बड़ा सन्तोष यह था कि लोग अभी ज़िन्दा थे।

लोगों में बेहिसाब जिजीविषा थी। पेट पूरा भरा हो, तब तो ज़िन्दा थे ही, पेट पूरा न भरा होने पर भी ज़िन्दा थे। साल-दर-साल वे सूखे से, बाढ़ से, बीमारियों से, भूकम्प से लड़ते और ज़िन्दा रहे आते। दिन-प्रतिदिन वे महँगाई, मिलावट और मक्कारी से भिड़ते और ज़िन्दा रह आते। कभी-कभी लोगों को ग़ुस्सा आता। वे गालियाँ देने लगते, कभी सरकार को, कभी अख़बार को और आख़िर में अपने भाग्य को। लीडर सुनते और लाड़ से हँस देते। उन्हें पता था, ऐसी गुर्र-गुर्र तो लगी ही रहती है। पाँच साल बाद एक दिन जाएँगे, सारे शिकवे-शिकायत दूर कर देंगे। उनके होते देश में आजा़दी-ही-आज़ादी थी। बल्कि पन्द्रह अगस्त और छब्बीस जनवरी को तो आज़ादी दिखाई भी दे जाती थी, झंडियों की शक्ल में। फिर हगने, मूतने, थूकने के अलावा खाँसने, खखारने और कराहने की भी खुली छूट थी। हवा पर कोई प्रतिबन्ध नहीं था। साँस चाहे आप तीव्र गति से लें चाहें मन्द, कोई एतराज़ नहीं करता था। इस पर टैक्स भी माफ़ था। बदलते मौसमों पर कोई आयोग नहीं बैठाया गया था। उनके पासपोर्ट उनके पास थे। वे धड़ल्ले से आते-जाते रहते। सूरज, चाँद, सितारे, नदी, पेड़, पर्वत सब मटरगश्ती पर उतारू थे। धरती पर स्वर्ग लाने में और कोई कसर नहीं थी।

कॉलेज के अहाते से अभी-अभी लड़कों का एक झुंड निकला। क़िस्म-क़िस्म के लड़के; फीके, मीठे, नमकीन, दुष्ट, रुष्ट और हृष्ट-पुष्ट। हल्की ठंड की शुरुआत के बावजूद स्वेटर केवल दो ने पहन रखे थे। बाक़ी जींस या बेलबॉटम में थे। एक लड़के ने बेलबॉटम के साथ पारदर्शी स्कीवी पहन रखी थी, बस। लड़के प्रसन्न नहीं लग रहे थे। लड़के अप्रसन्न भी नहीं लग रहे थे। लड़के उत्तेजित थे। वे ज़रूरी बातचीत करने कम्पनी बाग़ जा रहे थे।

कम्पनी बाग़ शहर का सबसे बड़ा बाग़ था। कॉलेज के ठीक सामने, सुबह अक्सर मोटे-थुलथुल लोगों को इसकी चारदीवारी के आसपास चहलक़दमी करते या भागते देखा जा सकता था। वे हाँफते, भागते, थमकर फिर भागने लगते, जब तक कि डॉक्टर की ताक़ीद का अमल नहीं हो जाता। दोपहर में कम्पनी बाग़ लड़कों से भर जाता। इनमें अधिकतर कॉलेज या यूनिवर्सिटी से पीरियड गोल करने के आदी छात्र होते या संगीन कार्रवाई करने को उद्यत जोड़े। कहते हैं, शाम को इस पार्क में केवल चोर, गुंडे और जेबकतरे घूमा करते थे। जैसे पारी बँधी हुई हो, कोई किसी का रास्ता नहीं काटता।

जिस लड़के की कमीज़ पर सेलर लिखा था, बोला, 'यार, कुछ भी कहो, इस साल पढ़ाई में कुछ मज़ा नहीं आ रहा। साला सब बोर।'

चश्मे वाले लड़के ने कहा, 'इस साल लड़कियाँ भी तो काफ़ी वाहियात आई हैं, एक से एक चश्मुद्दीन।'

दो-चार लड़के उसकी ओर कौतुक से हँसे।

'बाई गॉड, हम चश्मा लगाते हैं लेकिन देखना कतई गँवारा नहीं करते।' उसने बिना झेंपे कहा।

'कुछ बताओ यार, कैसे कटेगी?' एक ने लम्बी साँस छोड़ी।

एक और लड़का, जिसकी आँखें चकमक पत्थर की तरह चमक रही थीं, बोला, 'बड़े हनुमान जी पर झाँझ-खड़ताल बजाकर ही कटेगी और कैसे कटेगी?'

'खड़ताल-हड़ताल से क्या होता है जी!' जिस लड़के की कमीज़ पर सेलर लिखा था, बोला।

'वह मारा! हाँ, हड़ताल से कुछ होगा!' दो लड़के एक साथ बोले, 'बाई गॉड, हड्डियाँ जाम हो गई हैं क्लास में बैठे-बैठे।'

सबको यह दैवी सन्देश लगा।

लेकिन हड़ताल का मक़सद क्या हो, वे सोचने लगे। क्या वे यह कहें कि उनका हिन्दी प्रोफ़ेसर रोज़ समय से आ जाता है, इस पर उन्हें एतराज़ है, या यह कि क्लास में बाईं तरफ़ दस बजे धूप आ जाती है, इसलिए, या वे कहें कि मैदान में उगे पेड़ वॉलीबाल में अड़चन डालते हैं, या कॉलेज में नल बारह बजे बन्द हो जाता है। देखा जाए तो इनमें से एक भी बात को लेकर वे व्यग्र नहीं थे। लेकिन वे कुछ कर गुज़रना चाहते थे। उन्हें कोई कार्यक्रम नहीं मिल रहा था—न घर में, न बाहर। वे अपनी ऊर्जा का इस्तेमाल करना चाहते थे। हलचल के नाम पर उनके पास था ही क्या—अख़बार की दी हुई ख़बरें, सरकार की दी हुई बेरोज़गारी और परिवार की दी हुई परेशानियाँ। वे इन तीनों से बिदकते थे। इस उम्र में वे तगड़े बकरों-सा उछलना चाहते थे।

बहरहाल हड़ताल तो करनी ही थी। शहर में एक सेवा समिति थी। उसके मंत्री काफ़ी धाकड़ थे। हड़ताल कराने, हड़ताल स्थगित कराने, हड़ताल समाप्त कराने जैसे कार्यों में उनका सहयोग रहता था। उनसे पूछा जाए।

उनसे पूछा गया।

उन्होंने बता दिया।

धड़ाधड़ पर्चे छपवा लिए गए, बैनर बन गए, माइक वाले को माइक के लिए ऑर्डर दे दिया गया। हड़ताल का मुद्दा था--प्राध्यापकों के चयन में छात्रों का प्रतिनिधित्व।

समिति के मंत्री ने तो सुझाव दिया कि हड़ताल और क्रमिक भूख हड़ताल समानान्तर रखी जाएँ, इससे तुरन्त असर पड़ेगा। लेकिन छात्रों को यह नहीं जँचा। जब रोज़ ही भूखे रहते हैं तो भूख हड़ताल में क्या तुक! यों उन्हें हड़ताल का मुद्दा भी ख़ास पसन्द नहीं आया था। वे जानते थे, जो भी आएगा, एक सा पढ़ाएगा–जड़, बेहूदा और बेमतलब। उस पढ़ाई का इससे कोई ताल्लुक नहीं होगा कि अर्जुन सिंह का बाप नौ अगस्त को रिटायर हो रहा है, कि सुनील वर्मा की दो बहनें लगातार जवान हो रही हैं, कि अनूप कौशिक का बड़ा भाई अब तक तीन सौ बयासी रुपए सत्तर पैसे महज़ नौकरियों के लिए आवेदन–पत्र भेजने में तबाह कर चुका है। उस पढ़ाई का इससे भी कोई ताल्लुक नहीं होगा कि गेहूँ दिनोंदिन महँगा होता जा रहा है, बाज़ार से कभी कोयला ग़ायब हो जाता है, कभी मिट्टी का तेल। शहर की सभी मुख्य सड़कें टूटी पड़ी हैं और चौराहों पर सरेआम जेब कट जाती है।

लेकिन जब तक कुछ और करने को न हो, तब तक हड़ताल तो करनी ही थी, अपने हक़ का इस्तेमाल!

पढ़कर निकलने की जल्दी भी किसे थी? जो निकले थे, वे भी रो रहे थे; जो नहीं निकले, वे भी। फिलहाल पढ़ाई एक तगड़ा बहाना था। अम्माँ सुबह उठकर नाश्ता तैयार कर देती थीं। पिताजी से किताब–कॉपी के नाम पर नामा भी मिल जाता था। पढ़ चुके तो यह उम्मीद भी गोल। घर–भर के लिए यह एक फ़ख्र का विषय था कि लड़का कॉलेज जाता है। इस बात के आगे बाक़ी सारे सवाल स्थगित हो जाते थे।

तय हुआ कि बाक़ायदा गंगा–स्नान के बाद नारियल फोड़कर हड़ताल का श्रीगणेश किया जाए। फूल–मालाएँ गले में डाल एक गुट कुलपति का घेराव करे और दूसरा कक्षाओं का बहिष्कार। शहर के हर कार्य–कलाप में गंगा–स्नान का बड़ा महत्त्वपूर्ण स्थान था। अगर शहर में नदी न होती तो शहर के लोग अपना दिन कैसे शुरू करते, कहना मुश्किल था। लोगों का कहना था कि जिसने जो चाहा, गंगा माई ने बख़्शा था। इसलिए सुबह चार से आठ बजे तक यह शहर ताबड़-तोड़ नहाता था। दातुनें चबाता, कंधे पर अँगोछा डाले शहर नदी की ओर दौड़ पड़ता। इस कार्यक्रम में वे लोग तो थे ही, जो पिछले अट्ठाईस साल से निरन्तर नहाते चले आ रहे थे, वे भी थे जो शौकिया नहाऊ थे। वे वृद्धाएँ भी थीं, खाँसी-ज़ुकाम, निमोनिया से परे, हर साल जिनसे मृत्यु कुछ इस तरह खिसक जाती, जैसे गंगा का किनारा। यहाँ तक कि शहर के कई मशहूर काला बाज़ारिए, मोटी तोंद वाले हलवाई, वेश्यागामी पंडे और चंद जेबकतरे भी अपना दिन गंगा स्नान से ही शुरू करते थे।

लड़के यों तो नहाने के ख़ास शौकीन नहीं थे। कइयों को देखकर लगता था कि इस दैनिक कर्म में उनकी कोई आस्था नहीं है लेकिन वे भी गंगा की महिमा बचपन से ही सुनते चले आ रहे थे। फिर हड़ताल तो क़ायदे से होनी ही चाहिए।

लिहाज़ा, उन्नीस लड़कों की टोली बन गई। जब वे घंटाघर से बाँध के लिए रवाना हुए, मन काफ़ी मस्त हो आया। पिछले दिन का आक्रोश सुबह की ठंडी हवा में ठंडा हो गया। तीन लड़के आने से रह गए। उनका इन्तज़ार करना उचित नहीं समझा गया। दो-चार रिक्शा वालों से पूछा, 'छह-छह सवारी, बाँध का क्या लोगे?' रिक्शा वालों के मना करने पर टायरों की हवा निकालने का कार्य सम्पन्न किया गया। फिर उन्होंने दो इक्कों में अपने आपको लादा और इक्के वालों से लगाम और चातुक सँभालकर चलते बने। रास्ते में दोनों इक्कों में होड़ लगी। एक का पहिया गड्ढे में उतरते-उतरते बचा और आख़िर में वे सकुशल बाँध पर पहुँच गए।

बाँध पर काफ़ी भीड़ थी। आज कार्तिक पूर्णिमा थी। लम्बा-चौड़ा घाट था। अपार भीड़ स्नान कर रही थी। तिलक लगा रही थी, कपड़े बदल रही थी। ढेर के ढेर स्कूटर खड़े थे और साइकिलें। वहीं एक तरफ़ खड़ी थीं कई जीपें। लड़कों ने गिना, सात पर भारत सरकार की तख़्ती लगी थी, तीन पर प्रादेशिक सरकार की। ज़ाहिर है, भारत सरकार नहाने आई थी। लड़कों ने देखा, भारत सरकार मूली ख़रीद रही थी, भारत सरकार जलेबी खा रही थी, भारत सरकार पुण्य कमा रही थी। एक जीप मत्स्य विभाग की थी, एक स्वास्थ्य विभाग की। करदाता के ख़ून-पसीने का पेट्रोल पेट में डाल ये जीपें दौड़ती रहती थीं साहब के लिए तरबूज लाने, साहब के बच्चे स्कूल पहुँचाने, साहब की मेम को सिनेमा दिखाने, साहब के रिश्तेदार स्टेशन पहुँचाने। लड़कों ने जीपें और जीपों के जमुहाइयाँ लेते ड्राइवर देखे। ड्राइवरों के चेहरों पर बेगार का असन्तोष था। एक जीप माप-तौल निरीक्षण विभाग की थी। इसके एक कर्मचारी सुनील वर्मा के घर के पास रहते थे। उनके घर में ऐसे कई बाटों का ढेर था, जिन पर एक किलो लिखा था, पर वे आठ सौ ग्राम के थे। ये उन्होंने शहर के सब्ज़ी वालों, फल वालों, मिठाई वालों से पकड़े थे। कुछ महीने ये बाट घर में पड़े रहते, फिर एक दिन चुपचाप उन्हीं के विभाग का एक आदमी ले जाकर इन्हें बेच आता।

अनूप, सुनील, अर्जुन, श्यामल और ताहिर काफ़ी देर किनारे पर खड़े तमाशा देखते रहे। वीरेन्द्र एक तरफ़ खड़ा तिरछी आँख से कपड़े बदलती एक औरत को देख रहा था। अर्जुन सिंह का ध्यान पंडों पर था।

'साला आगे बढ़ने ही नहीं देता,' अर्जुन सिंह ने अनूप को दिखाया।

'देख लेना, शाम तक यह सौ रुपए कमा लेगा। हमसे तो यही अच्छा है। हो सकता है, दो जमात भी पढ़ा न हो; पर अच्छे-अच्छे पढ़े-लिखों का शिकार कर रहा है।'

'सबके सब शिकारी हैं यहाँ। कोई तराजू से शिकार करता है, कोई तिलक-चंदन से, कोई मीटर से, कोई लीटर से।' ताहिर बोला।

'सबसे बड़े शिकारी तो ये हैं,' सुनील ने कड़वाहट से कहा, 'जीपों में लद-लदकर आने वाले अफ़सरान। इन्हीं को भ्रष्टाचार की जाँच-पड़ताल का ज़िम्मा सौंपा जाता है।'

श्यामल मन-ही-मन डर रहा था। उसके पिता शिक्षा विभाग में काम करते थे। सुबह उसके कान में भनक पड़ी थी कि घर में सबका नहाने का कार्यक्रम है, जीप आने वाली थी। वह मना रहा था, जीप न आई हो।

अर्जुन सिंह ने कहा, ओय असां चले हैं हड़ताल करने। हड़ताल करनी है तो इनके ख़िलाफ करो। इनसे कहो, कुर्सियाँ ख़ाली करें, हम आ रहे हैं।'

अनूप बोला, 'यार, मुझे भी हड़ताल के नाम पर आलस आ रहा है। साला सारा दिन गला फाड़कर चिल्लाओ और घर जाकर डाँट सुनो।'

'दरअसल मुद्दा कुछ ठीक नहीं है।'

'नहीं जी, एक बार सोचकर पीछे हटना ग़लत है।' ताहिर ने कहा।

श्यामल पहले ही ढुलमुल हो रहा था, बोला, 'मुझे तो स्टेशन पहुँचना है, बुआ जी आ रही हैं।'

'हजामत बहुत बढ़ गई है, बुलाकी के हो आएँ।'

तभी एक जीप दन्न से आकर उनके पास रुकी। जीप सिंचाई विभाग की थी। उसमें से कई लोग तौलिये लेकर उतरे।

ताहिर के मुँह से बेसाख़्ता ठहाका निकल गया, 'आइए, आइए, बस आपकी कमी थी। हम सोच ही रहे थे, सिंचाई विभाग इस साल नहाने नहीं आया।'

सारे लड़के ठठाकर हँस पड़े।

आने वाले अचकचा गए। उनके चेहरों पर खिसियाहट थी। उन्होंने ध्यान से लड़कों को देखा, क्या पता कौन गुप्तचर विभाग का हो।

इन्जीनियर थोड़ा हटकर अपने बाबू को धमकाने लगा, 'ऊपर शिकायत पहुँच गई तो सारा नहाना धरा रह जाएगा। मुझे ले डूबने की साज़िश करते हैं आप लोग। मैं आप सबकी सी.आर. बिगाड़ दूँगा।' इन्जीनियर ख़ुद बेहद बौखलाया, खिसियाया हुआ था।

फिर वे लोग बिना नहाए लदर-पदर जीप में घुसे और वापस चले गए।

लड़कों का दिन सार्थक हो गया। वे हँसे और हँसते चले गए।

मस्ती में वे एक जीप में घुस गए। ड्राइवर शायद इन्तज़ार से तंग आकर ख़ुद नहाने चला गया था। जीप खुली हुई थी। अर्जुन सिंह को हर तरह की गाड़ी चलाने का तजुर्बा था।

लड़के जीप ले उड़े। कुछ दूर ऊबड़-खाबड़ ज़मीन में चलकर जीप रुक गई। अर्जुन सिंह ने फिर स्टार्ट की।

तभी लड़कों ने देखा, जाँघिया पहने, नंग-धड़ंग अफ़सरों की एक छोटी-सी टुकड़ी उनके पीछे दौड़ रही है। ये शायद इस जीप के हाकिम थे। लेकिन अब जीप गति पकड़ चुकी थी। लड़कों का जोश बुलन्द था। वे तालियाँ बजाते गा रहे थे : '...ये दोस्ती हम नहीं तोड़ेंगे, तोड़ेंगे दम मगर तेरा साथ न छोड़ेंगे...!'

लड़के शहर से बाहर निकल गए। मूँगफली ख़रीद ली गईं। रास्ते में पकौड़े भी खाए।

अगले दिन मुँह-अँधेरे जॉनसन गंज के चौराहे पर एक जीप दुरुस्त हालत में बरामद हुई। जीप खाद्य नियमन अनुभाग की थी।

एक रंगकर्मी की उदासी

हम उन्हें तब से जानते थे जब से कॉलोनी में आए। तकरीबन चार साल। इस लम्बे वक़्त में हमने अनगिनत शामें साथ बिताईं, फ़ोन पर सच्चे-झूठे बयान दिए, कभी टकराए, कभी प्रेम किया। लेकिन उनकी सबसे अच्छी बात यह थी कि नशे के साथ-साथ उनका गुस्सा भी उतर जाता।

पहले-पहल वे अपनी उम्र को लेकर झूठ बोला करते। ख़ुद ही बात शुरू करते :

'आपको रिटायर होने में कितने साल हैं?'

मैं उनका प्रयत्न पहचान कर दो-एक साल बढ़ा देती, 'नौ साल।'

'अरे मैंने तो सोचा बीसेक साल होंगे। आप चालीस से एक दिन ऊपर नहीं लगतीं।'

'थैंक्स बट फैक्ट्स आर फैक्ट्स।' मन-ही-मन मैं ख़ुश होती कि उनकी नज़रों में मैंने कुछ साल स्मगल कर लिये। कौन जीता है रिटा़यरमेंट की ख़बर होने तक। कह दूँगी ऐच्छिक अवकाश ले लिया।

मैं उन्हें कैसे बताती कि मेरे इस युवा अधेड़पन के पीछे कितनी स्किन केयर, हेयरडाय, एक्सरसाइज और प्रसाधन सामग्री ख़र्च हुई है।

इस लिहाज से मेरे पति मस्त थे। वे यकीनन मुझसे दो साल बड़े थे लेकिन, न उनके बाल सफ़ेद हुए थे न दाँत हिले। उनकी समस्या उलटी थी। लोग उनसे पूछते, 'आप कौन सी डाय इस्तेमाल करते हैं, बाल तो आपके एकदम चमकीले और जवान हैं।'

वे हँस देते। स्पष्टीकरण देना उन्हें कभी अच्छा नहीं लगा।

'कहते, सच्चाई कितनी कामिक होती है। उसे विश्वसनीय बनाने में कितनी मेहनत करनी पड़ती है। मैं यह मेहनत क्यों करूँ?' पर मिश्रा जी मेहनत करते थे। केवल सच के लिए नहीं वरन् सच गढ़ने के लिए।

कई तरह से वे अभूतपूर्व थे लेकिन कुछ चीज़ों में भूतपूर्व। उन्हें कई प्रसिद्ध नाटकों के निर्देशन का अनुभव था। दो पेग के बाद कभी वे पगला घोड़ा के नायक बन जाते तो कभी अन्धा युग के धृतराष्ट्र। वे कभी रथ की घड़घड़ाहट मुँह से निकालते तो कभी बिल्ली की म्याऊँ-म्याऊँ। वे अपने द्वारा किए गए अभिनव प्रयोग दोहराते। कमरा उनका प्रेक्षागृह बन जाता और हम दोनों प्रेक्षक। वे भूल जाते कि नाटक अब एक मरती हुई विधा है।

वे कहते, जब मैंने घासीराम कोतवाल किया था तब लोगों ने टिकट ख़रीद कर हॉल भरा था। एक भी मुफ़्त पास नहीं बँटा था। हज़ार दर्शकों ने मेरा नाटक एकदम पिन ड्रॉप सायलेंस में देखा।

'तब पोटेटो-चिप्स की इतनी बिक्री नहीं थी,' मैंने कहा।

'शटअप। आप रंगकर्म के बारे में कुछ नहीं समझतीं।' वे यादों के गलियारे में भटक जाते, 'एक अकेली गौरी की भूमिका के लिए मैंने सत्तर लड़कियों का इंटरव्यू लिया था।'

अनिल कहते, 'मिश्राजी, इतनी लम्बी न छोड़िए। कहाँ मिलती हैं हिन्दुस्तान में सत्तर लड़कियाँ। माता-पिता लड़कियों को रंगमंच पर भेजना पसन्द नहीं करते। सात-आठ देखी होंगी आपने।'

'नहीं सत्रह तो मेरे सामने आई होंगी,' मिसेज मिश्रा कहतीं। बात सत्तर से सत्रह पर आ जाती। मिश्राजी के चेहरे पर यादों की धुन्ध छा जाती।

'घासीराम ब्रॉडवे में ले जाने का प्रस्ताव आया था पर मैं अड़ गया कि मैं ऑफ ब्रॉडवे में शो दूँगा।'

'सुना है आपका अपनी हीरोइन से कुछ झगड़ा भी था।'

'वह तो बाद की बात है। पहले हम अच्छे दोस्त थे। दरअसल लड़कियाँ बड़ी अपरिपक्व होती हैं। हम निर्देशक उन्हें गायिका बनाते हैं, चलना, रुकना,

बोलना, चुप रहना सिखाते हैं। वे असली ज़िन्दगी में भी अपने को नायिका समझने लगती हैं।'

'कुसुम वर्मा का तो तलाक होते-होते बचा। वह गुलाबी बाई बनती थी न।'

'उसकी वजह मैं नहीं था। उसका पति गौरव ए.जी. ऑफ़िस में था। मेरा तो अच्छा वाकिफ़ था। उसी ने बताया कि कुसुम के लिए सारा घर एक स्टेज था और घर के सदस्य खलनायक कोई ज़रा-सा कुछ कह दे तो कमरे के बीचोबीच वह एक बाँह आँखों पर टिका कर एकदम रोने लगती। कभी किसी के लिए कटखना जवाब टिका देती। पूछने पर कहती, यह तो स्वगत कथन था, तुमने क्यों सुना? बाहर जाते हुए इतना चटक मेकअप करती कि गौरव का साथ निकलना दूभर हो जाता।'

कुसुम की चर्चा से मिसेज़ मिश्रा कुछ अतिरिक्त चुप हो जातीं। उनकी मुद्रा से पता चलता कि यह विषय उन्हें पसन्द नहीं आ रहा। पर वे कुछ देर बर्दाश्त करतीं।

पुराने किस्से पुराने दर्द की स्मृति जैसा आनन्द देते। वर्तमान में किस्से रह ही कहाँ गए थे। नए थिएटर समूह बड़े यांत्रिक अन्दाज़ में किसी विदेशी नाटक का रूपान्तरण तैयार कर अपना रंगमंडल देश-प्रदेश के दस शहरों में ले जाते। कोई इनसे पूछे अपनी भाषा के सारे नाटककार मर गए हैं क्या? जीवन और जगत की विपुलता से मुँहतोड़ नाट्यकर्म सीमित प्रश्नों की पुनरावृत्ति में लगा था।

मिश्राजी का अकेलापन हम समझते थे। उनके बाद आने वाले निर्देशक आगे निकलते जा रहे थे। हालाँकि उनके रंगकर्म में झोल ही झोल थे। मिश्राजी का ट्रुप सारा बिखर गया था। कुछ अभिनेता मुम्बई जाकर धारावाहिकों की दुनिया में हाथ-पैर पटक रहे थे। अभिनेत्रियों के कैरियर पर विवाह और गृहस्थी का पर्दा पड़ गया था। वे अपनी शामें फोन, जाम और यादों के सहारे बिताते।

यही दिन थे दिसम्बर के जब हमें ख़बर लगी कि मानस आचार्य शहर में संकल्प नाम से नाट्य कला विद्यालय खोलने जा रहे हैं। अब तक मानस आचार्य के दो-चार नाटक हमने देखे थे पर उनसे यह अन्दाज़ लगाना मुश्किल था कि वह निर्देशन की तरह अध्यापन भी कर सकेंगे। मिश्राजी ने ख़बर सुनकर मुँह बिचकाया। हालाँकि क्लास भरे हुए थे। उन्होंने अपने और हमारे ड्रिंक्स में एक-एक आइसक्यूब और डाली। तीनों जाम छलक गए।

फिर वे हँसने लगे, उन्होंने हाथों को तीर-कमान की तरह मोड़ा और क्लासों की ओर निशाना साधकर मुँह से आवाज़ निकाली, 'श्यों, श्यों।'

मिसेज़ मिश्रा ने होंठों पर उँगली रखकर हमें चुप रहने का इशारा किया।

कमरे के दक्षिणी कोने पर खड़े होकर मिश्राजी बोलने लगे, 'मानस आचार्य, नाटक सिखाओगे। तुम क्या जानते हो। टट्टी धोना जानते हो। बस धोते रहो। अभी कितने दाँत हैं मुँह में। नहीं जी नाट्य कला सिखाएँगे। यह क्यों नहीं कहते कि कामकला सिखाएँगे। बहाना बनाकर लूटोगे।'

अनिल ने टोका, 'मानस कॉफी हाउस में मिला था। वह बड़ी इज़्ज़त से आपको याद कर रहा था। वह आपके हाथों संस्था का उद्घाटन करवाना चाहता है।'

'यों कहो, मेरा मुँह बन्द करवाना चाहता है। बट आइ वोन्ट शटअप। वह मक्कार है यह बात मैं उसके मुँह पर कहूँगा।'

'इससे तुम्हें क्या मिलेगा?' मिसेज़ मिश्रा ने चिढ़कर कहा।

'तुम्हें मिलना खोना के सिवा कुछ आता भी है। शहर में हरमज़दगी की एक जगह खोली जा रही है और उसका उद्घाटन मैं करूँ, मैं जो घासीराम कोतवाल के पच्चीस शो दे चुका, जिसने फिरोज़शाह कोटला में अलकाजी से अन्धायुग से बेहतर अन्धायुग यहाँ इस शहर में कर दिखाया। अय हय, भारती देख लेते तो एक और नाटक लिख देते।'

हम चुपचाप उठे और सीढ़ियाँ उतर गए। हमें पता था यह एकालाप अभी देर तक चलेगा।

मिश्राजी को रिटायर हुए चार साल हो चुके थे पर वे रोज़ उसी तरह यूनिवर्सिटी जाते, क्लास लेने।

लोग कहते, 'एक तरफ़ आप अपने वाइस चांसलर को कोसते हैं, दूसरी तरफ़ आप आधा दिन पढ़ाने में बिताते हैं।'

'ऐसा है मैं न जाऊँ तो बच्चों का कोर्स कैसे पूरा होगा। मूर्खों ने मुझे रिटायर कर दिया और मेरी जगह कोई अगला रखा ही नहीं। मेरे विभाग में सात पद पहले से ख़ाली पड़े हैं। यह बच्चों का कसूर नहीं है कि वे बॉटनी में एम.एससी. कर लेते हैं पर चार पादप भी नहीं पहचानते। जो टीचर हैं बस वाश्वा और एक्ज़ामिनरशिप के जुगाड़ में लगे रहते हैं। फिर हम कहते हैं बच्चे कोचिंग क्लास में क्यों जाते हैं।'

'तो आप कोचिंग क्लास क्यों नहीं चला लेते?'

यह सुनते ही वे उखड़ जाते, 'कल आप कहेंगे मैं सब्ज़ी क्यों नहीं बेच लेता।'

लोग डर जाते और बात सिलटाते, 'बच्चों का फायदा होगा और आपका मन लगा रहेगा, यही सोचा था।' उनके घर के पौधों से पता चलता था कि यहाँ

कोई प्राणिविज्ञानी ही नहीं प्राणवान व्यक्ति रहता है। उनकी टैरेस पर तकरीबन पाँच सौ गमले थे। उनमें बहार ही बहार थी। पौधे लगाने का अन्दाज़ यह था कि अगर हरियाली वाले पौधे हैं तो पूरी की पूरी कतार क्रोटन और फर्न की। दूसरी तरफ़ फूलों की कतार में मौसम के हिसाब से डहेलिया, क्रिसेन्थिमम, फ्लॉक्स, नेस्टर्शियम के जितने रंग हो सकते हैं, सब वहाँ दिखते। टैरेस पर जाते ही तबीयत बाग़बाग़ हो जाती। पढ़ाने के बाद बचा वक़्त वे तरह-तरह की खाद और पौध तैयार करने में बिताते। उनकी बग़िया देखकर लगता वाकई फूल नहीं रंग बोलते हैं।

अट्ठाईस साल नौकरी करने के बाद भी उन्होंने अपना निजी मकान नहीं बनवाया था। पहले विश्वविद्यालय द्वारा आवंटित बँगले में रहे और रिटायर होते ही किराए के मकान में चले गए। अब तक वे कई मकान बदल चुके थे। यह इत्तफाक ही था कि हरदम उन्हें ऊपरी मंजिल पर मकान मिला। हर साल उनके गमलों की गिनती बढ़ती जाती। इस बार वे अपने मकानमालिक से नाराज़ हो गए। उसने मिश्राजी से बड़ी विनम्रता से इतना भर कहा, 'टैरेस पर बहुत ज़्यादा गमले रहने से मकान में सीलन बैठ रही है, आप कुछ गमले नीचे रख दें। घर की शोभा भी बढ़ेगी और घर ख़राब भी नहीं होगा।'

मिश्राजी बमक गए, 'घर गमलों से नहीं गल रहा, आपने उसमें जो घटिया कंकरीट, बालू लगाया है उससे सीलन बैठ रही है इसमें।'

मकान मालिक डरपोक आदमी था। हाथ जोड़ने लगा, 'मिश्राजी, आप बुरा न मानें, हमने तो यों ही सुझाव दिया था, मानें या मानें आपकी मर्ज़ी।'

पर मिश्राजी तत्काल नया मकान ढूँढ़ने में लग गए। जितनी बार उन्हें मकान मालिक की बात याद आ जाती वे तनावग्रस्त हो जाते और दो पेग ज्यादा पी लेते। उनके दोनों बेटे विदेश में ऊँचे पदों पर काम कर रहे थे। दोनों के पास वे एक बार रहकर लौट आए थे। यद्यपि दोनों ही बार वे इमिग्रेंट वीजा पा गए थे। बेटे समझदार और सहिष्णु थे। वे पिता की रचनात्मक ज़रूरतों को समझते थे। इसलिए उनके वापस लौटने का उन्होंने बुरा नहीं माना।

सबके जीने का एक सर्किट बन जाता है। मिश्राजी उम्र की जिस पायदान पर थे उसमें उनके हिसाब से पर्याप्त गतिविधियाँ थीं–सुबह पौधों की देखभाल, फिर यूनिवर्सिटी छात्रों का प्राध्यापन, दोपहर विश्राम और शाम को चार पेग विस्की के बीच रंग-चिन्तन और संस्मरण।

हम वर्तमान में जीते हुए लोग थे। हमें सब कुछ आज का और समकालीन ही अच्छा लगता, भले उसमें कमियाँ हों। मैं घंटों टीवी के सामने ऊटपटाँग

धारावाहिक और विज्ञापन देखते बिता देती। एक भी बार मलाल न होता कि वक़्त बरबाद गया। अगर किसी चैनल पर 1965 की फ़िल्म दिखाई जाती, मेरी बर्दाश्त से वह बाहर होती। उसमें हीरोइन की केशसज्जा से लेकर नृत्यमुद्रा तक, सब पुरानी और हास्यास्पद लगती। बैल्बॉटम्स पहने हीरो, जोकर नज़र आता। कभी-कभी हम सांस्कृतिक-केन्द्र जाकर कोई नाटक भी देख आते। मिश्राजी को कहीं न कहीं से खबर हो जाती। वे फ़ोन करते, 'सुना है आप फिर कोई मूर्खता देखने निकले हुए थे।'

अनिल कहते, 'इतना बुरा भी नहीं था शो। फिर दोस्तों का दबाव था।'

मैं बहस पर उतर आती, 'अगर 'कोर्टमार्शल' की सौवीं प्रस्तुति है तो ज़रूर नाटक में कोई दम होगा।'

मिश्राजी कहते, 'शाम को आप आइए तब मैं आपको उसकी खूबियाँ और खामियाँ गिनाऊँ। आप हिन्दी वालों में यही बड़ी गड़बड़ है कि सब भेड़-चाल चलते हैं। किसी कुन्द अखबार-नवीस ने लिख दिया कोर्टमार्शल अच्छा नाटक है और बीस साल यही सर्टिफिकेट काम देता रहा। चीज़ों का पुनर्मूल्यांकन आप लोगों के यहाँ है ही नहीं।'

मैं कहती, 'पुनर्मूल्यांकन का मतलब यह नहीं होता कि पहले का लिखा, सब, कुएँ में डाल दिया जाए।'

'डाला जाए, विस्मृति और अस्वीकृति के कुएँ में डाला जाए,' मिश्राजी उत्तेजित हो जाते।

बड़ी मुश्किल से हम उनका ध्यान नाटक से हटाकर मौसम और पौधों पर लाते। हमारे बीच हमेशा संवाद रहता हो, ऐसा नहीं था। कभी सात-आठ दिन, बिना किसी सम्पर्क के निकल जाते। फिर एक सुबह, जब हम पहली चाय पी रहे होते, उनका फ़ोन आता।

जैसे ही हम प्रति नमस्कार के बाद सौजन्य संवाद स्थापित करते वे उबल पड़ते, 'आप चुप रहिए। इतने दिन आपने एक फ़ोन तक नहीं किया जबकि दो लोकल कॉल आपको रोज़ मुफ्त मिलती हैं।'

'हमने सोचा आप बाहर गए हुए हैं।'

'झूठ मत बोलिए। आपने कुछ नहीं सोचा। मैं आपके विचारों में कहीं नहीं था।'

अनिल कहते, 'मेरे पेशे का संघर्ष आप नहीं जानते। सारा दिन इसी जोड़-तोड़ में खप जाता है कि अख़बार कैसे बिके।'

'इधर निकल भी बहुत ख़राब रहा है।'

अब अनिल उखड़ जाते, 'ऐसा क्यों कह रहे हैं आप?'

‘आपने वर्ल्ड ट्रेड सेन्टर की त्रासदी पर कुछ नहीं छापा, आप बिलकुल संवेदनहीन पत्रकार हैं।

‘मिश्राजी, मेरा एकदम लोकल अख़बार है। मन नहीं मानता तो कभी-कभी राष्ट्रीय ख़बरें छाप देता हूँ। सीधे अन्तर्राष्ट्रीय हो जाऊँ, तो कहीं का नहीं रहूँगा।’

‘यों कहिए आपकी दृष्टि संकुचित है, आप में विश्वचेतना का अभाव है। नमस्कार।’

कुछ देर को हम बेचैन हो आते पर फिर अपनी प्रतिदिनता में लग जाते। हमें मिश्राजी से शिकायत भी न होती। हमें लगता उनके अन्दर स्मृति और संवेदना, परम्परा और प्रयोग ठेलमेल मचा रहे हैं।

दिल्ली से ‘निकष’ पत्रिका का पुनर्प्रकाशन होने से पहले उसके सम्पादक ने हमें फ़ोन पर जानना चाहा कि क्या हम अपने नगर के रंगकर्म पर टिप्पणी करना चाहेंगे। अनिल के पास अवकाश नहीं था। मुझे नाट्य-समीक्षा से एक मुश्किल काम लगी थी। मैंने कहा, ‘आप मिश्राजी से लेख लिखवाएँ, वे इस विषय के ज्ञाता हैं।’ मुझसे उनका फ़ोन नम्बर लेकर सम्पादक ने उन्हें फ़ोन किया। वे आह्लादित हो उठे। तुरन्त फ़ोन किया, ‘आज शाम चले आइए, महान समाचार है।’

पूरी शाम वे ऊँची उड़ान में रहे। बीच में बिजली चली गई। उन्होंने पत्नी से कहा, ‘लेडी मैकबेथ, मोमबत्ती जलाओ।’

वे देर तक थ्री एज़, इप्टा और अभिरुचि की प्रस्तुतियों पर बोलते रहे मानो समीक्षा की रिहर्सल में लगे हों। पहले ही पेग में उन्हें सुरूर आ गया। बोले, ‘कल मैं नरगिस गांधी के घर चला जाऊँगा। मेरी यादों में जो गैप होंगे, वह भर देगी।’ हम नरगिस को नहीं जानते थे। इतना भर सुन रखा था कि छठे दशक में वह स्टेज पर बसन्त सेना और शकुन्तला के रोल कर, नाम कमा चुकी थीं।

मिसेज़ मिश्रा ने कहा, ‘अगर वह आपको नहीं पहचानी तो?’

मिश्राजी, बोले, ‘मैं ज़रा मेकअप करके निकलूँगा। देख लेना मेरा नाम सुनते ही छाती से लगा लेगी।’

अनिल ने कहा, ‘मिश्राजी, मेकअप की चिन्ता छोड़िए। आख़िर उम्र ने कुछ सितम उसके ऊपर भी किए होंगे।’

‘यह तो तैंने सोचा ही नहीं था।’ ‘मिश्राजी मुस्कराए, ‘जवानी की यादें इसी तरह की होती हैं। हरी पत्तियों की तरह।’

‘पत्तियाँ पीली भी पड़ जाती हैं।’ यह मिसेज़ मिश्रा थीं।

'कलाकार कभी बूढ़ा नहीं होता, देखने वाले बूढ़े हो जाते हैं। क्या अदा थी इस आर्टिस्ट की। शकुन्तला की सलज्जता दिखानी थी तो ये देखो यों,' मिश्राजी ने अपना चेहरा घुमाया, 'उसने अपनी नाक की हीरे की लौंग, मुख मोड़कर छुपा ली। लगा जैसे स्टेज पर सूर्य अस्त हो गया। कहने को पारसी पर ये लम्बे-लम्बे संवाद याद कर लेती कि प्रॉम्पटर भी दंग रह जाता।'

'तुम्हें यादों में भटकने का अच्छा बहाना मिल गया,' मिसेज़ मिश्रा ने कहा।

मिश्राजी भड़के नहीं। वे 1958 के देशकाल को जी रहे थे।

'इधर आप कब से नहीं गए उसके यहाँ?'

मिश्राजी के चेहरे पर रहस्यमयी आभा आई, एक सिप लेकर बोले,

'वह मेरे घर नहीं आता
मैं उसके घर नहीं जाता
मगर इन एहतियातों से
तअल्लुक मर नहीं जाता।'

तभी फ़ोन ने पुकारा। मिश्राजी गलियारे में गए। नमस्कार के बाद कुछ विवाद जैसा संवाद हुआ जो कमरे में ठीक से नहीं पता चला। कुछ पल के बाद फ़ोन पटकने की आवाज़ आई। मिश्राजी क्रुद्ध मुद्रा में बड़बड़ाते हुए स्टडी टेबल पर गए और अपने लिखे हुए पृष्ठ फाड़कर चिन्दी-चिन्दी करने लगे।

'अरे, यह क्या कर रहे हो,' पत्नी ने रोका। फिर हमारी ओर देखकर बोली, 'आज सारा दिन लिखते रहे हैं ये। और कब-'

मिश्राजी ने चिन्दियाँ कमरे में उड़ा दीं। ग्लास वापस सँभाला और बोले, 'सम्पादक ने कहा है-मिश्राजी लेख पाँच सौ शब्दों से ज्यादा का न हो। बताओ, वह क्या समझता है। इलाहाबाद के नाट्यकर्म का इतिहास पाँच सौ शब्दों में समा सकता है। मुझे पचास प्रस्तुतियों के विषय में लिखना है। यानी एक प्रस्तुति पर बस दस शब्द लिखूँ। मैं क्या प्राइमरी स्कूल का विद्यार्थी हूँ जिसे गिनकर शब्द लिखने होंगे।'

'पर फाड़ क्यों दिया। इतनी मेहनत से लिखा था, कहीं और छप जाता,' मैंने कहा।

'वहाँ भी कोई कूढ़मगज़ बैठा होता तो क्या करता? इस गुप्ता को सम्पादक किसने बना दिया, कहीं जाकर मास्टरी करे।'

बैठक उनके मूड के साथ-साथ उखड़ गई। हम चलने को हुए। मिश्राजी नीचे तक आने के लिए दरवाज़े तक बढ़े फिर उन्होंने इरादा बदल दिया। वे दीवान पर बैठ गए, बोले, 'देख लेना किसी दिन मैं नया नाटक ज़रूर करूँगा, भले ही छोटा-सा ट्रुप बना कर। ख़ुदा हाफ़िज़।'

निर्मोही

बाबा की पुरानी कोठी। लम्बे-लम्बे किवाड़ों वाला फाटक, जहाँ पहुँच रेल की पटरी ट्राम की पटरी जैसी चौड़ी हो जाती। जब बन्द होता, ताँगों की कतार लग जाती कोठी के सामने। रेल क्रॉसिंग के पार झाड़-बिरिख और कुछ दूर पर सौंताल। कभी इसका नाम शिवताल रहा होगा पर सब उसे अब सौंताल कहते। उसके पार जंगम जंगल। बीच-बीच से जर्जर टूटी दीवारें। कहते हैं वहाँ राजा सूरसेन की कोठी थी कभी। घर की छत पर मोरों की आवाज़ उठती-'मेहाओ मेहाओ।' जब तक हम दौड़े-दौड़े छत पर पहुँचते मोर उड़ जाते। लम्बी उड़ान नहीं भरते। बस सौंताल के पास कभी कदम्ब पर या कटहल पर बैठ जाते। सौंताल से हमारी छुट्टियों का गाथा-लोक बँधा हुआ था। शाम को ठंडी बयार चलती। दादी हाथ का पंखा रोक कर कहतीं, "जे देखो सौंताल से आया सीतल समीरन।" कभी आकाश में बड़ी देर से टिका एक बादल थोड़ी देर के लिए बरस जाता। दादी का आह्लाद देखने वाला होता, " आज सिदौसी से मोर-पपीहा मल्हार गा रहे थे। मैं जानू मेह परेगौ।"

दादी दिन-रात सौंताल की रागिनी से बँधी रहतीं। बाज़ार में पहली-पहली कटहरी आई, हरी कच्च। दादी कुँजड़िन से पूछें, "सौंताल की है न।"

कुँजड़िन को गहकी करनी है, सत्त कमाने नहीं निकली है।

"हम्बै मैया।"

"और जे कचनार, जे लाली सेम? सब सौंताल की है न!"

"हम्बे मैया। सारा झउआ उँहई भरायौ ए।"

दादी तरकारी लेकर आँगन में बैठ जातीं तख़्त पर। एक-एक तरकारी छाँटतीं-छीलतीं। उनकी पोथी का एक-एक पन्ना खुलता जाता।

'जे कचनार राजा जी ने लगवायौ हौ। उनकी रसोई में एक दिन पूरी ब्यालू कचनार की रँधे ही। कचनार की भुजिया, कचनार का रायता, कचनार का अचार, बाजरे की बेड़मी। एक दिन शकरकन्दी का राज रहतौ। शकरकन्दी का हलवा, शकरकन्दी की खीर, शकरकन्दी की चाट, शकरकन्दी की पूड़ियाँ।"

दादी की निगाह में यह राजा जी की वैभवगाथा थी पर हम तीनों बहन इस विवरण से ज़रा भी प्रभावित न होतीं।

"बड़ा इकरंगा जीवन था राजाजी का। उनकी रानी तो ऊब से अधमुई हो जाती होगी।" हम कहते।

"जे लो छोरियो, तुम्हें सुख में दुख दिखे, दुख में सुख दिखे। कौन चाल मेल की हो तुम?"

रात को हम छत पर छिड़काव करतीं। एक-एक कर सबके बिस्तर बिछातीं। एक ऊँची पटिया पर सुराही रखतीं, सुराही पर गिलास मूँदा मारतीं। भग्गो बुआ काले उदले में आलू की रसेदार तरकारी लाकर रखती। दादी कठौते में परांठे। मैं कचनार के रायते पर भुना हुआ पिसा जीरा छिड़कती। कटोरियाँ गिनती-एक, दो, तीन, चार, पाँच, छह, सात, आठ। धत्त तेरे की। कटोरी-थाली तो बस छह ले जानी है। मम्मी-पापा तो आए नहीं हैं। तभी तो रोज़ खाट पर पड़ जाने के बाद दादी जागती रहतीं। जब फ्रंटियर मेल का इंजन अपनी भट्‌टा जैसी एक आँख चमकाता, चिंघाड़ता गुज़र जाता, उसके दो-तीन मिनट बाद दादी जम्हाई लेतीं, "सो जा री छोरी! लगै आज भी बिद्‌दाभूसण नायं आयौ।"

बाबा अपनी खाट से कहते, "ससुरे में छटाँक-भर भी ममता नहीं है माई-बाप की। दिल्लीवारौ बनौ बैठो ए।"

दादी बमक पड़तीं, "जे बताओ, तुमने कभी नेक ममता करी लड़कन की। कान खींचे, गेंटुआ दबाए, कभी तराजू दे मारें, कभी बाँट फेंके। कौन करम नायं किए। मेरे दोनों लालाए देस निकारा दे डारौ।"

बाबा आगबबूला हो जाते, "बिरचो समझै नायं। तेरे छोरन पे बाबूसाहबी छाई रही। पैंट-बुशकोट पहरें, गिटपिट बोलें, कुर्सी तोड़ें। गद्‌दी पे बैठ बूरा तोलने में उनकी मैया मरै थी। एक कबिताई करे लगौ, दूसरे को साहबियत चाट गई।"

दादी बिखरा दूध समेटतीं, "अच्छा-अच्छा, बस करौ। तुम तो बर्र के छत्ते से छिड़ परौ हौ। नतनियाँ सुनेंगी, सरम करौ।"

"जब बेटे सगे नायँ निकरे तो नाती-धेवते कौन किरिया करेंगे। कोऊ काम नायँ आएगौ, समझी रहौ।"

बाबा तो पड़ी लगाकर सो जाते, दादी रात भर घुट-घुटकर उमड़तीं-घुमड़तीं। "जेईमारे निकर गए दोऊ भइया। न कभी उन्हें दुलराया न पुचकारा। बस दुर-दुर करते रहे। ज़िन्दगी-भर हर चीज़ बाट-तराजू से तोली। मैं कहूँ अजी प्यार को मोल और तोल बतावै, ऐसी तराग कहाँ पाओगे। पर नायँ, जे तो छोटे के काग़ज़-पत्तर-कापी उठा-उठा के चूल्हे में झोंके। बड़े की किताबें रद्‌दीवाले को बेच आए। दो दिन रोटी नहीं खाई मेरे लालों ने।"

मैं दादी के पैर दबाती। उन्हें थपकती कि किसी तरह वे सो जाएँ।

सुबह सौंताल की तरफ़ दादी के साथ जाती हुई कहती, "दादी, इस बार तुम हमारे साथ दिल्ली चलो।"

दादी निहाल हो जातीं। मुझे कमर से चिपका कर, मेरे बिखरे बालों पर हाथ फेरतीं, "बिलकुल बाप पे गयौ है मेरो लटूरबाबा। मैं जानूँ बिद्‌दाभूसण भी मुझे

हुड़कता होगौ। जब बारहवीं में आगरे पढ़ै था, रात में मेरी पाटी पर आकर पूछै, 'जीजी, च्यौं रो रई हो?' मैं चुप। 'कान में दरद है?' मैं चुप, 'दाँत में दरद है?' मैं चुप की चुप। 'पैर दबा दूँ?' 'नईं।' 'जीजी, सुबह तुम्हें डाक्टर के लै चलूँगौ, चुप हो जाओ।'

"तभी तेरे बाबा अपने तखत पे से किल्ला उठे, 'याके लिए तेरे पास डागडर की फीस है तो मेरे को दे दीजौ। कातिक में आढ़त भरनी है, काम आएगी।' बिद्दाभूसण में ऐसी खटास भर जाती अगले ही रोज़ वह अपना बिस्तरा गोल कर लेतौ।"

हमें बाबा से डर लगने लगता। शाम की सैर के बाद घर लौटने में दहशत होती। हम कहतीं, "दादी आज यहीं रह जायँ, घर ना जायँ।"

दादी कहतीं, "घर तो जानौ ही परैगो। अपने द्वारे से हट के तो फूलमती भी नायँ जी, हम-तुम, कौन गिनत में।"

अन्नो कहती, "देखो ये अर्जुन और क़दम के नीचे कैसी पत्तों की छैयाँ है, पीने को बावड़ी का मीठा पानी और खाने को झरबेरी के लाल-लाल बेर।"

दादी तड़प जातीं, "ऐ री अन्नो! अब की तो कह दिया, फिर कभी न कहियो जे बात।"

"क्यों दादी?" मैं ज़िद करती।

"तुझे नायँ पतौ! बहू ने नायँ सुनायौ वा किस्सौ?"

हम वापसी के लिए चल पड़ते। दादी अपनी एक टाँग पर उचक-उचक कर चलतीं। और किस्सा भी उचक-उचक कर आगे बढ़ता।

"एक थी फूलमती। बाके ये बड़ी-बड़ी आँखें, कोई कहे मिरगनैनी, कोई कहै डाबरनैनी। एक बाक़ी ननद-लब्बावती। जेई सौंताल से लगी हवेली राजा सूरसेन की। राजा जी के सन्तरी-मन्तरी ने भतेरा समझायो, 'या बावड़ी ठीक नईं, नेक परे नींव धरो,' पर राजा जी अड़े सो अड़े रहे," मैं तो यईं बनवाऊँगौ महल। एम्मे का बुरौ है।'

'राजा जी पीपल के पेड़ पर भूत-पिसाच और परेत तीनों कौ बसेरौ है। जैसे भी भीत उठवाओगे, पीपल की छैयाँ ज़रूर छू जाएगी, जनै उगती जनै डूबती।' सन्तरी बोले।

"बस इत्ती-सी बात। 'ये लो।' राजाजी ने पीपल समूल उखड़वा दियौ।

"राजा सूरसेन को अपनी रानी से बड़ी परेम हौ। रानी फूलमती बोली, 'राजा ऐसौ बाग बनाओ कि मैं पूरब करवट लूँ तो मौलसिरी महके, पच्छिम घूम जाऊँ तो बेला-चमेली।' राजा ने ऐसौ ही कर्यौ। हैरानी देखो बेलों की जड़ सौंताल की मिट्टी में और फूल खिलें रानी के चौबारे।

"राजकुमारी लब्बावती का विवाह हाथरस के कुँअर वृषभानलला के पोते से हो गया। अभी गौना नहीं हुआ था। ननद-भाभी घर में जोड़े से बोलें, जोड़े से डोलें, सास बलैयाँ लेती, 'मेरी बहू-बेटी दोनों सुमतिया।'

"पर तुम जानो जहाँ सौ सुख हों, वहाँ एक दुख आके कोने में दुबक कर बैठ जाय तो सारे सुख नास हो जायँ। सोई हुआ राजा की हवेली में।"

"कैसे?" अन्नो ने पूछा।

"अरे बियाह को एक साल बीता, दो साल बीते, साल पे साल बीते, फूलमती की कोख हरी न भई।

"सास लाख झाड़-फूँक करावै, राजाजी ओझा-बैद बुलावें, ननद किशन कन्हाई की बाललीला सुनावै पर कोई उपाय नायँ फलै।

"एक दिन लब्बावती को सुपनौ आयौ कि तेरे भैया ने पीपर समूल उपारौ, येई मारे महल-अटारी निचाट परे हैं। एकास्सी के दिन सौंताल के किनारे फिर से तैरी भाभी पीपर लगायँ, रोज़ ताल में नहायँ, पीपर पूजै बाद अन्न-जल लें तब जाके जे कलंक मिटै। फिर तू नौ महीनन में जौले-जौले दो भतीजे खिलइयौ।

"लब्बावती ने सुबह सबको सपना बखानौ। अगले ही दिन एकास्सी थी। सो सात सुहागनें पूजा की थाली सजाए, सोलहों सिंगार किए, सोने का कूजा डाबरनैनी फूलमती के सिर पर धरा कर पीपल रोपने चलीं। महल की मालिन का इकलौता बेटा सबके आगे-आगे रास्ता सुझाए। बाके हाथ में फड़वा-खुरपी।

"राजा महलन में से देखते रहे। रानी फूलमती ने लोट-लोटकर पूजा की। आपै आप बावड़ी में उतर सोने का कूजा भर्यौ और पीपर-मूर पे जल चढ़ायौ। फिर सातों सुहागनों ने असीसें उचारीं। सब की सब राजी-ख़ुशी घर लौटीं।

"रोज़ सबेरे पंछी-पखेरू के जगते-मुसकते फूलमती, लब्बावती दोनों जाग जातीं और सौंताल नहाने, पीपर पूजने निकल पड़तीं। कभी राजा जी जाग जाते, कभी करवट बदल कर सो जाते।

"फूलमती भायली ननद से कहती, 'तेरे भइया तो पलिका से लगते ही सोय जायँ। इनकी ऐसी नींद तो न कभी देखी न सुनीं।'

"लब्बावती कहती, 'मेरे भइया की नींद को नज़र न लगा भाभी। जे भी तो सोच जित्ती देर जागेंगे तुम्हें भी जगाएँगे कि नायँ।'

"डाबरनैनी फूलमती उलटी साँस भरती, 'हम तो सारी रात जगें, भला हमें जगाबे बारो कौन?'

"लब्बावती को काटो तो ख़ून नहीं। बोली, 'क्या बात है?'

''फूलमती बोली, 'अभी तुम गौनियाई नायँ, तुम्हें का बतायँ का सुनायँ। तोरे भैया तो जाने कौन-सी पाटी पढ़े हैं कि मन लेहु पे देहु छटाँक नहीं।' फिर फूलमती ने बात पलटी, 'तुम्हारी ससुराल से संदेसो आया है अबकी पूरनमासी को लिवाने आएँगे।'

''लब्बावती ने भाभी की गटई से झूल कर लाड़ लड़ाया, 'कह दो बिन से, पहले हम अपने भतीजे की काजल लगाई का नेग तो ले लें तब गौना जायँ।'

''माँ ने सुना तो बरज दिया, 'समधी-जमाई राजी रहें। इस बार गौना कर दें, फिर तू सौ बार अइयौ, सौ बार जइयो, घर-दुआर तेरौ।' बड़े सरंजाम से लब्बावती की बिदाई भई। गौने में माँ और भैया ने इत्तौ दियौ कि समधी की दस गाड़ी और राजाजी की दस गाड़ी ठसाठस भर गईं। डोली में बैठते लब्बावती ने भाभी को घपची में भर लीनो, 'भाभी मेरी, मेरे भैया की पत रखना। पीपल पूजा, बावड़ी नहान का नेम निभाना। मोय जल्दी बुलौआ भेजना।'

''फूलमती ननद के जाने से उदास भई। राजाजी ने कठपुतली कौ तमाशा करायौ, नन्दगाँव कौ मेला दिखायौ पर रानी का जी भारी सो भारी।

''सुबह-सबेरे अभी भी वह रोज सौंताल नहाए, पीपल पूजे तब जाकर अन्न-जल छुए। अब इस काम में संगी-साथी कोई न रह्यौ। एक दिना रानी भोर होते उठी। एक हाथ पे धोती-जम्पर धर्‌यौ दूसरे पे पूजा की थाली और चल दी नहाने।

''उस दिन गर्मी कछू ज़्यादा रही कि फूलमती की अगिन। गले-गले पानी में फूलमती खूब नहाई। अबेरी होते देख फूलमती पानी से निकरी। अभी वह कपड़े बदल ही रही थी कि बाक़ी नज़र झरबेरी पे परी। गर्मी में झरबेरी लाल-लाल बेरों से बौरानी रही।''

इत्ते में घर आ गया। अन्नो बोली, ''दादी, तुम्हारी कहानी बहुत लम्बी होती है।''

दादी अपनी छोटी टाँग पर हाथ फेरते हुए बोलीं, ''जे कहानी नहीं जिनगानी है लाली! देर तो लगैगी ही।''

दादी घर पहुँचकर काम-काज में लग गईं। मुझे लगता रहा लो डाबरनैनी को दादी ने सौंताल पर गीला नंगा छोड़ दिया, जाने वह कब घर पहुँची। पर दादी को कहाँ वक़्त। कभी बटलोई चूल्हे पर धरें, कभी उतारें। कभी रोटी तवे पर कभी थाली में। हम तीनों उनकी भरसक मदद करतीं पर चौके में दादी के बिना कुछ होय ही ना।

दिन में दो बार मैंने और अन्नो ने याद दिलाई, ''दादी कहानी?''

दादी ने बरज दिया, ''ना, दिन में ना सुनी जाती कहानी, मामा गैल भूल जाएगौ।''

मैं चुप। मेरे चार मामा थे और अन्नो–शन्नो के तीन। सात लोग रास्ता भूल जाएँ, यह कैसे हो सकता है।

रात की ब्यालू निपटते ही हम दादी को घेर कर बैठ गए। अन्नो उनकी टाँगें दबाने लगी। मैंने सिर दबाना शुरू किया–"दादी, फिर क्या हुआ?"

"अज्जे राम रे, मैं तो बहौत थक गई। देखो, हुँकारा भरती रहना। कहीं भटक–भूल जाऊँ तो टोक देना, नहीं तौ फूलमती को न्याव नायँ मिलैगौ।

"हाँ तो फिर क्या था। फूलमती ने न आगा सोचा न पीछा, बस बेर तोड़ने ठाड़ी है गई। उचक–उचक कर बेर तोड़ै और पल्ले में डारै। वहीं थोड़ी दूर पर मालिन का लड़का पूजा के लिए फूल तोड़ रह्यौ थौ। तभी रानी की उँगरी मा बेरी कौ काँटा चुभ गयौ। फूलमती तो फूलमती ही, बाने काँटा कब देखौ। उँगरी में ऐसी पीर भई कि आहें भरती वह दोहरी हो गई। मालिन के छोरे कन्हाई ने रानी जी की आह सुनी तो दौड़ौ आयौ।

"काँटा झाड़ी से टूट कर उँगरी की पोर में धँस गयौ। मालिन का छोरा काँटे से काँटा निकारनौ जानतौ रहौ। सो बाने झरबेरी से एक और काँटा तोड़ रानी की उँगरी कुरेद काँटा काढ़ दियौ। काँटे के कढ़ते ही लोहू की एक बूँद पोर पे छलछलाई। कन्हाई ने झट से झुक कर रानी की उँगरी अपने मुँह में दाब ली और चूस–चूसकर उनकी सारी पीर पी गयौ। छोरे की जीभ का भभकारा ऐसा कि रानी पसीने–पसीने हो गई।

"उधर, राजा सूरसेन की आँख वा दिना जल्दी खुल गई। सेज पे हाथ बढ़ायौ तो सेज ख़ाली। थोड़ी देर राजा जी अलसाते, अँगड़ाई लेते लेटे रहे। उन्हें लगा आज रानी को नहाने–पूजने में बड़ी अबेर है रही है। राजा जी ने वातायन खोला। सौंताल में न रानी न वाकी छाया। पीपल पे पूजा–अर्चन का कोई निशान नहीं। रानी गई तो कहाँ गई। सूरसेन अल्ली पार देखें, पल्ली पार देखें। तभी उन्हें सौंताल के पल्ली पार झरबेरी के नीचे रानी फूलमती और मालिन का छोरा कन्हाई दिखे। फूलमती की उँगरी कन्हाई के मुँह में परी ही और रानी फूलों की डाली–सी लचकती वाके ऊपर झुकी खड़ी।

"राजा सूरसेन को काटो तो ख़ून नहीं। थोड़ी देर में सुध–बुध लौटी तो मार गुस्से के अपनी तलवार उठाई। पर जे का! तलवार मियान में परे–परे इत्ती जंग खा गई कि बामें ते निकरेंई नायँ। राजा ने भतेरा ज़ोर लगायौ, तलवार ज्यों की त्यों। उधर, डाबरनैनी फूलमती की उँगरी की पोर मालिन के छोरे के मुँह में परी सो परी।

"राजा, परजा की तरह अपनी रानी को घसीटकर महलन में लावै तो कैसे लावै, बस खड़ा–खड़ा किल्लावै। उसने अपने सारे ताबेदारों को फरमान

सुनायौ कि महल के सारे दुआर मूँद लो, रानी घुसने न पाय। कोई उदूली करै तो सिर कटाय।

"रानी फूलमती नित्त की भाँति खम्म-खम्म जीना चढ़ के रनिवास तक आई। जे का। बारह हाथ ऊँचा किवार अन्दर से बन्द। अर्गला चढ़ी भई। रानी दूसरे किवार पर गई। वह भी बन्द। इस तरह डाबरनैनी ने एक-एक कर सातों किवार खड़काए पर वहाँ कोई हो तो बोलै।

"सूरसेन की माता ने पूछा, 'क्यों लाला, आज बहू पे रिसाने च्यों हो?'

"सूरसेन मुँह फेर कर बोले, 'माँ, तुम्हारी बहू कुलच्छनी निकरी। अब या अटा पे मैं रहूँगो या वो।'

"माँ ने माली से पूछा, मालिन से पूछा, महाराज से पूछा, महाराजिन से पूछा, चौकीदार से पूछा, चोबदार से पूछा। सबका बस एकैई जवाब राजाजी का हुकुम मिला है जो दरवज्जा खोले सो सिर कटाय।

"सात दिना रानी फूलमती अपना सिर सातों दरबज्जों पे पटकती रही। माथा फूटकर ख़ून-खच्चर हो गयौ। सूरसेन नायँ पसीजौ..."

अन्नो ने भड़क कर कहा, "ये क्या दादी, तुम्हारी कहानी में औरत हमेशा हारती है, ऐसे थोड़ी होती है कहानी।"

दादी ने कहा, "अरे जे कहानी हम-तुम नईं बना रहे, जे तो सुनी भई सच्ची कहानी है।"

मैंने कहा, "आगे की कहानी मैं बोलूँ दादी?"

"नईं, तेरे से अच्छी तो अन्नो बोल लेवे। चल अन्नो, तू पूरी कर। मेरौ तो म्हौंड़ो, सूख गयौ। एक पान का बीरा लगा दे।"

मैं भागमभाग दादी के लिए पान का बीड़ा लगा लाई। उस वक़्त अन्नो बिस्तर पर अपने दोनों हाथ सिर के पीछे कैंची बना कर लेटी हुई थी और कहानी चल रही थी।

"दादी, फिर यह हुआ कि जैसे ही डाबरनैनी फूलमती को घर-दुआर पे दुत्कार पड़ी, वह खम्म-खम्म जीना उतर गई। सौंताल पर कन्हाई उसकी राह देख रहा था। उसने रानी का हाथ पकड़ा और अपनी कुटिया में ले गया। सात दिन में रानी अच्छी-बिच्छी हो गई। मालिन ने दोनों की पिरितिया देखी तो बोली, 'रे कन्हाई, राधा भी किशन से बड़ी ही, जे तेरी राधारानी ही दीखै।' डाबरनैनी वहीं रहने लगी। रोज़ सुबह मालिन और कन्हाई फूल तोड़ कर लाते, फूलमती उनकी मालाएँ बनाती।

"इधर राजा सूरसेन उदास रहने लगे। माँ ने लब्बावती को बुला भेजा। लब्बावती ने भाई से पूछा, 'प्यारे भैया, मेरी राजरानी भाभी में कौन खोट देखा जो उसे वनवास भेज दिया।'

"सूरसेन ने कहा, 'तेरी भौजाई हरजाई निकली। वह मालिन के बेटे के साथ खड़ी थी। दोनों हँस रहे थे।'

"बहन बोली, 'ये तो अनर्थ हुआ। अरे हँसना तो उसका स्वभाव था। अरे सूरज का उगना, नदिया का बहना और चिड़िया का चीं-चीं करना कभी किसी ने रोका है?'

"राजा सूरसेन को लगा उन्होंने अपनी पत्नी को ज़्यादा ही सज़ा दे दी।

"सात दिन राजा ने उधेड़बुन में बिता दिए। आठवें दिन लब्बावती की विदा थी। लब्बावती जाते-जाते बोली, 'भैया अगली बार मैं हँसते-बोलते घर में आऊँ, भाभी को ले कर आओ।'

"कई साल बीत गए। राजा रोज़ सोचते, आज जाऊँ कल जाऊँ। आख़िर एक दिन वे घोड़े पर सवार होकर निकले। साथ में कारिन्दे, मन्तरी और सन्तरी। जंगम जंगल में चलते-चलते राजाजी का गला चटक गया। घोड़ा अलग पियासा। एक जगह पेड़ों की छैयाँ और बावड़ी दिखी। राजा ने वहीं विश्राम की सोची। बावड़ी से ओक में लेके ज्योंही राजा पानी पीने झुके, किसी ने ऐसा तीर चलाया कि राजा के कान के पास से सन्नाता हुआ निकल गया। मन्तरी-सन्तरी चौकन्ने हो गए। तभी सब ने देखा, थोड़ी दूर पर एक छोटा-सा लड़का साच्छात कन्हैया बना, पीताम्बर पहने खड़ा है और दनादन तीर चला रहा है। राजा कच्ची डोर से खिंचे उसके पास पहुँचे। छोरा क्या बूझे राजा-वजीर। वह चुपचाप अपने काम में लगा रहा।

"राजा ने बेबस मोह से पूछा, 'तुम्हारा गाम क्या है, तुम्हारा नाम क्या है?' नन्हे बनवारी ने आधी नज़र राजा के लाव-लश्कर पे डाली और कुटिया की तरफ़ जाते-जाते पुकारा, 'मैया मोरी जे लोगन से बचइयो री।' लरिका की मैया दौड़ी-दौड़ी आई। बिना किनारे की रंगीन मोटी धोती, मोटा ढीला जम्पर, नंगे पाँव, पर लगती थी एकदम राजरानी। उसके मुख पर सात रंग झिलमिल-झिलमिल नाचें।

"राजा ने ध्यान से देखा। अरे, ये तो उसकी डाबरनैनी फूलमती थी।

"सूरसेन को अपनी सारी मान-मरयादा बिसर गई। सबके सामने बोला, 'परानपियारी, तुम यहाँ कैसे?'

"फूलमती ने एक हाथ लम्बा घूँघट काढ़ा और पीठ फेर कर खड़ी हो गई।

"तब तक बनवारी का बाप कन्हाई आ गया। राजा ने कारिन्दों से कहा, 'पकड़ लो इसे, जाने न पाए।'

"कन्हाई बोला, 'जाओ राजाजी, तुम क्या प्रीत निभाओगे। महलन में बैठके राज करो।'

"मन्तरी बोले, 'बावला है, राजा की रानी को कौन सुख देगा। क्या खिलाएगा, क्या पिलाएगा?'

"कन्हाई ने छाती ठोंक कर कहा, 'पिरितिया खवाऊँगौ, पिरितिया पिलाऊँगौ। तुमने तो जाके पिरान निकारे, मैंने जामें वापस जान डारी। तो जे हुई मेरी परानपियारी।'

" 'और जे चिरौंटा?' मन्तरी ने पूछा।

" 'जे हमारी डाली का फूल है।'

"राजा के कलेजे में आग लगी। मालिन के बेटे की यह मजाल कि उसी की रानी को अपनी पत्नी बनाया, वह भी डंके की चोट पर। उसने घुड़सवार सिपहिए दौड़ा दिए।"

दादी की ऊँघ हवा हो गई, "अन्नो, तू ऐंचातानी बहौत कर रई ऐ। आगे मैं सुनाऊँ।"

अन्नो की समझ में नहीं आ रहा था कि कहानी को कैसे समेटे। उसने हारी मान ली, "अच्छा दादी, तुम्हीं करो खतम।"

दादी बोली, "हाँ तो कन्हाई और फूलमती बिसात भर लड़े। नन्हा बनवारी भी तान-तान कर तीर चलायौ। पर तलवारों के आगे तीर और डंडा का चीज़! सौंताल के पल्ली पार की धरती लाल चक्क हो गई। थोड़ी देर में राजा के सिपहिया तलवारों की नोक पे तीन सिर उठाए लौट आए।"

मैंने कहा, "दादी, तीनों मर गए?"

दादी ने उसाँस भरी, "हम्बै लाली। तीनोंई ने बीरगति पाई। येईमारे आज तक सौंताल की धरती लाल दीखै। वहाँ पे सेम उगाओ तो हरी नहीं लाल ऊगे। अनार उगाओ तो कन्धारी को मात देवै। और तो और, वहाँ के पंछी-पखेरू के गेटुए पे भी लाल धारी जरूर होवै। ना रानी घर-दुआर छोड़ती ना बाकी ऐसी गत्त होती।"

अन्नो और मैं एक साथ बोले, "ग़लत, एकदम ग़लत। निर्मोही के साथ उमर काटने से अच्छा था घर छोड़ना। रानी ने बिलकुल ठीक किया।"